고고층서학의 기본원칙

제2판

PRINCIPLES OF
ARCHAEOLOGICAL STRATIGRAPHY
Second Edition

고고층서학의 기본원칙

제2판

에드워드 C. 해리스 지음 / 이선복 옮김

사회평론

고고학 핸드북 시리즈 4

고고층서학의 기본원칙 제2판

2016년 10월 25일 초판 1쇄 찍음
2016년 11월 11일 초판 1쇄 펴냄

지은이 에드워드 C. 해리스
옮긴이 이선복
펴낸곳 ㈜사회평론아카데미
펴낸이 윤철호, 김천희
편집 고인욱, 고하영
마케팅 정세림, 남궁경민

등록번호 2013-000247(2013년 8월 23일)
전화 02-326-1182(영업) 02-2191-1133(편집)
팩스 02-326-1626
주소 서울시 마포구 월드컵북로 12길 17(1층)

ISBN 979-11-85617-88-6 93900

역자 서문

역자가 이 책 저자의 글을 접한 것은 유학생활을 시작한 지 두어 달이 지난 1980년 10월 무렵이다. 저자의 1979년도 논문 "The Laws of Archaeological Stratigraphy"는 고고학 유적에서의 층서의 형성과 성격 및 고고학자들이 발굴에서 층서를 정확하게 파악하기 위해 필요한 지식을 짧지만 명쾌하게 설명한 매우 인상 깊은 글이었다. 귀국해 교단에 선 이후, 역자는 관련 수업을 듣는 수강생들에게 꼭 읽으라고 권해 왔으며, 이 책이 출간된 다음에는 초판에 이어 재판도 학생들에게 권하게 되었다.

이 책의 PDF 판은 〈harrismatrix.com〉에 접속하면 무료로 내려 받을 수 있다. 그럼에도 불구하고 필자가 책을 번역하기로 생각한 첫째 이유는 언어 장벽 때문이다. 본문 중에는 난삽한 구문과 내용의 중복으로 따라가기 수월치 않은 부분과 더불어 굳이 필요치 않은 사족과도 같은 부분이 꽤 눈에 띄기 때문에, 그리 어렵지 않은 내용임에도 불구하고 책의 내용을 따라가기 어렵다는 호소를 듣곤 하였다. 그러나 보다 중요한 이유는 종전에는 상상할 수 없었던 규모의 대형 발굴이 이루어지고 있지만, 유적을 구성하는 퇴적층과 각종 유구의 층서를 잘 파악할 수 있게 해주는 보고서를 주변에서 보기 어렵게 되었다는 사실이다. 저자가 일련의 논문과 이 책을 쓰고 또 자신의 이름을 딴 〈해리스매트릭스〉 도표를 고안한 40여 년 전의 구미학계 사정이 바로 이랬던 것이다.

사실 저자가 주창하는 고고층서학의 내용 및 고고층서학의 기본원칙은 상식을 가진 사람이라면 쉽게 이해할 수 있으며, 〈해리스매트릭스〉 역시 상식 수준에서 쉽게 작성할 수 있는 도표이다. 이 방법은 수백 채의 집자리로 구성된 유적에서도 상하 중복된 유구보다 평면에 흩어져 발견된 유구가 더 많은 우리 경우에 유구의 층서관계를 정리함에 도움을 줄 수 있다. 도표를 만들기 위해서는 〈harrismatrix.com〉에 접속해 저자가 개발한 소프트웨어인 〈Harris Matrix Composer〉를 내려 받아도 되지만, 이 도표는 기본적으로 종이와 연필만 있다면 누구나 시도해볼 수 있다.

본문을 번역하며 길지는 않지만 일부 불필요하다고 여겨지는 부분은 옮기지 않았으며, 마찬가지로 원저에 있는 용어 해설 역시 필요성이 없다고 보여 옮겨 싣지 않았다. 또 뜻을 전달하기 위해 직역 대신 더러 의역을 택하기도 했으나, 중요한 내용은 아니다. 〈해리스매트릭스〉 도표를 만드는 상황에 처하지 않았다고 해도, 층서의 개념과 고고학에서의 층서 연구와 관련된 여러 사항을 나름대로 정리해 제시한 이 책의 내용은 유적을 발굴하는 이라면 한번쯤 읽어볼 필요가 있을 것이다.

2016. 10.

역자

책머리에

에드워드 해리스 박사의 『고고층서학의 기본원칙』 제2판을 소개하는 몇 마디 글을 쓰게 되어 큰 영광으로 생각합니다. 이 책의 초판과 더불어 몇 편의 해리스 박사의 논문은 고고학에서 층서 연구와 관련된 문제들을 해결해주는 매우 예리하고 실용적인 방법을 잘 보여주었습니다. 이 제2판에 실린 여러 다양한 사례에서 보듯, 층서 해석을 위해 해리스 박사가 고안한 방법인 해리스매트릭스(Harris Matrix)는 고고층서 해석에서 널리 사용되고 있으며 저도 1978년부터 이 방법을 학생들에게 가르쳐 왔습니다. 그런데 왜 많은 연구자들이 특히 미국의 경우에 이 방법을 몰라도 연구에서 부닥치는 문제를 잘 해결할 수 있다고 계속 믿고 있는 것인지 잘 이해가 되지 않습니다.

이 제2판에서 해리스 박사는 고고층서학은 지질학적 층서학의 단순한 축소판이 아니라는 사실을 정확히 보여주고 있습니다. 책의 내용에서 분명히 드러나듯, 고고층서학의 기본원칙은 긴 세월에 걸친 고고학 연구 과정에서 그 실체가 갖추어진 새롭고 독특한 성격과 내용입니다. 〈고고학적〉 층서해석의 기본원칙이 존재한다는 해리스 박사의 주장을 받아들일 수 없다는 지질학자나 지질고고학자들은 아마도 관련사례에 대한 완벽한 분석을 모르고 있기 때문에 학문적 쇼비니즘에 빠진 것은 아닐지 모르겠습니다. 아무튼 이 책은 〈고고층서학〉이란 분야가 존재함을 이론의 여지없이 보여주고 있습니다.

이 제2판은 10년에 걸쳐 해리스매트릭스를 응용해온 결과물이라고도 할 수 있으며, 과학으로서의 고고학에 지대하게 기여하는 바가 있습니다. 층서에 대한 해석이 깜깜한 상태에서 진행되는 비밀스럽고 이해하기 어려운 의례와도 같이 이루어지는 경우가 아직도 비일비재한바, 저는 이 책이 과학이 되기를 거부하며 버티고 있는 몇몇 마지막 철옹성을 마침내 무너뜨릴 수 있게 되기를 기대합니다.

고고학이라는 학문은 자신의 이름을 붙인 층서해석 방법을 개발하고 고고층서학의 기본원칙을 체계화한 해리스 박사에게 엄청난 빚을 진 것이 분명하며, 이에 심심한 감사의 말씀을 드립니다.

애리조나대학교 인류학과 마이클 쉬퍼(Michael B. Schiffer)

감사의 말

이 개정판은 준비 작업의 많은 부분을 나의 버뮤다 동료인 낸 고뎃 여사(Mrs. Nan Godet)가 떠맡아 주었으며, 그의 참을성과 도움 없이는 완성할 수 없었을 것입니다.

회고하자면, 이 책의 초판은 여러 나라에서 또 고고학의 다양한 분야에서 성공적으로 받아들여졌는바, 책을 발간하고자 하는 생각을 적극 지지해준 여러 분들에게 매우 고맙지 않을 수 없다. 따라서 그러한 지지를 보내준 Philip Barker, Geoffrey Dimbleby, James Graham-Campbell, Brian Hobley, Laurence Keen, Franes Lynch, Philip Rahtz, Richard Reece 씨와 David WIlson 경에게 감사의 말씀을 드리고자 합니다.

지난 몇 해 동안, 여러 동료들은 사례 제시와 층서 연구에 대한 적극적 관심을 보여줌으로써 필자로 하여금 층서학적 문제와 관련해 새롭게 관심을 갖도록 해주었습니다. 그러한 우의와 지지를 보내준 David Balck, David Bibby, Marley Brown 3세, Charles Leonard Ham, Zbigniew Kobylinski, Nicky Pearson, Adrian Praetzellis과 부인 Mary, Michael Schiffer, David Simmons, Barbara Stucki, John Triggs, Joe Last, Suzanne Plousos 및 Bruce Stewart 제씨에게 깊이 감사하다는 말씀을 전합니다.

본문에 사용한 그림들은 그 출전을 제목과 더불어 밝혔습니다. 그러한 연구 성과를 이 책에 사용할 수 있게 친절하게 허락해준 모든 분들의 이해심과 노고에 감사드리며, 감사의 말씀을 전하는 바입니다.

글을 시작하며

이 책의 초판은 1979년 출간되어 1987년에 다시 간행되었습니다. 1983년에는 출판을 맡은 Nova Scientificia사의 후원 하에 Ada Gabucci 씨가 번역하고 Daniele Manacorda 씨가 서장을 쓴 이탈리아어 판이 간행되었습니다. 1989년에는 Zbigniew Kobylinski 씨가 번역한 폴란드어 판이 발간되었는데, 개정판은 스페인어 판도 출간이 약속되었습니다. 이 책이 거둔 이러한 성공은 새롭게 나온 개정판이 필요한 것임을 정당화시켜주고 있는 듯합니다. 특히 고고학 연구에서의 층서와 관련된 개념들만을 전적으로 다루고 있는 교과서로는 이 책이 유일하기 때문에 더욱 그런 생각이 듭니다.

개정판을 궁리하며 고고학 연구자들이 쉽게 접할 수 있도록 가능한 한 작은 책으로 만들겠다고 결정했습니다. 그 결과, 학사와 관련된 내용은 줄었지만 해리스매트릭스 방법을 설명하는 뒷부분의 몇 장은 그 내용이 늘어났습니다. 또 책에는 다른 고고학자들의 층서 연구 결과가 새롭게 포함되었는데, 대부분의 자료가 아직 공표되지 않았습니다.

이 책의 자매편으로 콜로니알 윌리엄스버그 재단 고고학연구소(Archaeological Research at Colonial Williamsburg Foundation) 소장인 말리 브라운(Marley Brown) 3세와 제가 편집한 〈고고층서학 실습(Practices of Archaeological Stratigraphy)〉도 아카데믹프레스가 발간할 예정입니다. 새로 나올 책은 해리스매트릭스 방법을 실제 현장에서 응용한 사례를 보여줌으로써 이 개정판의 내용을 보충해줄 것입니다. 이 책에는 대단히 고맙게도 개정판을 위해 자료를 제공해준 분들을 비롯해 여러 저자의 글이 실리게 될 것입니다.

1989년 3월 15일

에드워드 C. 해리스

제인 패터슨 다우닝(Jane Patterson Downing)에게

차례

… 사실의 "확립"이야말로 고고학자가 자신이 진짜 누구이며 또 그 누구도 스스로의 이익을 위해 고고학자의 자리를 차지할 수 없음을 깨닫게 해주는 행위라고 정의할 수 있는 진정한 고고학적 행위의 본질임에 분명하다. 발굴이라고 하는 가장 일반적이자 특징적인 고고학 연구의 상황에서, 무너져 쌓인 돌 더미를 확인했거나, 한쪽 벽을 찾고 이어 또 다른 쪽 벽을 찾아냈거나, 건물 형태가 어떤지 차츰 감을 잡게 되었거나 … 제멋대로 버려진 뼛조각과 무덤을 구분했거나, 단순한 화덕자리와 자연적으로 불에 탄 크고 작은 흔적을 구분했거나 하는 때야말로 고고학자는 그 어느 누구도 더 잘 할 수 없으며 절대로 다시 반복할 수 없는 일을 행하고 있는 것이다. … 고고학자는 만약 실수하거나, 제대로 보지 못하거나, 잘못 이해할 경우에 자신이 내린 결론은 돌이킬 수 없는 오류에 빠져 벗어날 수 없으며, 그 결론을 따르는 사람들로 하여금 또 다른 잘못을 저지르지 않을 수 없게끔 만든다는 사실을 알고 있다.

폴 꾸르뱅(Paul Courbin)(1988)

서론

고고학 유적을 구성하는 제반 구조적 요소가 층서를 이루며 발견될 것이라는 생각, 즉 하나의 층이나 유구 위에 다른 층이나 유구가 놓여 있으리라는 생각은 고고학 유적의 발굴조사에서 무엇보다도 중대한 토대이다. 이 책에서는 발굴 중에, 또 발굴 이후의 자료 분석과정에서 적용하고 있는 고고층서학의 기본원칙을 생각해 보고자 한다.

책의 내용은 고고층서의 연대 해석 및 그 외형과 층의 반복성 내지 몰역사적(non-historical) 특징을 중점적으로 다루고 있다. 논의에서는 고고층서가 모든 유적에서 유사한 물리적 현상으로 나타나고 있음을 가정하고 있다. 유적을 제대로 이해할 수 있도록 도와주는 과학인 고고층서학의 기본원칙은 따라서 어떤 곳에서도 응용할 수 있다.

특정 유적의 층서는 그것이 형성된 역사적, 문화적 상황에 따라 결정되기 마련이다. 유적의 층서가 갖고 있는 고유한 역사적, 문화적 의미는 고고학의 일반적 연구방법을 통해 해석되거나 역사나 환경을 연구하는 여러 분야에서 얻은 자료와 비교함으로써 알게 된다. 층서와 관련한 발견 및 과거를 연구하는 역사학자나 인류학자 같은 다양한 연구자들이 찾아낸 사실은 고고학자가 그 대강을 밝힌 유적의 중요성을 더욱 드러나게 만든다. 고고층서학은 그러한 사후 해석에서 단지 미미한 역할만을 수행할 뿐이다. 왜냐하면 고고층서학의 원칙은 층서의 물리적 양상을 해석하는 도구로서, 층서의 상대편년과 순서판단을 할 수 있게 해주는 수단에 불과하기 때문이다.

고고층서학은 사람의 행위 때문에 형성된 층서의 해석을 다루고자 한다. 사람의 유해나 유물이 우선적으로 발견되는 자연적 퇴적층, 다시 말해 지질학적 층으로 구성된 유적 층서는 지질층서학의 원칙에 따라 해석할 수 있다. 일부 고고학자들은 지질층서학의 기본원칙은 사람이 만든 층서로 구성된 고고 유적의 연구에도 적절하다고 생각하고 있다. 그런 이들은 지질층서학의 공리로 되돌아갈 것을 주장하며, 이 책 초판에서 제시한 생각들을 불필요한 '분리주의자' 운동이라고 하였다(Farrand 1984a, b; Collcutt 1987). 그러나 그런 평가는 인류가 지구라는 행성 모습에 얼마나 큰 영향을 끼쳤는지를 간과하고 있다. 그런 주장은 또 오늘날 고고층서 연구에서 일어나는 많은 문제가 고고학에는 그리 쓸모가 없는 층서에 대한 지질학적 생각으로부터 고고학이 떨어져 나온 것이 그리 오래되지 않았다는 사실에서 기인하고 있음도 고려하지 않고 있다.

인류의 등장과 더불어 자연적 영력에 의해 진행되어오던 층서화 과정에는 혁명적 변화가 일어났다. 이 거대한 변화는 최소한 세 가지의 주요한 측면을 갖고 있는바, 첫째로 인류는 자연선택을 통한 유기체의 진화과정과 들어맞지 않는 물건을 만들기 시작했으며, 둘째로 사람들은 지구 표면에서 살고 이용하는 지역을 선택하기 시작했고, 셋째로 사람들이 본능이 아닌 문화적 이유 때문에 땅을 파기 시작한 결과 궁극적으로 층서 기록은 비지질학적 방식으로 변형되기 시작했다.

이러한 혁명적 변화는 고고층서와 지질층서, 즉 문화적 층서와 자연적 층서를 구분해야 하게 만들었다. 살아있는 생물과 달리 고고자료는 정해진 생활양식을 갖고 있지 않으며, 따라서 층서에서 발견되는 그런 존재들은 화석으로 나타나는 진화와 변화에 대한 지질학적 가정을 당황스럽게 만들고 있다. 토지의 선호적 사용은 가족이나 집단 차원에서 재산의 경계를 만들기 시작한바, 보잘것없는 울타리 흔적에서 만리장성과 같은 거대 구조물에 이르기까지 매우 다양한 형태로 발견된다. 사람의 뜻에 따라 결정되는 그런 경계는 토지를 자연적 단위와 아무 상관 없이 나누어놓았다. 따라서 땅을 판다는 것이야말로 도구 제작에 이어 두 번째로 중요한 인류의 성취물이 아닐까 하는 생각이 들기도 하는데, 사람들이 땅을 파기 시작하며 지질학적으로는 동등한 상대를 찾을 수 없는 층서적 구조가 만들어지기 시작했다. 궁극적으로 인류의 모든 문화는 자그마한 구덩이나 도랑을 파는 일에서 마을과 도시를 세우는 데 필요한 물자 획득을 위한 대규모 굴착에 이르기까지 층을 이루며 목적에 따라 고유한 방식으로 땅을 팠던 것이다.

고고학 맥락에서 층을 이루며 발견되는 퇴적물의 양상은 유목생활에서 정착 마을을 이루게 된 것처럼 사회 형태가 다양하게 변하며 문화의 물질적 발전이 늘어나는 만큼 그 밀도와 복잡성이 증가하게 되었다. 근세의 산업혁명과 같은 거대한 변화가 일어날 때마다 인류의 생활을 말해주는 층서상 지표는 지질 퇴적층으로서의 성격이 점점 줄어드는 대신 보다 인공적인 성격을 띠게 되었다. 층서학의 입장에서 말하자면, 지질층서학의 기본원칙을 사람이 만든 층서에 적용할 수 없게 된 것은 인류사의 매우 이른 시점부터라고 할 수 있다. 다시 말해, '고고층서'가 퇴적층을 형성하는 하나의 독립된 과정이라는 주장을 부인할 수 없게 된 시점은 바로 이렇게 이른 시기부터이다.

도시생활이 시작되며 고고층서의 성격은 보다 더욱 극적으로 변화하였다. 건축 행위가 보편화하며 퇴적의 속도와 비율은 매우 크게 늘어났고, 침식에서도 마찬가지 현상이 나타났다. 이러한 사정은 땅을 파는 능력과 더불어 층서에서 새로운 사물이 새로운 현상으로 나타나게끔 하는 능력이 커졌음을 보여준다. 이러한 변화는 세계 각지의 유적 층서에서 드러나며, 노천광산 채굴이나 초고층 건물 건축과 같은 현대적 행위에서도 볼 수 있다.

따라서 도시혁명은 지질층서화와 고고층서화 과정의 동반자라고도 할 수 있다. 그런데 사람 또한 지질 과정의 영력이라는 인식에도 불구하고(Sherlock 1922), 인간 역할의 층서학적 의미는 고고학에서도 지질학에서도 그다지 검토되지 않았다. 그 결과, 몇몇 고고학자는 아직도 수천만 년이나 수억 년 전의 퇴적조건 아래에서 형성된 지층을 연구하기 위해 한 세기보다 오래 전에 고안된 일련의 법칙에 따라 고고층서의 수수께끼를 풀려 하고 있다.

그에 따라 많은 발굴에서 층서에 대한 기록, 특히 복잡한 도시 유적의 층서 자료는 지질학적 개념에 기초한 부적절한 지침에 따라 수집되어 왔다. 그렇게 많은 유적에서 얻은 자료를 갖고 있는 층서자료아카이브가 '무질서' 내지 '혼란'스러운 상태에 있다고 하는 것은 아마도 극단적 평가는 아닐 것이다. 층서자료가 이렇게 부적절하기 때문에 예를 들어 발굴보고를 제때 완성할 수 없는 것 같은 고고학 연구의 여러 문제가 일어나고 있다.

비록 고고층서학이 고고학의 기초를 이루고 있지만, 근래 수십 년 동안 이에 대한 관심은 매우 작았다. 단적인 예로서, *Archaeology, A Bibliographical Guide to the Basic Literature*(Heizer *et al.* 1980)에 거명된 4,818편의 논문 중에서 '층서' 항목에 들어가 있는 것은 모두 합쳐 8편에 불과할 뿐이다. 고고학에 대한 거의 모든 교과서는 층서의 기본원칙을 단지 한두 페이지의 분량으로 다루고 있으며, 그 내용도 대부분 싸구려 지질학적 설명을 그것도 잘못 소개하고 있다(예: Barker 1977; Hester and Grady 1982; Sharer and Ashmore 1979).

이 책 초판은 그 전 내용이 고고층서학의 기본원칙을 논의하고 있는 최초의 교과서로서, 특히 인간 행위로 영향을 입은 층서 형성의 문제를 다루었다. 앞에 폴 꾸르뱅(Courbin 1988: 112)을 인용했지만, 만약 이 책의 독자가 고고학자의 임무는 사실의 '확립'에 있음을 믿는다면, 층서적 사실의 확립보다 우리 직업에서 더 근본적인 임무는 없다고 할 수 있다. 필자는 유적 층서의 사실을 찾아내고 기록할 수 있게 해주는 기본적 방법을 학생들이 보다 잘 배우기를 희망하며『고고층서학의 기본원칙』초판의 내용을 재구성해 보았다.

이 제2판의 처음 네 장에서는 지질학과 고고학에서 사용하는 층서의 개념과 고고학 발굴과 기록 방법의 변화를 학사적으로 개괄해 보았다. 제5장에서는 초판에서 여기저기 흩어져 설명한 고고층서학의 제반 법칙을 모아서 설명하였는데, 이 장에서는 필요에 따라 해리스매트릭스와 층서의 의미와 관련된 생각도 설명하였다. 제6장과 7장은 쌍을 이루는 내용으로서, 고고층서에서의 퇴적층 및 퇴적층 사이의 경계선, 다시 말해 퇴적층의 표면을 뜻하는 경계면과 관련된 생각들을 다루었다. 다음의 두 장은 단면과 평면을 기록하는 방법에 대한 내용이다. 이어 제10장과 11장에서는 '시기구분'에 필요한 단계의 설정 및 층의 순서와 관계된 유물 분석의 개요를 다루었다. 끝으로 마지막 장에서는 훈련을 쌓지 못한 평균 초심자도 주어진 방법을 부지런히 그대로 따르기만 하면 발굴에서 층서를 사실적으로 확실히 파악할 수 있도록 보장해주는 간단한 절차를 요약하였다.

이 개정판에서는 많은 동료 덕분에 초판에서 설명한 이론의 몇몇 내용이

타당함을 증명해주는 실제 사례 도면을 다수 추가할 수 있었다. 독자께서 이 제2판이 초판보다 나아졌다고 판단한다면 그 공의 큰 몫은 고고층서학에 대한 필자의 기초적인 생각을 발전시킨 고마운 동료들에게 돌려야만 한다. 층서 해석은 아마도 고고학자로서 우리가 부닥치는 가장 어려운 임무일 것이다. 층서와 관련된 생각들을 처음 접하는 독자들에게 이 책이 고고학자만이 할 수 있는 고고층서와 관련된 사실의 규명이라는 임무를 향해 나아갈 수 있게 해주는 계기가 되기를 바라며, 행운과 좋은 결과를 기원하는 바이다.

1

지질학과 층서의 개념

The concept of stratigraphy in geology

찰스 라이엘(Charles Lyell)의 고전적 저작인 『지질학 원론(*Principles of Geology*)』이 발간된 1830년이 되면, 17세기 이래의 발견에 힘입어 지질학에서 층서의 개념은 대체로 정리되었다. 개별 층서의 화석이나 층 및 경계면과 같은 구체적 내용과 관련된 문제는 사안에 따라 적용을 달리해야 하지만, 층서의 법칙, 법칙과 법칙 사이의 상관관계, 편년의 개념 및 층과 경계면 혹은 부정합을 비롯한 층서와 관련된 여러 문제에 대해 어디에서나 적용할 수 있는 보편적 성격의 개념이 정립되었던 것이다.

현대적 층서 개념을 확립시킨 지질학적 발견은 화석과 층서에 대한 당시의 지배적 생각과 대치되는 것이었다. 즉, 전자는 그런 현상을 '자연의 작용(sports of Nature)' 때문이라 여겼지만 후자는 구약성경에서 말하는 대홍수로 쌓였다고 보았던 것이다. 당시 지구의 나이는 성경 말씀에 따라 계산한 결과 6,000년을 넘지 않을 것이라고 여겼던 사정도 지질학적 사고의 발전을 가로막는 요소였다.

스테노와 상어 이빨 Steno and sharks' teeth

층서의 성격에 대한 체계적 검토를 최초로 시도한 인물의 한 사람은 17세기 3분기에 이태리에서 층서를 연구한 덴마크인 닐스 스텐센(Nils Steensen), 즉 스테노가 있다. 스테노는 현생 상어의 이빨과 말타(Malta)의 백악층 단애면에서 발견되는 수많은 소위 '혀돌(tongue-stones)'은 직접 관계를 맺고 있다고 다음과 같이 주장하였다.

> 마치 모든 달걀이 서로 비슷하게 생긴 것처럼 혀돌은 상어 이빨과 닮았다. 혀돌의 수량이나 발견 위치가 어떻건 이러한 유사성은 부정할 수 없기 때문에, 혀돌이 상어 이빨이라고 한 나의 주장은 진실과 동떨어질 수 없다(Garboe 1954: 45).

그는 나아가 바위나 오래된 벽에 붙은 나무뿌리처럼 천천히 성장하며 커지는 물체는 돌에 틈을 만드는데, 그런 과정에서 물체 그 자체는 형체가 뒤틀리게 된다고 보았다. 그런데 혀돌과 같은 화석은 항상 비슷한 모습으로 발견되기 때문에, 스테노는 화석이 형성되던 당시에는 땅이 단단하지 않았으리라 가정하였다(Garboe 1958: 15). 그러므로 스테노는 화석이 들어있는 바위는 원래 물속에 있던 토양물질이었다는 의견을 제시하였다. 형태가 이미 갖추어진 화석이 액상의 진흙에 묻히고 그 위에 흙이 퇴적됨으로써 화석은 원래의 형태를 보존하게 되었다고 생각한 것이다.

화석이 산속에서 발견되는 사실에 대해 스테노는 당시 유행하던 생각에 따라 그런 것들은 구약성경이 말하는 대홍수가 끝나 수면이 낮아진 다음 높고 건조한 그런 곳에 남겨졌다고 보았다. 그렇지만 그는 이런 설명의 대안으로서 바위와 그 속에 있는 유해의 위치가 달라졌음을 알고 있었으니, 다음과 같이 타키투스(Tacitus)의 『연대기(*Annales*)』를 인용하였다.

그해 한밤에 일어난 지진으로 소아시아의 마을 12곳이 폐허가 되었으며… 높은 산도 평평해졌다고 한다. 평지는 솟아올라 험준한 산이 되었으며 폐허 사이에서는 불길이 솟아올랐다(Garboe 1958: 19).

스테노는 자신의 이론을 주장하기 위해 지질단면도를 출판하였다(White 1968: plate XI). 최초의 지질단면도의 하나로 꼽히는 이 이상적 도면은 이태리의 카르스트 지역에서 잘 알려진 상황을 근거로 한 것으로서, 여기에서는 동굴 지붕이 무너져 자그마한 협곡이 만들어지는 일이 종종 발생한다(Tomkeieff 1962: 385). 화석은 현생하는 생명체의 조상의 유해이며 퇴적층은 정적으로 형성되거나 대홍수로 쌓인 것이 아님을 강조함으로써 전통적인 사고와 결별한 스테노는 누중의 법칙(law of superposition)과 연속의 법칙(law of original continuity)이라는 지질학의 법칙을 제시한 셈이다(White 1968: 229).

18세기 말이면 지질층서학 이론에서 두 가지 중요한 진전이 이루어졌다. 그 하나는 화석과 지층 사이의 보편적 관계에 대한 생각이며, 다른 하나는 층서의 한 특정 측면인 층과 층 사이의 경계면에 대한 설명이다.

층서대비 Correlation of strata

층서대비 연구의 효시로는 영국 남부에서 운하 굴착과 측량에 종사하던 윌리엄 스미스(William Smith)의 활동을 꼽을 수 있다. 지층이 일정한 패턴을 갖고 겹쌓여 있음을 관찰한 스미스는 다양한 노두로부터 화석을 수집해 각 층이 독특한 유기체의 유해를 갖고 있음을 발견하였다(Smith 1816: ii). 이러한 발견과 더불어, 지질학자들은 암석학적 유사성과도 같은 증거가 없더라도 여러 지점에 분포하는 동일 시기의 지층을 확인할 수 있게 되었다. 이것은 또 전 세계에 걸친 지질층의 편년 대비를 할 수 있게 해주는 열쇠가 되었다.

스미스는 자신의 수집품을 정리 보관하며, 경사지게 만든 전시판 위에 화석을 발견된 지층의 위치에 맞추어 배치하였다(Eyles 1967: 180). 그는 화석 하나하나마다 그 속명과 종명 및 발견지점 세 가지 사항을 기록하며 다음과 같이 말하였다.

> 이런 삼중 기록은 표본을 대조해보거나 동일화석이 얼마나 많은 상이한 지점에서 발견되었는가를 한눈에 알게 해주는 효과가 있다. 이와 같은 방법은 수집품 중에서 정리를 마친 모든 화석에 적용하였다. 각 층은 전체 층의 한 단위로서, 그 속에서 발견된 화석들은 다른 것들과 구분해 표기되었다.

하나하나의 지층이 고유한 화석 유해를 갖고 있다는 스미스의 발견은 연대 해석과 관련해 중요한 의미를 갖는다고 즉각 받아들여지지는 않았다. 그러나 수십 년 뒤 찰스 라이엘(Charles Lyell)은 화석 연구를 통해 지질층의 상대순서를 판단할 수 있는 방법을 고안하였다. 그의 방법은 주어진 지층에 포함된 화석과 현생종 사이의 비율을 바탕으로 하는데, 그는 지층의 연대와 발견화석에 대해 다음과 같은 의견을 제시하였다.

> (보다 오래된 층에서는) 현재 살고 있는 종과 동일하다고 볼 수 있는 화석은 극히 소수에 지나지 않으나, 보다 위로 가며 현생 유각 아메바(testacea)를 다량 발견하게 될 것이다(Lyell 1964: 268).

따라서 제3기의 이른 단계에는 단지 3.5%의 화석만이 현생종과 비견할 수 있지만, 늦은 단계에는 그 비율이 90%에 이르게 된다고 하였다(Lyell 1964: 273).

이렇듯 스테노, 스미스와 라이엘은 화석과 지층은 고유한 객체로서 자연과정에 따라 만들어지고 보존된 것임을 발견하였다. 즉, 지층은 원래 특정층에서만 나타나는 특정 화석들을 지니고 있으며, 그러한 화석은 진화 과정에서 특정종이 멸종했으므로 각 층의 상대적 나이를 알려준다는 사실을 확립시켰다. 이러한 개념은 지질층서의 역사적 특성, 즉 시간성과 연관된다. 그러나 이것은 층서의 몰역사적 특성, 다시 말해 층서의 시간대와 상관없이 반복해서 보이는 층서의 특성에 대한 생각으로 보완되어야 그 가치를 발휘한다.

지질과정 Geological processes

지질층서는 퇴적이나 침식 혹은 육지의 융기나 해수면 아래로의 침강으로 구성된 주기적 과정으로 형성된다. 고형화된 다음에도 층서는 뒤집어지고, 쪼개지고, 파괴되는 등, 원래의 상태가 변형될 수 있다. 이러한 변화의 기록은 이른 시기의 층에 포함되었던 화석이나 광물 조각이 침식과 같은 여러 경로로써 후대의 퇴적층에 포함되는 경우에 찾을 수 있다. 이런 변화는 또한 부정합이나 개개 층이나 층군 사이의 경계면과 같은 층서의 비물질적 측면에 반영되기도 한다.

그러한 지질학적 주기는 1790년대에 제임스 허튼(James Hutton)이 스코틀랜드에서 발견하였다. 그의 이론은 '부정합'에 대한 인식이 없었다면 불완전했을 것이다, 부정합이란 상이한 경향성을 보여주는 층으로 구성된 두 층군 중 어느 하나가 다른 것 위에 **일치하지 않게, 즉 부정합적으로** 놓여 있을 때 양자 사이의 경계면을 가리킨다. 허튼은 부정합이 한 층군이 융기한 다음 침식되거나 해수면 아래 잠기기까지 혹은 새 층이 그 위에 쌓이기까지 흘러간 시간을 의미한다고 보았다.

허튼은 1795년 출간된 『지구에 대한 이론(*Theory of the Earth*)』을 집필하며 이러한 지질학적 특징을 찾아 나섰다고 한다(Tomkeieff 1962: 393). 허튼 이전과 동시대의 모든 연구자들은 지구 표면을 자세히 관찰했음에도 불구하고 '단 하나의 부정합 사례도 보지 못했다'(Tomkeieff 1962: 392). 『고고학자를 위한 층서학(*Stratification for the Archaeologist*)』에 실린 존 스트라치(John Strachey)의 유명한 단면도가 그러한 사례의 하나이다(Pyddoke 1961: fig. 1). 그런데 책의 저자는 스트라치의 단면도에 보이는 부정합을 언급하면서도 경계면의 개념은 논하지 않았는데, 아마 그도 경계면이 고고층서학에서 관심을 기울여야 하는 대상임을 미처 몰랐다고 보인다.

부정합을 비롯한 지질층서의 경계면은 그것으로 경계가 지어진 지층과 마찬가지로 일정 기간의 시간을 뜻한다. 허튼에 따르자면 각 부정합은 상당한 기간을 뜻하는데, 그 기간 동안 지층은 융기되고, 침식되고, 침강되어 그 위에 지층이 쌓일 수 있는 새로운 해저층이 되는 과정을 겪는다. 이러한 주장은 지질학적 경계면이 아닌 다른 유형의 경계면 역시 지층 그 자체의 퇴적에 필요한 정도의 긴 시간을 뜻한다는 주장이 『종의 기원』에서 제시된 다음 받아들여졌다(Toulmin and Goodfield 1965: 222).

층서 형성에 필요한 시간은 여러 백만 년을 단위로 하는바, 6,000년이라는 성경의 시간표와는 전혀 맞지 않는다. 그로 인해 발생한 논란은 20세기에 들어와서야 방사성동위원소를 이용한 연대측정법이 알려지며 잦아들었다. 이런 방법과 더불어 지질학자들은 층서학적 사건을 연 단위의 '절대적 시간'으로 측정하고 기록할 수 있게 되었다.

절대적 시간과 대비되는 '상대적 시간'이란 층서학적 사건을 단지 순서대로 정리하는 것을 뜻한다. 그러한 순서는 사건이 언제, 얼마나 오랫동안 걸쳐 발생했는지를 측정하거나 계량화하지 않고서도 정리할 수 있다(Kitts 1975: 363). 1830년대 무렵 아래 요약한 지질층서학의 주요 개념이 모두 확립되며, 지층의 상대적 순서를 정할 수 있게 되었다.

지질층서학의 법칙 Laws of geological stratigraphy

암석층을 대상으로 하는 층서의 법칙은 누중의 법칙(Law of Superposition), 수평퇴적의 법칙(Law of Original Horizontality) 및 연속의 법칙(Law of Original Continuity)이라는 세 가지 공리로 구성된다. 첫 번째 법칙은 주어진 육괴를 구성하고 있는 일련의 지층 중에서 위에 있는 것들이 보다 후대에 만들어졌고 아래의 것들이 보다 오래되었다는 가정이다. 두 번째 법칙은 지층은 수중에서 대체로 수평면을 이루고 형성되는데 표면이 경사진 지층은 퇴적 이후 기울어졌다는 말이다. 마지막 공리는 지층은 원래 전체가 한 덩어리를 이루며 쌓인다는 가정이다. 따라서 만약 지층이 노출되어 있다면, 그것은 침식의 결과이거나 혹은 원위치에서 벗어났기 때문이라는 생각이다(Woodford 1965: 4).

또 다른 법칙은 지층 내에서 발견되는 화석과 관련된 것으로서, 동물상계승의 법칙(Law of Faunal Succession)이라고도 하고(Dunbar and Rodgers 1957: 278) 혹은 화석 동정의 법칙(Law of Strata Identified by Fossils)이라고도 한다(Rowe 1970: 59). 이 법칙은 이어지는 시기에 살았던 여러 생명체의 화석 유해는 특히 지층들이 원위치를 벗어났거나 뒤집혔을 때 그 상대 순서를 알려줄 수 있다는 가정이다. 예를 들어 원위치를 벗어났거나 뒤집혀 층서가 교란된 상태에서는 퇴적의 순서를 알기 전까지 누중의 법칙을 적용할 수 없지만, 이 법칙은 퇴적의 순서 판단을 할 수 있게 해준다.

이러한 법칙이 확립되며, 지층 · 층서 · 암석학적 경계면 · 지층에 포함된 화석 등의 물질에 대한 인식도 분명히 정리되었다. 지층이란 퇴적과정에서 혹은 퇴적환경의 변화로 인해 퇴적물의 유형이 바뀜에 따라 형성된 암석층이라고 정의되었으며, 층서란 그런 과정에서 궁극적으로 만들어진 일련의 지층과 경계면을 뜻하게 되었다(Dunbar and Rodgers 1957: 97). 또한 퇴적층 사이의 경계를 이루는 부정합과 같은 암석학적 경계면은 지층 그 자체만큼 중요한 것으로 여겨지게 되었다(ISSC 1976: 11). 화석은 과거 생명체의 보존된 형체라고 인식되었으며, 지층 내에서 발견되는 보다 과거의 층에서 유래한 암석 조각과도 같은 기타 포함물질은 그 이전 시기의 증거물로 여기게 되었다(Donovan 1966: 17).

이러한 주요 개념과 층서의 법칙을 사용하며 지질학은 예를 들어 고생물학과 같은 다양한 부문의 학문으로 발전해 나갔다. 이러한 기본 원칙들은 그러나 주로 퇴적조건 아래에서 쌓인 암석층을 대상으로 고안되었다. 그런데 고고학이 다루는 층은 대부분 퇴적이라는 어휘의 고전적 의미에 들어맞는 퇴적학적 기원(sedimentary origin)의 층은 아니다. 그러나, 아마도 잘못 알고 있기 때문이겠지만 몇몇 고고학자들은 모든 고고학적 층을 '퇴적물(sediments)'이라 하고 있다(예: Stein 1987). 아무튼 이러한 지질층서학의 원칙들은 재검토해 적절히 고치지 않는다면 고고학에서 유용하게 쓰기는 힘들다고 여기지만, 계속해서 지질층서학의 원칙들은 고고학에서 그대로 받아들어져 왔다. 그런데 지질학의 공리가 고고학 연구에 상당한 어려움을 가져다 주었음에도 불구하고, 유감스럽게도 그것을 다시 받아들여야 한다고 주장하는 이도 있다(예: Gasche and Tunca 1983). 다음 장에서는 지질학의 개념을 고고학자들이 어떻게 받아들였고 발전시켰는지 살펴보겠다.

2

고고학과 층서의 개념

The concept of stratigraphy in archaeology

고고학적 사고의 기원과 발전에 대해 글린 다니엘(Glyn Daniel)은 1975년 출간된 『고고학 150년사(*A Hundred and Fifty Years of Archaeology*)』에서 잘 정리하였다. 19세기 후반까지 지질학은 고고학에서 사용하는 개념의 발전에 큰 영향을 주었다(Daniel 1975: 25). 심지어 20세기 초반에도 고고학에서의 층서 연구는 지질층이 거의 없거나 전혀 없는 유적에서도 기본적으로 지질학의 관점에서 이루어진 것이 대세였다. 이 장에서는 몇몇 초기 고고학 연구에서 이루어진 성과를 층서학의 관점에서 검토한 다음, 고고층서학에 대한 보다 최근의 생각들을 생각해보겠다. 이러한 생각들은 제1장에서 그 대강을 설명한 지질학적 개념과 연관시켜 볼 것이다.

사람이 만든 화석 Man-made fossils

스테노 이전까지 화석의 진정한 성격은 환상에 가려져 있었다. 또한 선사시대라는 과거에 연원을 두고 있는 고고학 유물도 요정의 화살이나 벼락이라고 여겨졌다(Daniel 1964: 38). 그러나 17세기에 일련의 고물연구자는 그런 물건들이 사람에게서 기원했음을 주장하기 시작했다. 스테노가 혀돌을 현대 상어 이빨과 비교하고 그 연관성을 선언한 것과 마찬가지로, 이른 시기의 고물연구자들은 유럽의 석기와 아메리카원주민의 도구를 민족지적으로 비교하였다(Daniel 1964: 39). 스테노의 혀돌은 지질층에서 유래한다고 알려졌지만, 고고학 유물의 층서에서의 출처가 확실히 알려진 것은 1797년 존 프리어(John Frere)가 교란되지 않은 지질층 아래에서 일련의 유물과 멸종 동물 유해를 함께 발견하면서부터이다(Frere 1800). 이 프리어의 발견은 반세기 이상 무시되었다. 1859년 즈음에는 고고학 유물이 층서적 맥락에서 발견되는 사례가 영국과 프랑스 각지에서 알려졌으며, 찰스 라이엘 같은 지질학 권위자의 견해와 더불어 그런 물건들이 아주 오래전에 사람에게서 연원했다는 생각은 사실로 받아들여지게 되었다.

프리어의 발견으로부터 20년이 지나 덴마크 국립박물관은 톰센(C. J. Thomsen)의 삼시기법(Three Age System)에 따라 구성한 전시를 공개하였다(Daniel 1943). 삼시기법에 따르자면, 인류는 석기, 청동기 및 철기가 순차적으로 우세한 기술적 단계를 겪었다. 톰센의 후계자인 워세(J. J. Worsaae)는 이러한 순서의 층서적 정당성을 덴마크의 소택지 발굴에서 보여주었는데(Worsaae 1849: 9), 가장 아래층에 석기가 놓여있고 그 위로 청동기와 철기가 차례로 놓여있었다.

다니엘이 언급하였듯(Daniel 1964: 48), 삼시기법은 매우 단순한 생각이지만 인류의 과거를 편년하는 깊이를 크게 늘려주었다. 1865년 간행된 『선사

시대(*Prehistoric Times*)』에서 존 러복(John Lubbock)이 석기시대를 구분하며, 구석기시대 · 신석기시대 · 청동기시대 · 철기시대로 구성된 잘 알려진 편년 체계가 존재하게 되었다.

고고학에서 이루어진 이러한 일련의 발전은 지질학에서 스미스와 라이엘이 제시한 생각들과 비견할 만하다. 따라서 고고학적 퇴적층은 각 층에 고유한 물건을 포함하고 있으며 이러한 '화석'은 다른 곳에 있는 동일시기의 퇴적층을 확인하는 데 사용할 수 있을 것이다. 더구나 보다 현대적 형태의 유물은 유적에서 보다 깊은 곳에 있는 보다 이른 시기의 퇴적층으로 내려가며 줄어들 것이다.

많은 고고학자들이 이러한 생각을 갖고 연구하겠지만, 그러나 고고자료와 지질자료는 두 가지 이유에서 같다고 할 수 없다. 첫째로 고고층서는 대부분 인공의 산물로서, 지질층서의 법칙을 그대로 적용할 수 없다. 둘째로 고고유물은 생명체가 아니며, 대체로 사람이라는 영력에 의해 만들어지고 보존되고 파괴된다. 이런 물건들은 대개 유기체처럼 생명주기에 구애받지 않으며 자연선택에 의한 진화과정을 겪지도 않는다. 동식물과 달리 사람이 만든 물건은 심지어 후대에도 재생산될 수 있고, 어떤 유물은 지구 한쪽에서는 완전히 사라졌지만 다른 쪽에서는 아직도 쓰이고 있을 수 있다. 이러한 사실들은 유물을 다루는 연구를 보다 복잡하게 만들며 지질화석의 연구와 구분되게끔 만들고 있다. 그럼에도 불구하고 유물의 형태는 시간의 흐름에 따라 변하며 그런 변화는 과거 사회의 역사와 문화를 지시해준다는 생각은 고고학에서 면면히 이어져왔다.

층서에 대한 초기 이론 Early stratigraphic theories

1819년과 1840년 사이에 고고학자들이 제시한 그러한 생각들은 고물을 대하는 생각에 혁명적 변화를 가져왔다(Daniel 1975: 56). 그러나 이 혁명은 고고층서학의 발전을 가져오지 않았으며, 19세기 내내 고고학 연구는 지질층서학 이론에 의해 지배되었다. 그러한 사정은 지질층을 갖고 있는 유적의 경우에는 이해할 만하지만, 1840년대부터는 주로 복잡한 인공층으로 구성된 니네베 같은 유적들이 발굴되기 시작했다. 반대주장이 있기는 하지만, 19세기 말 피트리버스(Pitt-Rivers)가 실시한 많은 발굴도 고고층서학의 개념 정립에 기여하지 못했다. 이렇게 층서 연구가 발전하지 못한 상황은 최초의 고고학 연구 지침서의 하나인 플린더스 페트리(Flinders Petrie)의 『고고학의 연구방법과 목적(*Methods and Aims in Archaeology*)』에 잘 나타나 있는데, 이 책은 층서에 대해 아주 단편적으로 언급하고 있을 뿐이다. 즉, 고고층서학은 사실상 제1차 세계대전 이후에 시작했다고 할 수 있다.

1915년에 간행된 드룹(J. P. Droop)의 『고고학 발굴(*Archaeological Excavation*)』은 층서를 다루는 내용과 관련되어 비판을 받기도 한다. 그러나 이 책에는 고고층서의 성격을 보여주는 도면이 최초로 서너 장 실렸다. 〈그림 1〉에 옮긴 그의 그림은 층과 층 사이의 경계면의 중요성을 인식하고 있음을 보여주며, 단면에 보이는 유물의 분포에 대해 말하고 있고, 벽체의 시기구분 방법을 설명하고 있다. 그림은 또 서 있는 층으로서 벽체라는 구조물이 후대의 퇴적양상에 영향을 끼칠 수 있음을 보여주고 있다. 이후 수십 년 동안 고고학 연구 매뉴얼이 서넛 나타났지만(예: Badè 1934), 고고층서의 성격을 다룬 이 초기의 사례를 잇는 후계는 『야외고고학(*Field Archaeology*)』이라고 할 수 있다(Atkinson 1946).

아메리카대륙에서는 고고층서에 대한 연구가 1910년대에 들어와서야 시

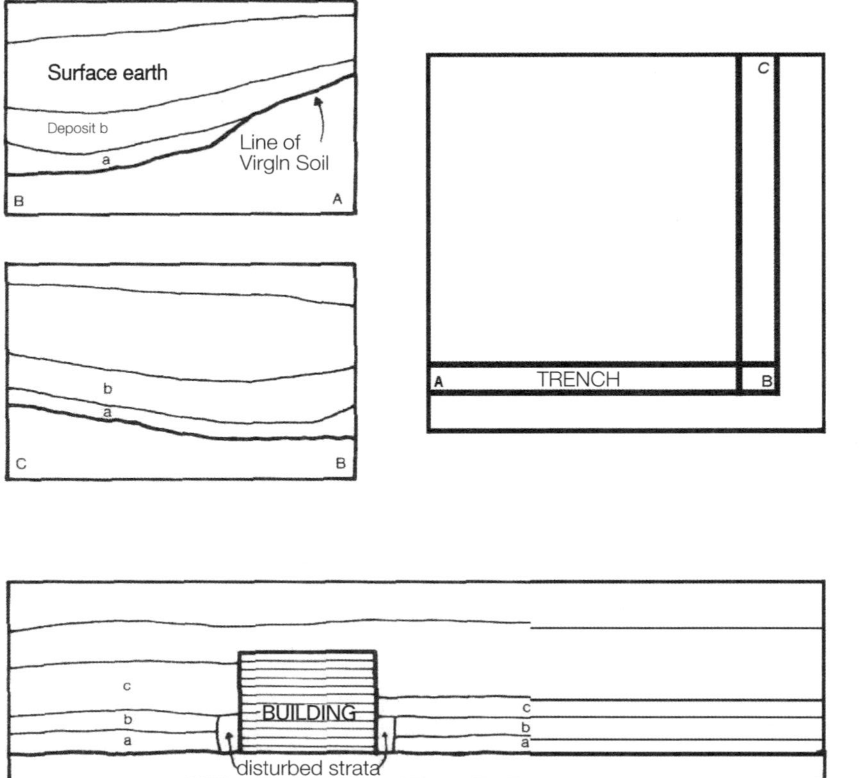

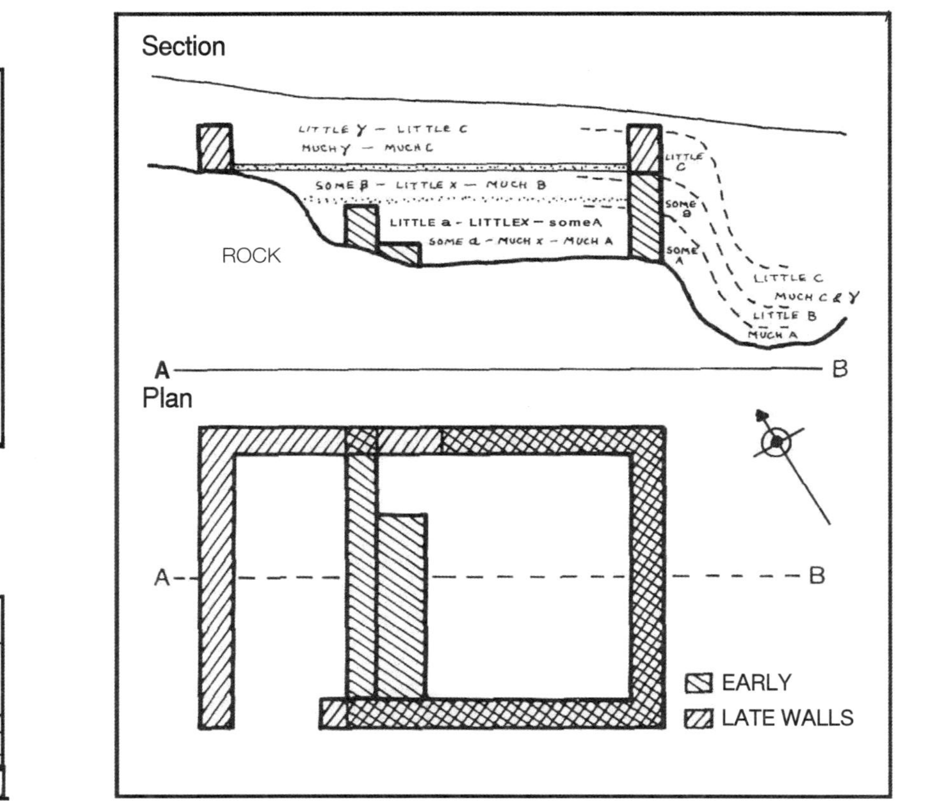

그림 1 고고학 유적에서 보이는 층서의 개념에 대한 연구 초창기의 교본도(출전: Droop 1915, figs. 1-8; Cambridge University Press 제공)

작되었다고 보인다(Willey and Sabloff 1975: 88-94). 선구자인 키더(A. V. Kidder)는 '자연적 혹은 물리적 퇴적층'의 높낮이 변화를 따르며 발굴했으며 '토기편은 층 단위로 그 출처를 정리하였다'(Willey and Sabloff 1975: 95). 그러나 키더가 기여한 바는 미국 고고학에서 계속 이어져 내려왔다고 하기 어려운데, 근래 발간된 조사연구 매뉴얼 중에서도 그러한 층서 연구의 영향은 찾기 힘들다(예: Hole and Heizer 1969). 오히려 아메리카대륙에서 많은 발굴자가 층서의 자연적 양상을 무시한 채 일정한 두께의 단위로 나누어 발굴하고 있다. 이러한 인공층위는 지질학적 층서 개념을 따른다고 할 수 있는데, 고화된 지질층들이 차곡차곡 중첩되어 쌓여 있는 양상을 종종 볼 수 있다.

유적에서도 층이 그렇다면 그런 식으로 발굴할 수도 있겠지만, 그러나 이 방법은 대개는 유적 층서를 파괴하는 결과를 가져온다. 소수의 예외를 제외하면(예: Byers and Johnson 1939), 대서양 양안에서 층서학적 연구방법에 대한 논의는 극히 드물게 이루어졌다.

휠러-케년 학파 The Wheeler-Kenyon school

1920년대에 모티머 휠러(Mortimer Wheeler)가 실시한 어느 발굴에서 작성한 단면도는 고고학의 기념비적 사건이라고 평가되었다(Wheeler 1922: fig. 11; Piggott 1965: 175). 피곳이 이렇게 칭찬한 이유는, 아마도 이 그림은 드룹과 키더의 방식을 따라 층과 층 사이의 경계면을 제대로 정의함으로써 전통적인 도면과 작별을 고했기 때문일 것이다. 휠러는 1934년 시작한 메이든성(Maiden Castle) 유적의 발굴 이전까지는 층의 경계면을 늘 선으로 분명히 표시하지는 않았다. 이 발굴에서 그는 또 단면에 보이는 퇴적층에 숫자를 부여하기 시작했는데(그림 2), 이것은 확실히 기념비적 의미를 지니는 결정이었

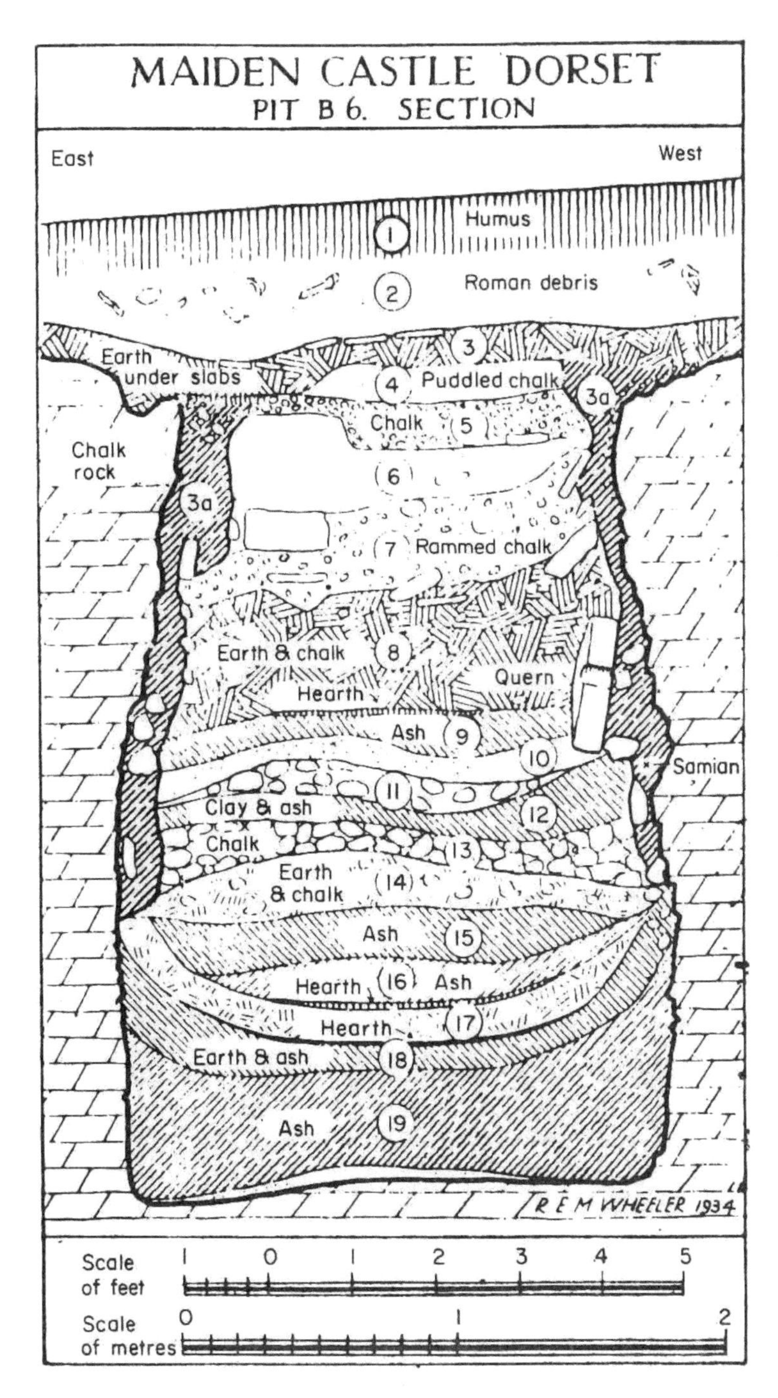

그림 2 모티머 휠러가 1934년 만든 이 단면도는 '층 번호'를 갖고 있는 최초의 도면 중의 하나이다.
(출전: Wheeler 1943: fig. 10; The Society of Antiquaries of London 제공)

다. 이 방법을 채택한 배경을 그는 『고고학 현장조사(*Archaeology from the Earth*)』에서 다음과 같이 명확히 밝혔다.

> 조사가 진행되며 퇴적층은 주의 깊이 관찰되고 구분되었으며 **인식번호**를 붙여나갔다. 물론 조사의 진행과 더불어 "발견물"은 하나씩 구분해 기록했는데, 그런 기록은 그것들이 유래한 층의 기록과 반드시 일치해야 한다 (Wheeler 1954: 54).

이런 생각은 고고층서학에서 흔히 휠러-케넌 학파 연구법이라고 불리는 방법의 근간이 되었다. 휠러의 제자인 캐슬린 케넌(Kathleen Kenyon)은 층서를 생각함에 있어서는 구덩이나 도랑을 비롯해 엄격한 의미에서는 지층이나 퇴적층이 아닌 다양한 유형의 경계면을 반드시 포함시켜야만 한다고 강조하였다(Kenyon 1952: 69).

휠러와 케넌은 경계면의 가치와 층에 대한 번호 부여라는 고고층서학 이론에 필수적인 두 가지 생각을 제공했다고 할 수 있다. 두 사람은 전체 층의 목록을 만듦으로써 유물 출처를 체계적으로 정리할 수 있음을 이해하였던 것이다. 이런 생각은 부정합이나 지층과 화석의 관계에 대한 허튼과 스미스의 발견과 유사하다고 할 수 있다.

요약하자면, 1934년이 되면 **고고학적** 유물과 층 및 경계면은 사람이 만든 독특한 물건 내지 흔적이라고 인식하게 되었다. 유물은 그것이 발견된 층에 고유한 것으로 여겨져 층에 부여된 번호에 따라 기록되었다. 이와 동시에 물건의 형태는 시간에 따라 변하며 퇴적층의 층서관계 분석에서 유물은 그러한 변화를 보여주게 된다는 생각도 받아들여지게 되었다.

누중의 법칙 Law of Superposition

지질학에서 제시된 층서에 대한 일반적 개념이나 법칙은 그리 변하지 않았다. 그러한 법칙 중에서 고고학자들이 최근까지 인식하고 있던 것은 누중의 법칙뿐이다(Harris and Reece 1979). 이 중요한 공리를 고고학자들은 일반적으로 다음과 같이 이해하고 있다.

> 이 기본원칙은 지질학에서 가져왔다. 퇴적층이나 암석층은 하나 위에 다른 하나가 중첩되어 있음을 관찰할 수 있다. 이때 층군의 바닥에 있는 층이 가장 먼저 놓인 것이며 그 위에 있는 것들은 아래에서 위로 가며 시간의 흐름에 따라 차례로 쌓인 것이다(Browne 1975: 21).

그런데 위 인용문에는 이 법칙에 정당성을 부여해주는 한 중요한 단서가 빠져 있는데, 그것은 바로 지층이 **원래의 퇴적상태**에 있어야 한다는 사실이다. 지질학이 조사하는 고화된 퇴적층과 고고학 유적의 비고화 퇴적층 사이에는 엄청난 차이가 있음에도 불구하고 고고학의 연구목적을 위해 누중의 법칙이 검토되거나 정정된 바 없다. 이만큼 고고층서학은 미미하게 발전했으며, 1970년대 말부터서야 이러한 공리에 대한 비판적 검토가 시도되었을 뿐이다(Harris 1979b). 고고학의 목적을 이루기 위해 필요한 지질층서학 제법칙의 개정과 관련된 약간의 의견은 제5장에서 제시하겠다.

이상의 논의에서, 고고층서학은 서너 단계로 형성되었다고 할 수 있을 것이다. 즉, 19세기에 프레어, 톰센과 워세는 이 분야를 탄생시켰으며, 양차 세계대전 사이 시기에 케년과 키더, 휠러의 선구적 활동은 이것을 더욱 다듬었다고 하겠다. 1945년에서 1970년에 이르는 세 번째 단계에 대해서는 다음 제3장과 4장에서 다루겠다.

3

고고학 발굴의 기법

Techniques of archaeological excavation

땅을 파서 귀중한 물건을 찾고자 하는 욕망은 가장 오래 전부터 사람이 갖고 있는 열정의 하나임에 틀림없을 것이다. 고고학 발굴은 그러한 열정의 보다 근대적 형태라고도 볼 수 있을텐데, 발굴방법의 역사는 무엇을 귀중하다고 생각하는가에 대한 생각이 세대가 변하며 바뀌었음을 보여준다. 19세기 초에 호어(Richard Colt Hoare)는 '단지 중요한 유물들을 찾기 위해 가능한 한 가장 빠른 속도로 무덤에 **구멍을 팠다**'(Gary 1906: 3). 그의 관심사는 토기편이나 층서의 세부 내용이 아니라 온전하게 살아남은 토기나 귀금속제 유물에 있었다. 그러나 오늘날에는 토기조각이나 꽃가루 혹은 X-선으로 찾은 녹슨 쇳덩이가 귀중한 물건이 되고 있다. 초기의 발굴자들은 유물 이외에도 건물 벽이나 도랑 같은 다른 흔적에도 관심을 갖고 있었지만, 유적에서 가장 흔한 유물이라고도 할 수 있는 토양층이 제 몫의 관심을 받게 된 것은 단지 최근의 일이다.

호어가 그저 구멍을 팠을 뿐이라면, 그 뒤 세대는 어떤 방식으로 작업을 수행했을까?

> 발굴방법이라는 주제는 문헌에서 사실상 거의 아무런 언급도 이루어지지 않고 있으며, 발굴현장을 자주 오래 방문한 사람들만이 무엇이건 이 문제를 생각하고 있을 뿐이다. … 모든 것을 다 포함하고 있는 과학적 보고서에서는 대체로 발굴방법을 추측할 수 있지만 그런 방법이 서술되는 것은 드문데, 보고서는 발굴방법을 들을 필요가 없는 동료 발굴자들이 주로 읽을 것임을 당연시하고 있기 때문이다(Kenyon 1939: 29).

오늘날 고고학을 전공하는 학생들은 『고고학 발굴 기법(*Techniques of Archaeological Excavation*)』(Barker 1977) 같은 책이 있어 다행인데, 이 책은 영국에서 널리 추천되고 있다. 이 장에서는 발굴 기법의 변화를 학사적으로 개관하려 한다.

고고학 발굴과 관련해서는 두 가지 측면의 문제를 생각할 수 있다. 그 하나는 발굴 수행의 **전략** 혹은 계획이다. 플린더스 페트리의 다음 글은 발굴전략과 관련된 사례라고 할 수 있다.

> 가장 좋은 조사방식은 길게 도랑(트렌치)을 나란히 배치해 파는 것인데, 그럼으로써 토양을 잘 볼 수 있으며 파낸 흙은 다시 조사에 필요하지 않다고 판명된 구덩이를 다시 메우는 데 활용할 수 있다(Petrie 1904: 41).

이렇게 제한된 좁은 면적을 발굴하는 도랑파기 방법을 추천한 페트리와 대조적으로, 필립 바커(Philip Barker)는 전면발굴 전략(open-area strategy)을 적극 주장하였다(Barker 1977).

이러한 발굴 전략과 대비되는 발굴의 측면은 발굴의 **진행과정**으로서, 실제 땅을 파는 작업은 **인위적 발굴**(혹은 인공층위 발굴) 대 **층서 발굴**(혹은 자연층위 발굴)이라는 두 가지 방식으로 이루어진다. 인위적 발굴은 미리 결정된 두

께의 단위로 층을 나누어 어떤 수단을 이용하건 적절히 단위별로 흙을 모두 제거해나가는 방법이다. 이에 대비되는 층서 발굴이란 고고학 퇴적층을 각 층의 형태와 고저에 맞추어 원 퇴적순서의 역순으로 하나씩 제거해나가는 방식이다.

발굴의 전략과 진행과정은 서로 관계가 없다. 발굴현장에 정연히 배치된 트렌치가 그 속에서 어떤 방식으로 발굴이 진행되고 있는지를 말해주는 것은 아니다. 발굴을 통해 발굴지역 내에서 과거의 표본을 얻기 때문에 발굴의 진행과정은 발굴의 전략보다 훨씬 더 중요하다. 이것은 왜냐하면 발굴자가 얻은 표본의 정당성은 그가 채택한 발굴 진행과정과 직접적으로 연관되기 때문이다. 유적을 발굴하며 구덩이 방식을 채택하건, 작은 격자로 나누건, 혹은 전면발굴을 채택하건, 발굴 진행은 별 관계 없이 이루어진다.

발굴에서 채택한 전략과 진행과정은 보고서에서 추정할 수 있다. 발굴전략은 또한 고고학적 흔적을 남기는데, 예를 들어 과거 피트리버스가 발굴한 어느 유적을 재발굴해 보니 그는 (앞에 페트리가 추천한 방식으로) 트렌치를 설정해 차례로 파고 메워 나가는 식으로 발굴했음을 알 수 있었다(Barrett and Bradley 1978). 그러나 발굴의 진행과정은 땅에 흔적을 남기지 않으며, 발굴자의 말과 기록만으로 그 성격을 알 수 있을 뿐이다. 지난 200년 동안 여러가지 발굴 전략이 제시되었지만, 발굴 진행과정으로는 위에 말한 두 방식만이 채택되어 왔다.

발굴 전략 Strategies of excavation

발굴 전략의 첫 번째 방식은 그저 땅속에 묻힌 가치 있는 물건을 얻기 위해 단순히 땅에 **구멍**을 판 다음 거기서 나온 흙을 모두 버리는 것이다. 오늘날에도 도굴꾼들은 이 방식을 사용하고 있으며 그런 과정에서 고고학 유적을 파괴하고 있다. 이 단순한 구멍파기 방법은 궁극적으로 **계획적 트렌치 설정** 방식으로 대체되었는데, 이런 사정을 워세는 다음과 같이 말하고 있다(Worsaae 1849: 153).

> 만약 고분이 흔히 보는 원뿔형이라면 남동에서 북서 방향으로 폭이 8피트 내외의 트렌치를 설정해 파나가는 것이 가장 좋으며, 보다 완벽하게 발굴하려면 다시 비슷한 트렌치를 남서에서 북동 방향으로 교차 설정할 수 있다. 많은 경우 고분 발굴에서는 맨 위에서 시작해 분구 바닥에 이르기까지 커다란 공간이 만들어지도록 파 내려감으로써 목적을 충분히 이룰 수 있는데… 왜냐하면 가장 중요한 매장주체부들은 대체로 바닥 중앙에 있기 때문이다.

워세는 또 흙을 쉽게 제거하려면 고분의 남동쪽 구석에서 중앙부 공간에 걸쳐 트렌치를 설치하라고 조언하였다(그림 3).

이후에 피트리버스를 비롯한 여러 발굴자들은 유적 전체를 파는 발굴을 시도하였다. 이중 몇몇 유적에서 피트리버스는 가장자리에 둑이나 도랑이 있는 유적을 발굴하는 방식으로서 **단면발굴 전략**(section strategy)을 고안하였다. 이 단면발굴 방법이란 둑이나 도랑을 가로지르는 트렌치를 설정한 다음, 자연적으로 만들어진 층[1]이 나타날 때까지 모든 것을 발굴하는 방법이다(Thompson 1977: 53-4). 피트리버스와 그 이전의 발굴자들은 거의 모두 인위적 방식으로 유적을 조사했으며 층의 자연적 높낮이나 모습에는 별 관심이 없었다. 그러나 피트리버스는 앞사람들보다는 더 체계적이었다.

> 주거유적과 고분 조사에서…적절한 방법은 우선 발굴하고자 하는 전 지역

1 한국에서는 인공의 흔적이 보이지 않는 자연적으로 쌓인 층을 관습적으로 흔히 〈생토〉 혹은 〈생토층〉이라 불러왔다. 이미 고착화된 용어이지만, 그 적절성에 대해서는 생각해볼 필요가 있을 것이다.

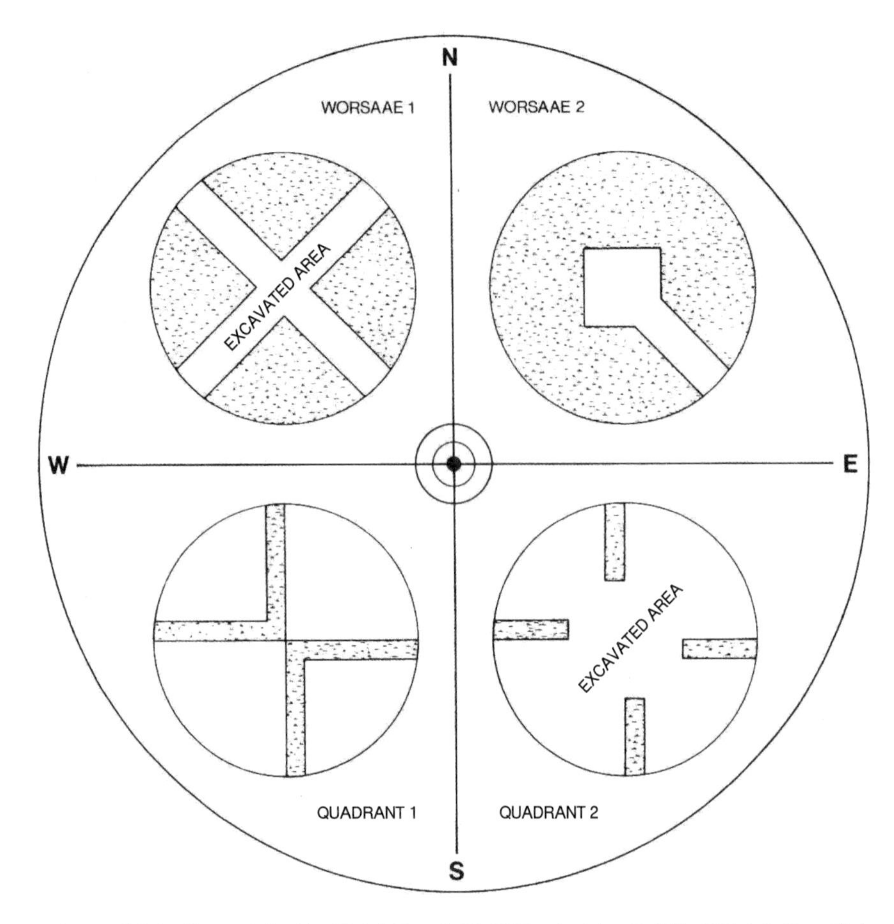

그림 3 19세기에는 분구를 가진 고분은 중앙의 주요 매장주체부를 노출시키고 주변부는 발굴하지 않는 트렌치 방식으로 발굴하였다. 그러나 20세기 들어 사분법은 그런 절차를 역전시켰는데, 트렌치로 우선 팠던 부위는 둑으로 남기고 주변부를 먼저 발굴한다.

> 에서 풀을 제거한 다음, 위에서 아래로 한 삽날씩 파내려가는 것이다. 그렇게 함으로써 아래쪽을 한 삽날씩 파기 전에 위쪽에서 토기와 다른 유물들을 수습해 기록을 남길 수 있으며, 유물이 발견된 깊이에 대해 어떤 식으로건 실수할 가능성도 막을 수 있다(Pitt-Rivers 1898: 26).

이 글에서, 발굴 진행방식으로 인위적 발굴은 유물을 수습하고 그 발견위치 확인을 목적으로 하는 것일 뿐, 층서에 대한 자세한 사항은 단지 이차적 관심사임이 분명히 드러나고 있다.

유럽대륙에서는 1916년 반 기펜이 **사분법**이라는 새로운 전략을 제시했다(A. V. van Giffen 1930). 이 전략은 유적을 몇 조각으로 나눈 다음, 각각 차례로 발굴하는 것이다. 이것은 발굴자로 하여금 사분된 부위와 부위 사이에 발굴되지 않고 남겨진 토양의 둑이나 벽에서 단면을 얻게 해준다. 반 기펜은 각 부위를 발굴하며 때로는 층서에 따라 발굴도 했지만 후대의 발굴에서는 인위적 방식을 채택하였다(예: van Giffen 1941).

몇 해 뒤에 모티머 휠러는 **줄파기**(strip method) 방법으로 분구고분(barrow)을 발굴했다.

> 고분 축선상의 양 끝에 표지판을 매단 두 개의 평행하는 선을 축에 직교하게 띄웠다. 각 선에 매단 표지판에는 동일한 번호를 매겼다. 이 두 기준선 사이에서 분구를 한 줄씩 파서 제거했는데, 각 줄은 가능한 한두 쌍의 표지판 사이의 간격과 일치하도록 설정되었다(Dunning and Wheeler 1931: 193).

위 인용문은 휠러 역시 인위적 반론을 채택했음을 시사해주는 듯한데, 이 줄파기 방법과 인위적 발굴은 1930년대에 메이든성 유적을 발굴하며 격자법과 층서 발굴로 대체되었다(그림 4의 A).

휠러의 **격자법**(grid method)은 유적을 일련의 자그마한 네모 구덩이로 나누어 발굴하는 전략이었다(그림 4의 A). 구덩이 사이에는 일련의 둑이 설치되어, 그 면이 층서단면을 보여준다. 원래 이 방법은 일종의 전면발굴의 한 형태로서 고안된 것인데, 모든 둑은 발굴의 주요시기의 층에 다다르면 궁극적으로 제거되기 때문이다(Wheeler 1955: 109; 1937: plate LXVII). 덧붙여 휠러는 이러한 발굴 방식은 발굴단위별 책임자가 분명하기 때문에 땅 파기와 기록 두 가지를 적절히 제어할 수 있는 방법이라고 여겼다(Wheeler 1954: 67).

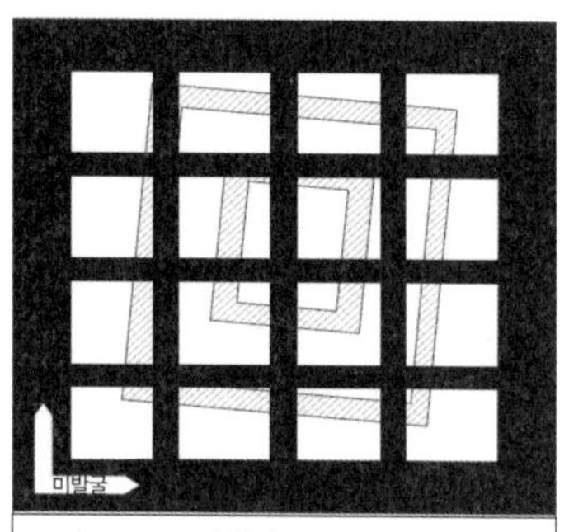

A: (1930-50년대) 수직적 기록을 강조함으로써 평면 파악이 어려우며 유적이 조각난 상태로 자료가 수습된다.

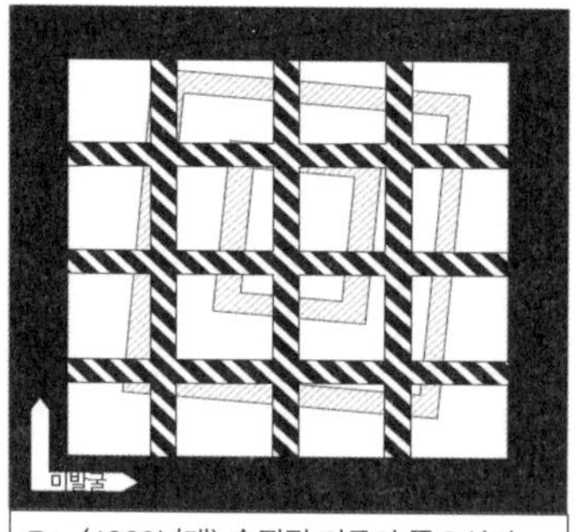

B: (1960년대) 수직적 기록의 중요성이 강조되는 정도가 줄어들었지만, 둑을 계속 유지하고 있어 평면에 대한 완전한 기록을 얻을 수 없다.

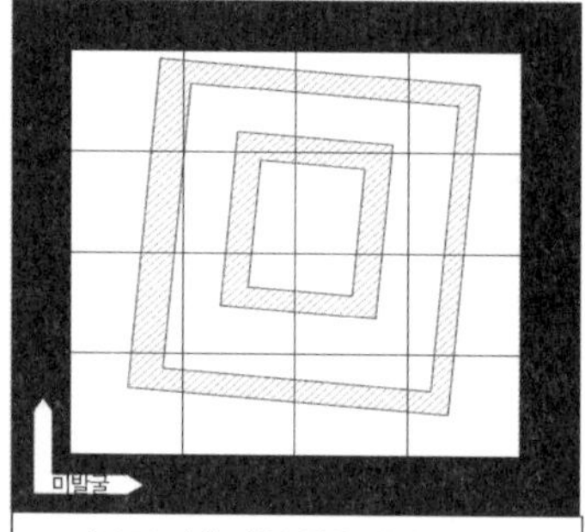

C: (1970년대 이후) 둑을 없앤 발굴로, 평면이 중요시되고, 층이 하나씩 발굴될 때마다 단면도가 작성된다.

그림 4 두터운 둑을 발굴하지 않고 남겨두는 1930년대의 격자법에서 1960년대를 거쳐온 발굴방법 변화의 모식도. 유적 단면을 구함에 있어 전면발굴은 영구적으로 남겨놓는 둑에 의존하지 않고 누적적으로 단면을 얻는다.

1960년대부터는 **전면발굴 전략**이 보다 광범위하게 채택되고 있다(Barker 1977). 전면발굴 전략의 일부 요소는 피트리버스의 작업에서도 찾을 수 있다. 이 방법은 발굴단위 사이에 둑을 설치하지 않고 전체 유적을 대상으로 발굴에 착수한다는 점에서 격자법과 차이가 있다. 실제 발굴에 있어서 많은 발굴자들은 전면발굴 전략을 채택하지만 마치 격자법을 채택한 것처럼 둑을 남겨두고 있다(그림 4의 B). 그러나 바커가 제시한 누적적 단면의 개념을 채택해 발굴할 경우에는 전면발굴에서 둑을 남기지 않게 된다(그림 4의 C). 이상 설명한 방식 중에서 오늘날에는 아마도 줄파기 방식을 제외한 나머지인 단면발굴 전략, 사분법, 격자법과 전면발굴 전략이 채택되고 있다고 하겠다.

발굴 진행과정 Processes of excavation

휠러의 격자법은 발굴의 진행과정에서 **층서 발굴**을 채택함으로써 보완되었는데, 그는 층서 발굴에 대해 다음과 같이 생각하였다.

> 층의 바닥선을 잘 따라가며 연속해 쌓인 층을 하나씩 벗겨나가고 그렇게 함으로써 유적을 구성하는 구조적 단계와 각 단계에 속하는 유물의 정확한 수습을 보장(할 수 있다)(Wheeler 1954: 53).

그러나 이런 생각과 대조적으로 1930년대에는 인위적 발굴이 크게 유행하고 있었는데, 특히 미국의 사정이 그러했음은 〈미국고고학회를 축하하며(A Celebration of the Society for American Archaeology)〉라는 부제가 붙은 한 글에서 잘 볼 수 있다.

> 분명한 것은 1930년 무렵이면 거의 모든 고고학자들이 "층"에 따라 발굴하고 있긴 했지만, 대부분 6인치 내지 15센티미터 "단위"의 인공층위를 사용하고 있었다. 일부에서는 자연층을 따라 혹은 "양파껍질 벗기기" 방식으로 발굴하였으며, 몇몇은 양자를 모두 채택하였다(Haag 1986: 68).

위의 인용문에서 '층'이라는 용어는 인공적 '단위'와 동의어로 사용되고 있으며 휠러 등이 생각한 '층'과 혼동해서 안 된다는 것은 분명하다. 아직도 다수의 미국 고고학자들이 정당화할 수 없는 상황에서도 인공층위를 채택해 발굴하고 있음은 유감스럽지 않을 수 없다(예: The Great Basin Foundation 1987; Frierman 1982; Frierman 1982에 대한 서평 Costello 1984).

과학적 관점에서 층서에 따른 발굴 진행과정은 가능한 한 많이 사용되어야만 한다. 지질학의 비유로써 표현하자면, 고고학 유적에 남겨진 층서란 **우연히 만들어진** '과거 사건의 기념물'이라고 볼 수 있다는 점이야말로 이 방식이 지니는 가치라고 할 수 있다(Lyell 1875: I, 3).

> 그러나 비록 지질학적 기념물[층서]은 그것이 증언하는 바가 흔히 불완전하더라도 최소한 **모든 종류의 고의적으로 왜곡된 진술로부터 자유롭다는 이점**을 갖고 있다. 우리는 마치 자연의 일상적 과정에서 관찰되는 현상의 본질과

의미를 종종 오해하는 바와 마찬가지로, 우리가 내리는 추론에 스스로 속을 수도 있다. 그러나 잘못에 대한 우리의 책임은 해석에만 한정되는 것으로서, 우리의 정보는 틀림없는 것이라고 말할 수 있다(Lyell 1875: I, 4; 강조는 저자가 붙임).

고고층서가 과거에 대한 우연한 기록이라면, 휠러가 주장한 바대로 층서에 따라 적절하게 발굴을 진행함으로써 고고학 유적의 해석에 필요한 독립된 검증자료를 얻을 수 있다. 고의적이며 인위적으로 미리 정한 단위 내지 층을 부여해 발굴하는 것은 그러한 객관적 검토를 불가능하게 한다.

층서는 지나간 인간행위의 부산물로서, 예를 들어 건물을 지을 때 층서를 만들거나 땅속에 당대의 유물을 일부러 묻거나 하지는 않는다. 건물이 무관심 속에 썩고 자연적으로 여러 사건을 거치며 무너지는 과정에서 만들어진 퇴적의 성격은 사람이 그 옆에 서 있으며 결정하는 것이 아니다. 인간사에서 그 누구도 후대의 고고학자를 염두에 두고 고의적으로 유적을 만든 적은 결코 없으며, 우리가 발굴을 통해 찾는 층서란 무의식적으로 쌓인 과거 사회와 그 행위의 기록이라고 할 수 있다. 이 분명한 사실을 굳이 꺼내는 것은 단지 유적을 발굴하고 기록하는 방식을 결정함에 있어서 층서가 지니는 중요성을 거듭 강조하기 위함이다.

인위적 발굴 방식을 층서가 잘 발달한 유적에 적용하는 것은 고고학자가 찾고자 하는 일차자료를 파괴하는 행위이다. 인공층위의 사용은 유물을 자연적 맥락에서 떨어져 나오게 하고 다른 층의 유물과 섞이게 만드는데, 왜냐하면 인공층위는 유적을 구성하는 단위층서의 구분을 무시하기 때문이다(Newlands and Breede 1976: fig. 7.2). 단위층서를 구성하는 층과 층 사이의 '경계면'으로 구분할 수 있다(제7장 참조). 단면에서 선으로 관찰할 수 있는 경계면은 유적에 남아 있는 과거의 지표면과 지형을 말해준다. 인공층위에 따른 발굴은 경계면을 무시함으로써 유적의 지형과 관계된 그러한 증거를 파괴한다. 일각에서는 지형과 층서의 성격을 인위적 발굴에서 얻은 자료로부터 재구성할 수 있다고 생각하기도 한다. 그러나 기록으로 남겨진 자료를 두고 엄청나게 노력을 기울였음에도 불구하고 재구성이 불가능하다는 사실은 적어도 한 유적에서 확실히 증명된 바 있다(Schulz 1981). 그러한 재구성이 불가능함은 예외가 아니라 보편적이라고 보아야 한다. 마지막으로, 인위적 발굴은 해당 유적에 대한 인위적 '층서'를 만들어내기 마련이다(그림 49).

퇴적층과 유구로 구성된 층서를 인식할 수 있는 유적에서 발굴은 층서를 따라 이루어져야 함은 이제 널리 받아들여지고 있다. 물론 어떤 경우에는 층서 단위를 인식하기 어려울 수도 있는데, 그런 때에는 단위 두께를 임의로 정한 인공층위를 이용하는 인위적 방식으로 발굴할 수도 있다. 그러나 그런 인위적 단위를 적용해 발굴한 구역 내에서 얻은 결과에 기초한 층서의 해석은 어떤 경우에도 매우 비판적인 관점에서 회의적으로 다루어져야 한다. 인공층위를 사용해 얻은 결과는 일을 망쳤다는 말뜻을 늘 가장 잘 보여줄 것이다.

오늘날에는 또 전면발굴이야말로 대체로 발굴자가 따라야 할 가장 바람직한 전략이라는 사실도 받아들여졌다. 단순히 말해, 발굴 면적이 넓으면 넓을수록 얻을 수 있는 정보도 많기 때문이다. 유적은 여러 개로 잘게 조각을 내어서 발굴할 때보다 전체를 노출시켰을 때 더 잘 이해할 수 있다. 전면발굴은 또 층서가 복잡한 유적에서 보다 적절한데, 왜냐하면 둑 때문에 유구와 퇴적층의 흐름이 끊어지지 않기 때문이다.

그런데 발굴 전략과 진행과정이란 보다 영구적인 목적에 다다르기 위한 중간단계의 수단에 불과하다. 삽질이 끝난 다음에 남는 것은 단지 발굴에서 수습된 자료뿐이다. 그런 자료란 토기 같은 유물과 일련의 기록으로, 기록 중에서도 가장 중요한 것은 유적의 층서에 대한 것이다. 다음 장에서는 고고학 초기에 어떤 식으로 층서 기록이 이루어졌는지 살펴보겠다.

4

초창기 발굴의 기록방식

Early recording methods on excavation

페트리는 발굴에는 '유적의 평면적 구성과 지형 등의 형태적 정보 및…가지고 올 수 있는 고대유물의 획득'이라는 두 가지 목적이 있다고 하였다(Petrie 1904: 33). 이렇듯 고고학 초창기에 발굴 기록이란 주요 구조물의 배치와 유물 발견위치에 대한 정보 수집을 목표로 하였다. 기록에서 강조되었던 것은 건물 벽체라든가 구덩이나 기둥구멍과 같은 기타 유구의 평면적 배치에 관한 정보로서 퇴적층 속에 건물의 바닥이나 도로 같은 뚜렷한 유구가 있지 않는 한 퇴적층을 기록으로 남긴 경우는 드물다. 층서보다 구조에 대한 기록이 중시된 만큼, 단면도는 유적에 쌓인 흙을 자세히 기록하지 않았으며 주요한 구조적 요소를 보여주기 위해 이용되었다. 유물과 관련해서는 각 유물이 다른 것들과 비교할 때 출토위치가 절대적으로 더 높은지 아니면 더 낮은지 여부만을 보여주면 충분하였다. 지질학은 매우 두꺼운 동질적 지층을 다루지만, 아무튼 지질학적으로 유추해 물건이 더 낮은 곳에서 발견된다면 그 나이는 더 오래되었다고 여겼던 것이다. 이런 생각은 19세기의 가장 훌륭한 발굴로 꼽히는 피트리버스의 발굴에서도 드러나고 있다.

만약 발굴 중의 피트리버스와 함께 있었다면 발굴이 다음과 같은 식으로 이루어짐을 관찰할 수 있었을 것이다. 그는 발굴 작업에 착수하기 전에 우선 유적의 외곽 평면도를 작성했다(Pitt-Rivers 1888: plate CXLVI). 이 도면은 유적 일원의 수계망 양상과 전반적 지표상황을 보여주기 위한 기록이다(Pitt-Rivers 1891: 26). 외곽 측량은 주변이 둑으로 둘러싸인 영국의 분구고분 같은 유적을 조사할 때는 발굴 뒤에 분구를 복원하기 위해서 지금도 실시하고 있다(Atkinson 1946: 67). 피트리버스는 측량을 또 다른 목적에도 이용했는데, '외곽을 파악하면 어떤 현장에서도 이후 단면을 어떤 방향으로건 그릴 수 있다'라고 하였다(Pitt-Rivers 1898: 26). 측량을 실시한 다음에는 유적의 층서는 무시된 채 퇴적층을 모두 한꺼번에 제거하였다(Barker 1977: 14).

유적을 덮고 있는 흙을 처리한 다음에는 지표면 아래 숨어 있어 살아남을 수 있던 유구들의 평면을 기록하였다. 이런 평면도가 뛰어난 수준임은 여기서 부정할 수 없다고 당분간 해두겠다. 예를 들어 바커가 자신의 책에서(Barker 1977) 면지로 사용한 평면도 같은 도면은 환호나 다양한 웅덩이와 구덩이의 배치와 구성 및 잡다한 유물의 발견지점을 기록하였다. 그런 도면에는 또 도랑이 에워싼 구역 입구 근처의 '돌 포장'처럼 어쩌다 보이는 층도 기록되어 있다. 단면도는 이러한 평면도와 외곽측량 결과를 만들었던 것이다.

따라서 피트리버스가 보고한 단면도 중 다수는 유적에서 실제로 관찰된 단면의 기록이 아니며, 1920년대까지 고고학 단면도는 그런 방식으로 모식도로서 그려졌다는 특징이 있다(예: Low 1775; plate XIII; Woodruff 1877: 54). 때로는 〈그림 5〉와 같은 예외가 있긴 한데, 이 도면은 영국 서섹스 지방의 시스베리 캠프(Cissbury Camp)유적에서 발견된 수석 채굴용 수직갱의 층서 기록이다. 그림에서 돌의 위치는 정확하게 표시되었으며 돌의 종류도 나타내주고 있다.

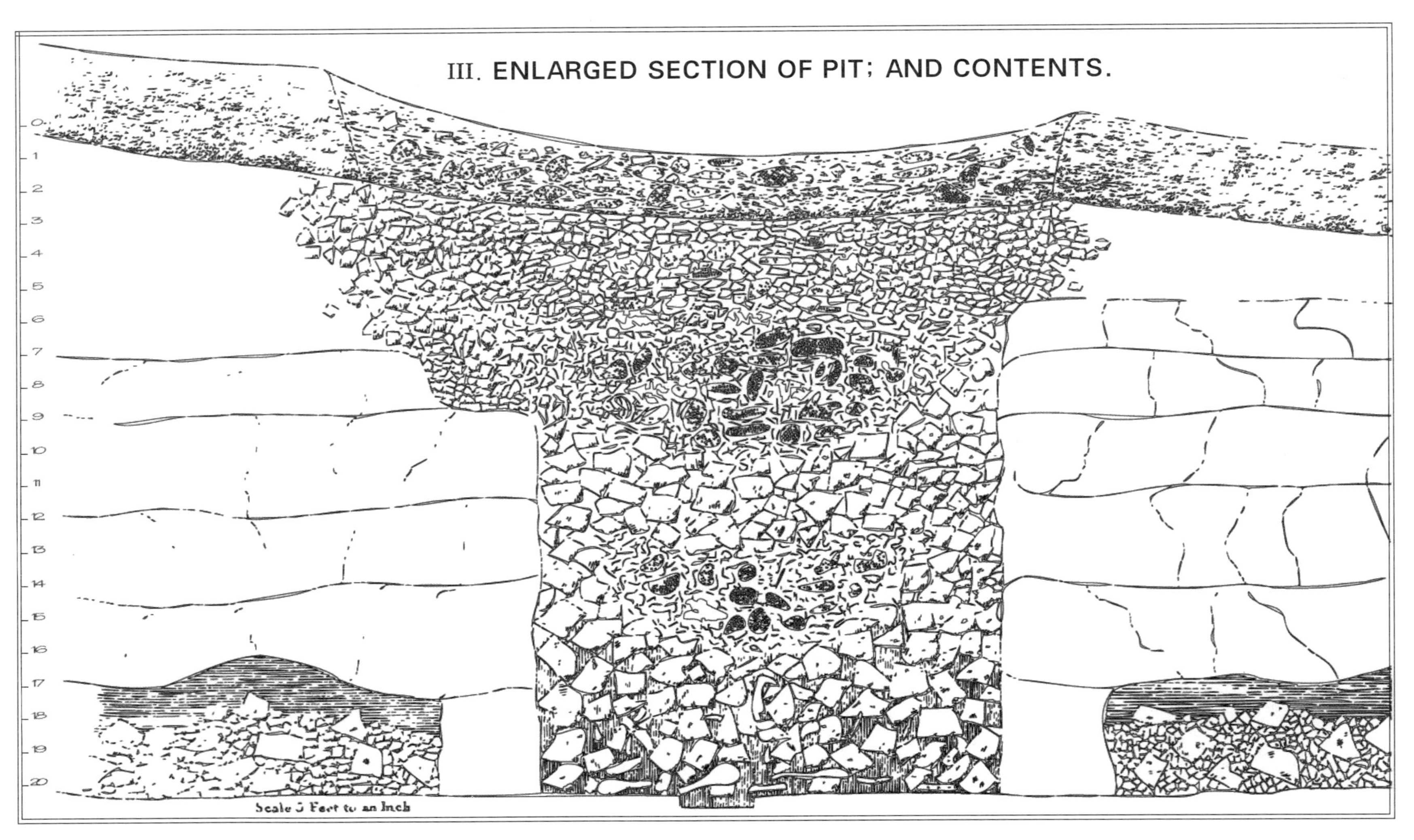

그림 5 19세기 고고학 도면에서 늘 보는 바와 달리, 이 그림은 발굴 종료 후 재구성된 모식도가 아니라 실제 단면을 기록한 듯하다(출전: Willett 1880: plate XXVI).

몇몇 피트리버스의 발굴에서는 퇴적층을 인공층위 단위에 따라 제거함으로써 유물이 발견 부위에서 발굴둑 표면을 따라 아래로 떨어져 움직이거나 하는 일이 생기지 않도록 하였다. 그렇지만 발견된 물건들이 어떤 인공층위 혹은 어떤 고고학 문화층과 관계되는 것인지에 대한 기록은 하지 않았고, 그 위치는 발견지점의 절대고도와 평면상에서의 위치를 알 수 있도록 기록되었다. 이런 방법은 모티머 휠러도 채택했는데(Wheeler 1954: 14), 1930년대 이후로는 유물이 발견된 층도 기록하기 시작했다. 그런데 요즈음에는 발견지점의 절대고도는 측정하지 않고 단지 유물의 소속층위만을 기록하고 있다(Barker 1977: 21).

20세기에 들어와 고고학 발굴에서 기록과 관련된 모든 부문에서 많은 진전이 이루어졌다. 그러나 발굴에 따라 기록의 질에는 큰 차이가 있음이 사실이다. 평면을 기록함에 있어서도 퇴적층이나 구조적 유구에 대한 관심이 크게 늘어나, 자세히 평면을 다룬 훌륭한 사례를 많이 볼 수 있다(예: van Giffen 1930; Grimes 1960; Barker 1975: fig. 3). 평면도의 질적 수준은 유적 층서의 성격 이해와 직결되며, 또 발굴자가 관심을 기울일 수 있는 시간이 얼마나 되는가에 달려 있기도 하다.

이런 사례들과 대비되는 경우로서, 층서가 복잡하며 빠른 속도로 발굴이 이루어져야 하는 도심의 유적에서는 고고학자들은 〈그림 6〉에서 보는 것처럼 주로 구조물의 기록에 집중하는 것처럼 보인다. 이 그림은 윈체스터시립박물관(Winchester City Museum)에 보관된 킹든 공방(Kingdon's Workshop) 유적의 발굴기록에 들어 있는 네 장의 평면도를 재구성한 것으로서, 로마시대와 중세의 구조물과 약간의 퇴적층이 그려져 있다.

20세기 초부터 발달하기 시작한 단면도의 한 사례는 이 킹든 공방 발굴에서 볼 수 있다(그림 7). 1920년대부터는 층 사이의 경계면을 그리는 것이 일반화되었다. 단면도에 그린 층에는 번호를 부여했는데, 그러나 이런 방식이

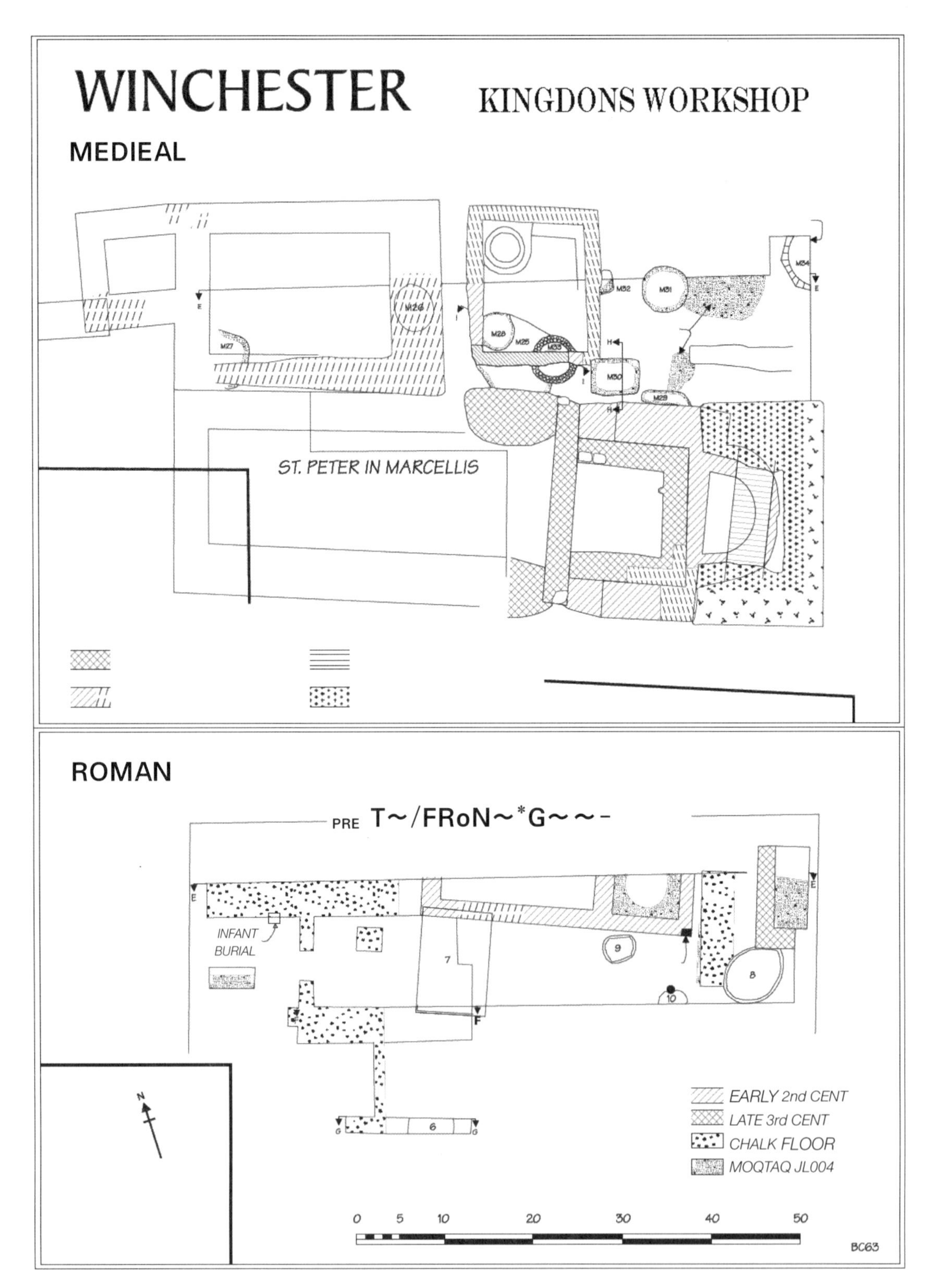

그림 6 1950년대에는 평면도는 건물의 벽체라든가 구덩이나 도랑 같은 유구의 측량도로서 그려진 경향이 있다. 퇴적층은 규모가 매우 크거나 혹은 그 성격이 도로 표면이나 모자이크 바닥처럼 중요한 특징을 갖고 있거나 하는 예외적인 경우에만 기록되었다(출전: Cunliffe 1964: fig. 10; 자료제공 저자).

KINGDON'S WORKSHOP 1956 ~ SECTION I ~ NORTH FACE OF TRENCH 1, EAST END, AREA 'A' ~ SCALE: 1in. = 2FT. ~ A0' - A42' at 16' N. of A line. ~ I.M.C. 15.1.57.

Note:- the West end of this Section is as for Section II, but less the gulley, grave & late Roman Pit. Against the W. wall lies a C.19 Pit, as in N.E. corner (see plan).

MODERN FOUNDATIONS HARDCORE WALL 'D' TUDOR CELLAR WALL 'C' GEORGIAN PIT WALL 'B' WALL 'H' EARLY VICTORIAN PIT MEDIEVAL PIT MEDIEVAL WELL WALL 'E' WALL 'A' WALL 'G' CHALK LENSES PLASTER FLOORS?

Surviving section of Medieval Wall.

NATURAL - RED CLAYEY GRAVEL 28

FOR CONTINUATION TO WEST CONSULT SECTION II.

1. Mortary layers separated by grey layers in Eastern part; to West, reddish grey soil with lumps of chalk & plaster, some small flecks of stone & brick
2. Grey soil, very stoney.
3. Dark soil - Late Roman
4. Light grey soil with flecks of mortar, some flints, roof slates & chalk - collapse of Wall 'A'.
5. Brown soil with flecks of chalk; more mortary above foundation trench - represents period of occupation of building to Wall 'A'.
6. Soil, bleached to light grey
7. Stoney soil of darker grey with shell, chalk & charcoal.
8. Ginger soil with charcoal & small flecks of daub.
9. Brown soil with oyster shells & chalk fragments - mortary against Wall 'B'.
9A. Foundation plaster layer.
10. Mortar layer - floor.
11. Lens of chalk cobbles, with some mortar over; surviving only 2in into section - floor.

13B. Yellowish grey soil with slate, tile, oyster shell, chalk, flint, stone, charcoal & bone.
14. Brown gravelly soil with a few charcoal flecks to East; getting blacker with more flecks Westward
15. Trodden layers of ash.
16. Layer of plaster & chalk - floor.
19A. Dark soil with pieces of charcoal, slate, stone, tiles & bone
19B. Mortary layer.
19C. Browney-grey soil with pieces of charcoal, slate, stone, tiles & bone.
19D. Mortary plastic soil with slates, tiles, a few stones & large flints.
19E. Grey soil with flecks of charcoal, brick, slate, tile & plaster.
(19A–19E: TUDOR CELLAR)
20A. Chalk & gravel layer with charcoal flecks.
21A, 21B & 21C. Brown soil with charcoal
22. Burnt mortary layers.
28. Natural - red clayey gravel.

34. Gritty grey soil with flecks of charcoal & mortar, some flints & slate
35. Brown mortary layers with small fragments of slate.
36. Soft brown midden with some charcoal
(35–36: MEDIEVAL PITS)
37. Broken-chalky layer - probably destruction of Wall 'E'
38A. Coarse grey soil with large flints
38B. Black charcoal tip layer with bone, shell & roof slabs
38C. Coarse sandy to grey layer with small flints, bone & shell
38D. Dark grey soil with much charcoal, bone, oyster shells & some large flints.
38E. As for 38D with less charcoal.
(38A–38E: NORMAN PIT)
39A. Grey soil with flecks of plaster
39B. Loose mortar with blocks of chalk & bricks
39C. Soft red-brown peaty midden with much pottery in upper part
(39A–39C: EARLY VICTORIAN PIT)

그림 7 이 단면도는 모티머 휠러와 캐슬린 케년이 개발해 1960년대까지 사용되던 전형적인 기록방법을 보여준다(자료제공 윈체스터시립박물관).

보편적으로 채택된 것은 전혀 아니었다. 예를 들어 케슬린 케년은 자기가 그린 그림에 층 번호를 부여한 적이 거의 없는데(예: Kenyon 1957: fig. 4), 따라서 층서에 대한 재분석이 필요한 경우에는 문제가 생기게 된다.

글로써 작성하는 발굴에 대한 기록은 보통 발굴의 진행과 운영에 대한 잡다한 관련내용을 기록하는 일지와 발굴에서 발견된 증거를 묘사하고 설명하는 기술로 이루어진다. 그런데 킹든 공방 발굴기록을 보면 모든 발굴기록은 일지 형태로 남겨졌으며, 유적을 구성하는 층과 유구에 대한 기술은 〈그림 7〉에서 보는 것처럼 단면도 아래에 적혀 있다. 이런 기록방식을 입문용 교과서인 『초보자를 위한 고고학(*Beginning in Archaeology*)』은 추천하고 있다(Kenyon 1961: fig. 12). 그런데 이런 방식의 기록에서는 단면도에 적어놓은 층에 대한 기술에서 유적의 층서에 대해 별달리 설명하지 않고 있기 때문에, 유적의 층서관계는 단면도에서 보는 바 그대로로서 굳이 글로 설명할 필요가 없었다고 가정해야만 한다. 그러나 이 말을 뒤집어 본다면, 이러한 방식으로 기록을 한다면 단면도에 표시되지 않은 층서관계는 기록되지 않았다고 할 수 있다.

1960년대부터 고고학 발굴에는 매우 큰 변화가 있었는데, 특히 엄청난 개발 압력을 받고 있는 도시지역에서 그러했다. 동시에 발굴자의 층서 해석 능력이 커진 덕분에 훨씬 많은 수의 층서 단위가 인지되고 기록되었다. 단 이러한 변화와 발전에도 불구하고 한 가지 예외가 있으니, 그것은 바로 기록방식이다. 과거의 기록방식은 층과 유구를 글로 설명할 수 있도록 구성된 미리 인쇄된 기록용지가 도입된 다음에도 변하지 않았다고 할 수 있다(예: Barker 1977: fig. 46). 이러한 용지는 층과 유구의 모든 층서관계를 기록할 수 있도록 하는데, 많은 복합유적에서 발견되는 모든 층과 유구가 단면도에 그려지는 것은 아니다.

1960년대 개발된 전면발굴은 기록에 관한 한 '층서학의 원칙에 완벽하게 부합하는' 방식이라고 강조되었으나(Fowler 1977: 98), 이것은 지지할 수 없는 주장이다. 1970년대 후반까지는 고고학 기록의 성격과 그것이 층서학의 요구사항을 충족하는가에 대한 논의는 거의 없었다. 1960년대 영국에서 실시된 전면발굴에서 얻은 훌륭한 도면들은 과거에 비해 지도와 도면 작성에서 큰 진전을 이룬 성과라고 할 수 있지만, 층서학적 관점에서는 큰 진전을 이루었다고 하기 어렵다.

그 출발점에서부터 시작해 1970년대에 이르기까지 고고학 유적에서 사용되고 있는 기록방식을 살피자면 일정한 경향성을 볼 수 있으니, 처음에는 유물에 관심이 집중되었으나, 이어 기념물과 구조물로 관심이 옮아갔고, 마지막으로 층서와 관련된 기타 측면에 관심을 갖게 되었다. 대부분의 초기 도면들은 구조물에 대한 기록으로서, 층서의 대부분을 구성하는 퇴적층에 대해서는 기록하지 않고 있다. 초기의 단면도들도 구조물과 관련되어 중요한 사항을 그린 것이지 층서에 대한 기록이 아니다. 글로 기록을 남긴 것은 층의 구성을 기술하기 위한 것이지 그 층서상의 중요성을 설명하기 위함이 아니었다. 환언하자면, 고고학 발굴의 정당성이 층서에 대한 고려에 있음에도 불구하고, 그것은 발굴에서의 기록행위에서 일반적으로 마지막 관심거리였던 것이다.

이어지는 장들에서는 고고층서학에 대한 이론과 유적 층서의 기록과 분석 방법을 생각해 보겠다. 이제까지 살핀 고고학 학사에서 중요한 생각 중에서 앞으로의 논의에서 보다 자세히 살필 정도로 중요한 것은 그리 없으며, 다만 층서 발굴, 층에 번호 붙이기 및 층과 층 사이의 경계면의 가치에 대한 인식 정도만을 계속 논의하게 될 것이다.

5

고고층서학의 법칙

The laws of archaeological stratigraphy

고고층서학은 일련의 공리 혹은 법칙에 바탕을 두고 있어야만 한다. 모든 유적은 크건 적건 층서를 갖고 있다. 기록에서의 실수는 층서 맥락을 놓치게 만들어 퇴적층과 유물의 층서는 사라질 수 있다. 적절치 못한 방법으로 인공층위를 사용한 발굴은 유적의 층서를 가차 없이 파괴하는 결과를 가져올 수 있다. 발굴할 수 있는 유적이라면 기반암 위에 단 하나의 층만이 있다 해도 그 유적은 층서를 갖고 있는 것이다. 유적이 층서를 이루는 퇴적층으로 구성되어 있기 때문에, 비록 그 문화적 내용이나 토양의 성격은 장소에 따라 달라도 모든 유적은 반복적 현상이라고 할 수 있다.

그러므로 모든 유적에는 고고층서학의 법칙을 적용할 수 있는데, 그러한 법칙으로서는 다음 두 가지가 가장 널리 인식되고 있다고 여겨진다.

> 모든 고고학의 조사기법은 너무나 단순해 많은 수강생들이 우습다고 생각하는 두 법칙으로부터 나왔다. 그 두 법칙이란 (1)만약 A라는 토층이 B라

> 는 층을 덮고 있다면 B가 먼저 쌓인 것이며, (2)각 퇴적단위나 층의 연대는 그 속에서 발견된 가장 늦은 시기의 유물이 제조된 시점 **이후**라는 것이다. 이것은 층서의 법칙으로서, 이론상 절대 틀리지 않는다. 땅은 일련의 층으로 구성되어 있는데, 일부는 사람이, 일부는 자연이 퇴적시킨 것으로서, 고고학자의 임무는 층들이 쌓인 역순으로 그것들을 분해하는 것이다(Hume 1975:68).

지질학에서 위의 두 법칙은 '누중의 법칙'과 '화석 동정의 법칙'에 해당한다(Rowe 1970). 1970년대까지 고고학 문헌에서는 이 둘 이외의 다른 법칙에 대해서는 언급된 바 없다(Harris 1979b).

이 두 지질학의 법칙을 고고층서학에 그대로 응용하는 것은 두 가지 이유 때문에 문제를 삼을 수 있다. 첫째로 이 두 법칙은 대체로 물속에서 고화되었고 킬로미터 단위의 넓은 지역에 걸쳐 있는 층들과 관계된다. 지질층과 대조적으로 고고층들은 고화되지 않았으며, 분포가 매우 제한되어 있고, 다양한 내용으로 구성되어 있다. 화석 동정의 법칙과 관계된 문제로서, 유물이 자연선택에 의해 진화한 것이 아니라는 점만으로도 지질학적 법칙들이 뜻하는 층의 동정을 위해 유물을 사용할 수는 없다. 그러므로 지질학적 법칙들은 대부분의 고고학적 목적에 적절하다고 더 이상 말할 수 없으며 우리의 기준에 맞도록 개량되어야 한다.

선례가 없는 상황에서, 여기에서는 고고층서학의 기본원칙으로서 아래에서 보듯 다음과 같은 네 가지를 제안하고자 한다. 이 중 셋은 지질학에서 빌려왔으나, 네 번째 공리인 '층서 연속성의 법칙(Law of Stratigraphic Succession)'은 그 기원이 고고학에 있다(Harris and Reece 1979).

누중의 법칙 Law of Superposition

누중의 법칙은 층서 해석에서 가장 중요하다. 이 법칙은 지층과 그 안의 내용물이 원래 퇴적되었을 때와 유사한 위치에서 발견됨을 전제로 한다.

> **누중의 법칙**: 일련의 층과 경계면 요소로 구성된 층서는 원래 형성되었을 때처럼 층서상 위에 놓인 것이 후대에 만들어졌고 아래에 놓인 것이 보다 오래 전에 만들어졌는데, 왜냐하면 각각은 그 이전에 존재하고 있던 고고학적 층서 위에 쌓였거나 혹은 그 이전의 것이 제거된 다음에 쌓였어야 하기 때문이다.

고고학적 층서는 유물 없이도 존재할 수 있기 때문에, 이 법칙은 유물의 포함 여부에 상관없이 고고학적 층서에 적용할 수 있다. 이것은 널리 퍼져 있는 다음의 생각과 반대되는 견해이다.

> 누중 관계의 관찰은 퇴적단위의 문화적 내용물이 서로 대비되는 것이 아니라면 사실상 아무런 고고학적 의미가 없다(Rowe 1970: 59).

위 인용문의 주장과 달리 누중 관계의 판단은 고고층서학에서 가장 중요한데, 왜냐하면 그러한 관계는 유적을 구성하는 각종 유구와 퇴적층이 어떠한 경계를 이루며 관계를 맺는지 결정해주기 때문이다. 고고학 유적에서 퇴적층의 층서는 층과 층 사이의 경계면 분석으로 결정하는 것이지, 층을 구성하는 토양물질이나 그 속에 포함된 물건을 연구해 판단하는 것이 아니다.

또 고고층서학에서 누중의 법칙을 적용함에 있어서는 엄격한 의미에서 그 자체를 층이라고 할 수 없지만 층서를 구성하는 요소인 경계면 단위들에 대해 반드시 고려해야 한다(Harris 1977: 89). 이러한 경계면 단위들은 층서에서 추상적, 비가시적 층으로 여길 수 있으며, 그 아래위에 놓여 있거나 자르고 지나가는 층들과 누중 관계를 갖게 된다.

누중의 법칙은 주어진 두 지층 사이의 퇴적 순서에 대한 언명이라고 할 수 있다. 이 법칙이 단지 두 층서단위 사이의 관계만을 말해주기 때문에, 유적의 전체 층서에서 지층이 놓여 있는 구체적 위치에 대해서는 어떤 설명도 줄 수 없다. 이 법칙은 단지 겹쳐 있는 층 사이의 물리적 관계에 대해 말해줄 뿐으로서, 다시 말해 한 층은 다른 층의 위 혹은 아래에 놓여 있으며 따라서 더 늦거나 혹은 더 이른 시기라는 결론만을 제시해준다. 그러한 누중 관계를 여러 층에 대해 기록함으로써 고고학자는 유적 층서를 판단함에 도움을 주는 자료를 축적하게 된다.

고고학적 맥락에서 누중의 법칙은 경우에 따라 상대적으로 적용할 수 있다. 예를 들어 천장에 바른 석고는 천장을 이은 욋가지나 도리보다는 물리적으로는 절대적으로 아래쪽에 있지만, 층서학적으로 말하자면 양자보다 늦은 시기이다. 누중의 법칙과 관련된 표현으로 말하자면, 이 사례에서 고고학자는 건물을 지은 사람이 '위아래를 바꾸어 건물을 지었음'을 알고 있으므로, 어느 쪽이 층서에서 위쪽인지 판단해 누중의 법칙을 적용할 수 있다. 연구사례 즉, 이 법칙을 적용할 때에는 직립한 구조물의 사례에서처럼 경우에 따라 '위쪽'을 잘 판단해야 한다(Davies 1987).

수평퇴적의 법칙 Law of Original Horizontality

수평퇴적의 법칙은 층은 수평 상태를 지향하며 형성된다는 가정이다. 이런 현상은 중력과 같은 자연적 영력에 의해 결정되며, 한 층이 다른 층 위에 수평적으로 중첩하는 결과를 가져온다. 이 법칙은 원래 수중에서 퇴적된 층들에 적용되었으나, 육상 퇴적층에도 적용할 수 있다. 고고학을 위해 이 법칙은 다음과 같이 정의할 수 있다.

> **수평퇴적의 법칙:** 고화되지 않은 형태로 퇴적된 모든 고고학적 층은 수평 상태를 유지하려 한다. 경사진 표면을 가진 층은 원래 그렇게 퇴적되었거나 혹은 퇴적이 일어난 퇴적분지 지형의 윤곽을 따라 놓여 있는 것이다.

수평퇴적의 법칙을 고고층서에 적용함에 있어서는 육상 환경과 인공적 퇴적 범위의 제한성이라는 두 문제를 고려해야만 한다. 인공적 '퇴적분지'는 건물 벽이나 도랑 같은 유구에 의해 형성되며, 이런 것들은 고화되지 않은 토양물질의 퇴적조건을 변화시킨다. 고고학자는 이 법칙이 자연적 조건에서 일어나는 '퇴적의 원 상태', 즉 퇴적층은 수평적 평면을 이루는 경향성이 있다는 사실과 관계된다고 생각하면 좋은데, 왜냐하면 고고학 유적에서 많은 층이 자연적 영력으로 쌓이기 때문이다.

연속의 법칙 Law of Original Continuity

연속의 법칙은 퇴적층이나 경계면 요소는 지형적으로 제한된 범위에 분포한다는 사실로부터 출발한다. 퇴적층은 가장자리가 자연적으로 얇아지며 사라지거나 혹은 인공적 퇴적분지 측면에 닿으면 보다 두꺼운 단면을 이루게 된다. 퇴적층의 가장자리가 얇게 끝나지 않고 수직면을 이루고 있다면, 퇴적층의 원 분포범위나 연속성은 일부 파괴된 것이다. 이 법칙의 고고학 판은 다음과 같다.

> **연속의 법칙:** 모든 고고학적 퇴적층이나 경계면 요소가 원래 퇴적되거나 만들어졌을 때에는 퇴적분지에 의해 그 범위가 제한되거나 혹은 가장자

리가 얇아지며 끝난다. 그러므로 만약 노출된 퇴적층이나 경계면 요소의 수직 단면을 볼 수 있다면 원 분포상은 부분적으로 땅파기나 침식 등에 의해 사라진 것으로서, 반드시 그 연속성을 찾아내거나 사라진 이유를 설명해야 한다.

고고학 유적에는 각종 유구를 비롯한 다양한 종류의 경계면 요소가 존재한다는 사실은 이 법칙의 유용성을 증언해준다. 이 법칙은 또 서로 떨어져서 발견되는 동일한 퇴적층의 조각난 부분들 사이의 층서관계를 확립하는 근거가 된다. 그러한 관계는 층서를 근거로 해 판단하며, 그 속에 포함된 유물의 내용과는 상관이 없다. 퇴적층의 조각난 부분 사이의 상관관계는 토양의 구성이나 그 사이에 놓여 있는 유구의 양쪽에 보이는 층서에서 확인할 수 있는 상대적 위치를 살펴 확립해야 한다.

지질학을 위해 고안된 연속의 법칙은 수평적 지층들과 관계되는 법칙인데, 고고학에서는 두 가지 방식으로 확대 적용할 수 있을 것이다. 첫째로 이 법칙은 층서 단위로 생각할 수 있는 도랑과 같은 경계면 성격의 유구 등에 적용할 수 있다. 그런 도랑 유구의 단면이 노출되어 있다면 그것의 원 분포상이 파괴되었다고 가정할 수 있다. 만약 도랑이 어떻게 계속되는지 추적할 수 있다면 끊어진 두 부분 사이의 상관관계를 설정할 수 있을 것이며, 끊어진 도랑 속에 쌓인 층들에 대해서도 그 관계를 따져볼 수 있을 것이다.

두 번째 경우로서, 이 법칙은 건물의 벽체처럼 서 있는 층에 대해서도 적용할 수 있다. 층서적 맥락에 놓여 있는 벽체 중에서 원래의 높이를 유지하고 있는 사례는 거의 없다. 즉 원 벽체의 수직적 연속성은 부분적으로나마 파괴되어 그 단면이 노출되었을 것이다. 유구 범위가 기존의 층들이 파괴된 범위를 말해주는 구덩이의 경우와 마찬가지로, 벽이 끝나는 한계를 보여주는 선은 층서의 경계면 단위로 다루어야만 하며, 연속의 법칙에 따라 해석해야 한다.

누중의 법칙, 수평퇴적의 법칙과 연속의 법칙은 **쌓여 있는** 상태, 즉 층서를 구성하는 층들의 물리적 특성과 관련된 법칙들이다. 이 법칙들은 고고학자로 하여금 유적의 층서와 필요한 층서적 상관관계를 판단할 수 있게 해준다.

지질학적 상황에서 층서가 축적된 순서는 한 층 위에 다른 층이 마치 카드를 쌓듯 쌓이는 시간의 흐름에 따른 층의 퇴적을 말해준다고 할 수 있다. 이러한 층서의 양상과 층이 쌓인 순서가 직접적으로 상관관계를 맺고 있다고 보는 것은 지질학적 퇴적층은 매우 넓은 범위에 걸쳐 있으나 주어진 지점에서 취할 수 있는 표본의 크기는 상대적으로 작다는 이유 때문이다. 이러한 단순하며 단선적인 카드 쌓기식 퇴적순서는 고고학에서는 법칙이 아니라 예외이다.

층서 연속성의 법칙 Law of Stratigraphical Succession

대부분의 유적에서 층서는 다원적 양상의 서열을 보여주고 있다. 이것은 퇴적층의 분포 범위가 제한되어 있으며 수직으로 서 있는 층을 비롯한 경계면이 다수 존재하기 때문이다. 그러한 요소들은 새로운 퇴적분지를 만들어 별도의 층서가 그 속에 축적된다. 이러한 고고층서의 특징으로 층의 물리적 순서와 층서학적 순서는 단순하게 대응하기 어렵다. 더구나 지질학은 고고학 유적의 복잡한 층서를 쉽고 간단하게 보여줄 수 있는 어떤 방법도 제시해주지 못했다. 따라서 이 책 초판에 대한 비판(Farrand 1984a, b; Collcutt 1987)은 무시해도 될 것이다.

해리스매트릭스가 층서를 매우 간단하게 도식화할 수 있는 방법을 고고학에 제공해 주었음은 이제 널리 인정받고 있다. 이 방법을 사용하기 위해서는 누중의 법칙, 수평퇴적의 법칙과 연속의 법칙을 보완하는 층서 연속성의 법칙이 필요했는데(Harris and Reece 1979), 이 법칙은 다음과 같은 내용이다.

> **층서 연속성의 법칙:** 고고층서를 구성하는 한 단위가 유적의 층서학적 순서에서 차지하는 위치는 직접 이것과 맞닿아 있는 그 위에 놓인 단위들 중에서 가장 아래의 (혹은 가장 빠른 시기의) 단위 및 그 아래에 놓인 단위들 중에서 가장 위의 (혹은 가장 늦은 시기의) 것 사이에 위치한다는 사실로부터 결정된 것으로서, 나머지 모든 층의 중첩 관계는 사족에 불과하다.

아래에서는 층서 연속성의 법칙을 알기 쉽게 보여주기 위해 해리스매트릭스 및 '층서학적 순서'의 개념을 소개하겠다.

해리스매트릭스와 층서학적 순서 The Harris Matrix and stratigraphic sequences

해리스매트릭스는 1973년 고안되었는데, 고안의 배경은 이 책 초판에서 말한 바 있다. 해리스매트릭스란 네모상자를 가로세로 여러 줄 그린 인쇄종이에 붙여진 이름이다(그림 8). 이 이름은 수학적 함의도 또 그 어떤 함의도 갖고 있지 않으며, 단지 유적의 층서관계를 보여주기 위한 양식에 불과하다. 이 양식을 이용해 얻은 모식도는 유적의 층서학적 순서를 말해준다. 여기서 '층서학적 순서'란 유적에서 '시간의 흐름에 따라 층들이 쌓이고 유구와 같은 경계면들이 형성된 순서'라고 정의할 수 있다.

층서학적 순서는 유적의 층서를 누중의 법칙, 수평퇴적의 법칙과 연속의 법칙에 따라 해석함으로써 만들어진다. 법칙의 적용을 통해 발견된 층서 관계는 층서학적 순서를 알기 위해 해리스매트릭스 용지에 옮겨지고 층서 연속성의 법칙에 따라 번역된다. 이 매트릭스 방법에서는 층서를 구성하는 두 개의 주어진 단위 사이의 관계는 단지 세 가지만이 가능하다고 보고 있다(그림

PLACE: ______________ 19 Description______________ Sheet No ________

SE____ ______________ Area ______________ Compiled by

Checked by

Dale 19

그림 8 고고학 유적의 층서학적 순서를 보여주기 위해 사용되는 해리스매트릭스 용지의 예

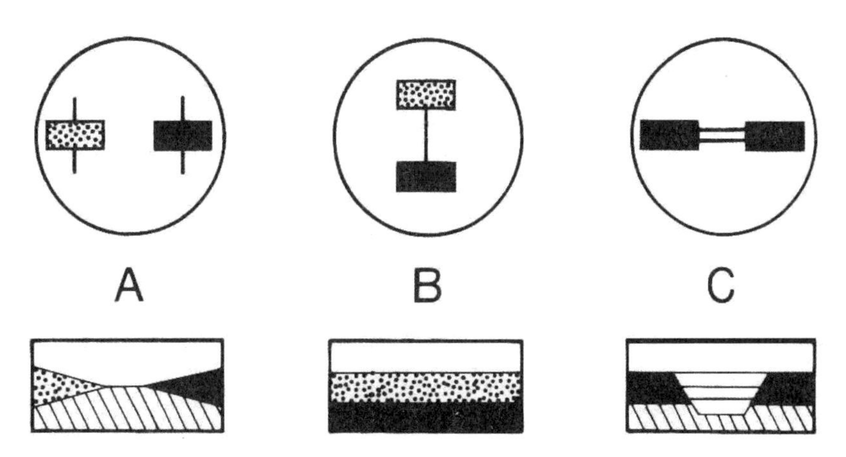

그림 9 해리스매트릭스 방법에서는 고고층서의 단위 사이에 단 세 가지의 관계만을 인정하고 있다. (A) 단위들은 층서에서 직접 연결되지 않는다. (B) 단위들은 누중의 관계에 있다. (C) 단위들은 한때 하나였던 층이나 유구와 같은 경계면의 일부로서, 상관관계를 갖고 있다.

9). 〈그림 9〉의 A에서 단위 사이에는 어떤 직접적인 층서적 (물리적) 관계가 없으나, B에서는 누중 관계에 있으며, C에서는 한때는 하나의 층이나 경계면이었지만 지금은 서로 떨어져 있어 현장에서는 상이한 번호를 부여받는 두 단위가 (= 표로 동일함을 표시했듯) 상관관계를 맺고 있다. 발굴 과정에 이 방법을 사용함으로써(그림 10), 작업이 진행되며 용지 위에는 층들의 순서 관계가 축적되며, 그 결과 발굴이 끝날 때면 유적의 층서학적 순서를 파악할 수 있다 (예: 그림 11).

그러나 그런 순서를 만들어나감에 있어 층서 연속성의 법칙이 적용되지 않는다면 문제가 발생하게 된다. 이것은 왜냐하면 〈그림 12〉의 B에서 보듯 그런 순서는 단위 사이의 흔히 모든 물리적 관계를 다 보여주기 때문이다. 그러나 해리스매트릭스를 이용한 모식도는 **시간의 흐름에 따른** 층서 단위의 상대적 순서를 알기 위한 것이지, 예를 들어 어느 단면에 나타난 층서관계는 축약적으로 보여주기 위해 만드는 것이 아니다. 시간의 흐름에 따라 유적의 층서가 어떻게 발달했는가를 이해함에 있어서는 가장 직접적 관계에 있는 단위들

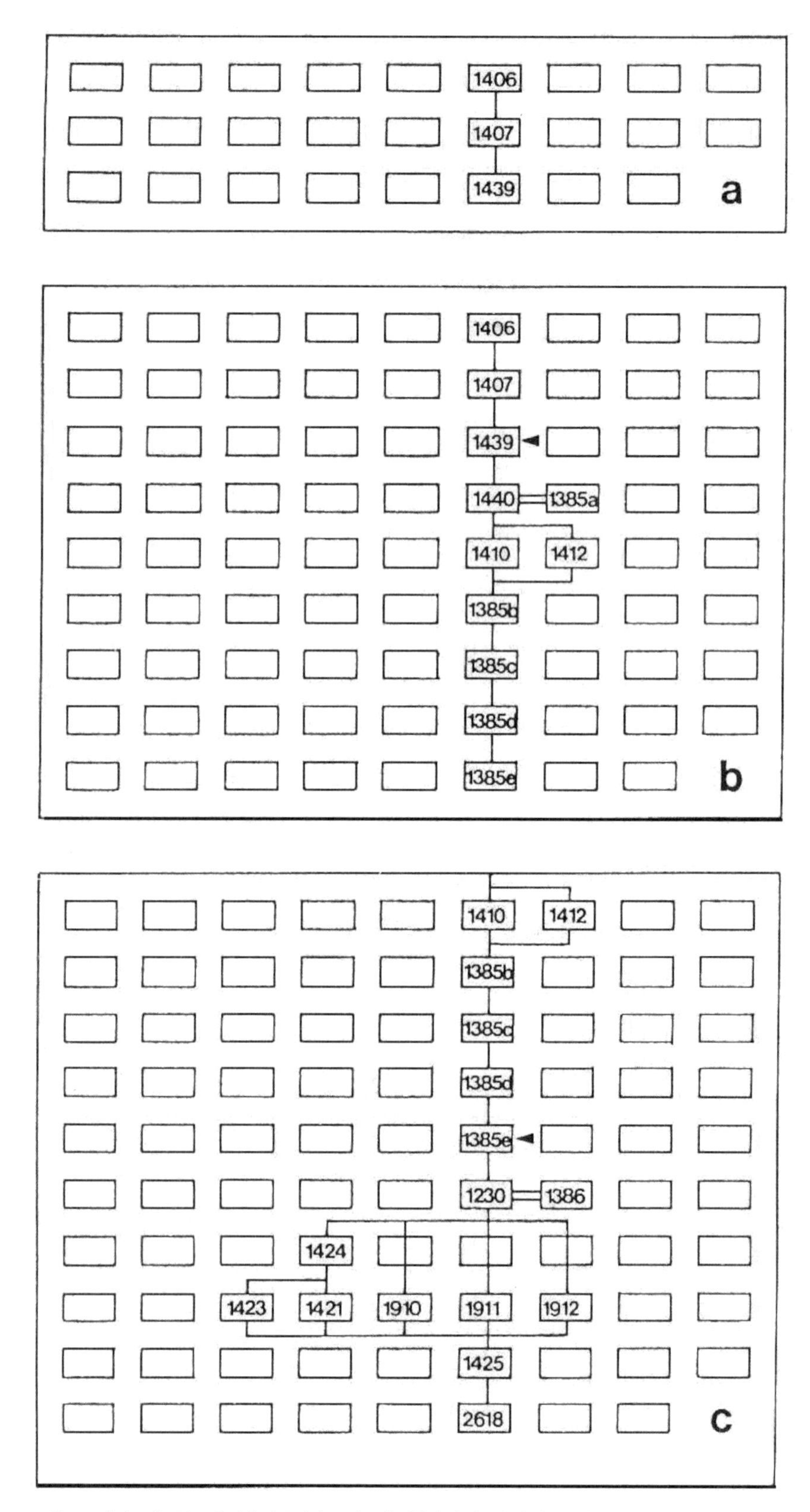

그림 10 해리스매트릭스 용지에 만들어지고 있는 층서학적 순서. 이 사례는 독일 콘스탄즈(Konstanz)의 살만스바일러 호프(Salmansweiler Hof) 유적에서 1980년대 초반 실시된 발굴의 진행과정에서 만들어진 것이다(출전: Bibby 1987; 자료제공 저자).

Arbeitsblatter
Heft 2,1987 **Gruppe 20, Grabungstechnik** Seitc 168

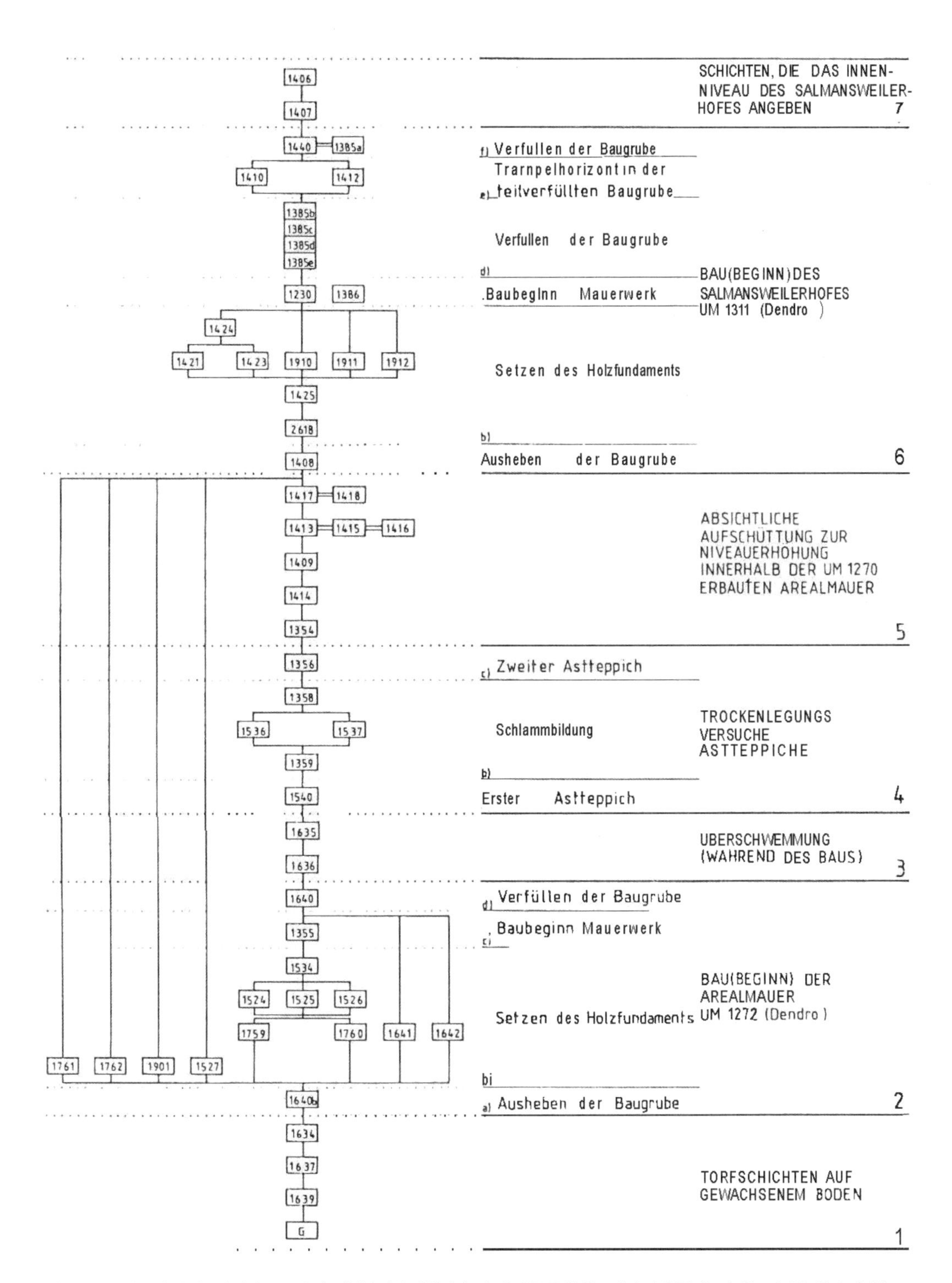

그림 11 콘스탄츠의 살만스바일러 호프 유적 일부분의 층서학적 순서. 층서를 구성하는 여러 단계 중 제1단계는 자연층 위의 니탄층으로 구성되어 있으며, 제6단계는 1290년 무렵의 건물신축 시기를 대표한다(출전 Bibby 1987; 자료제공 저자).

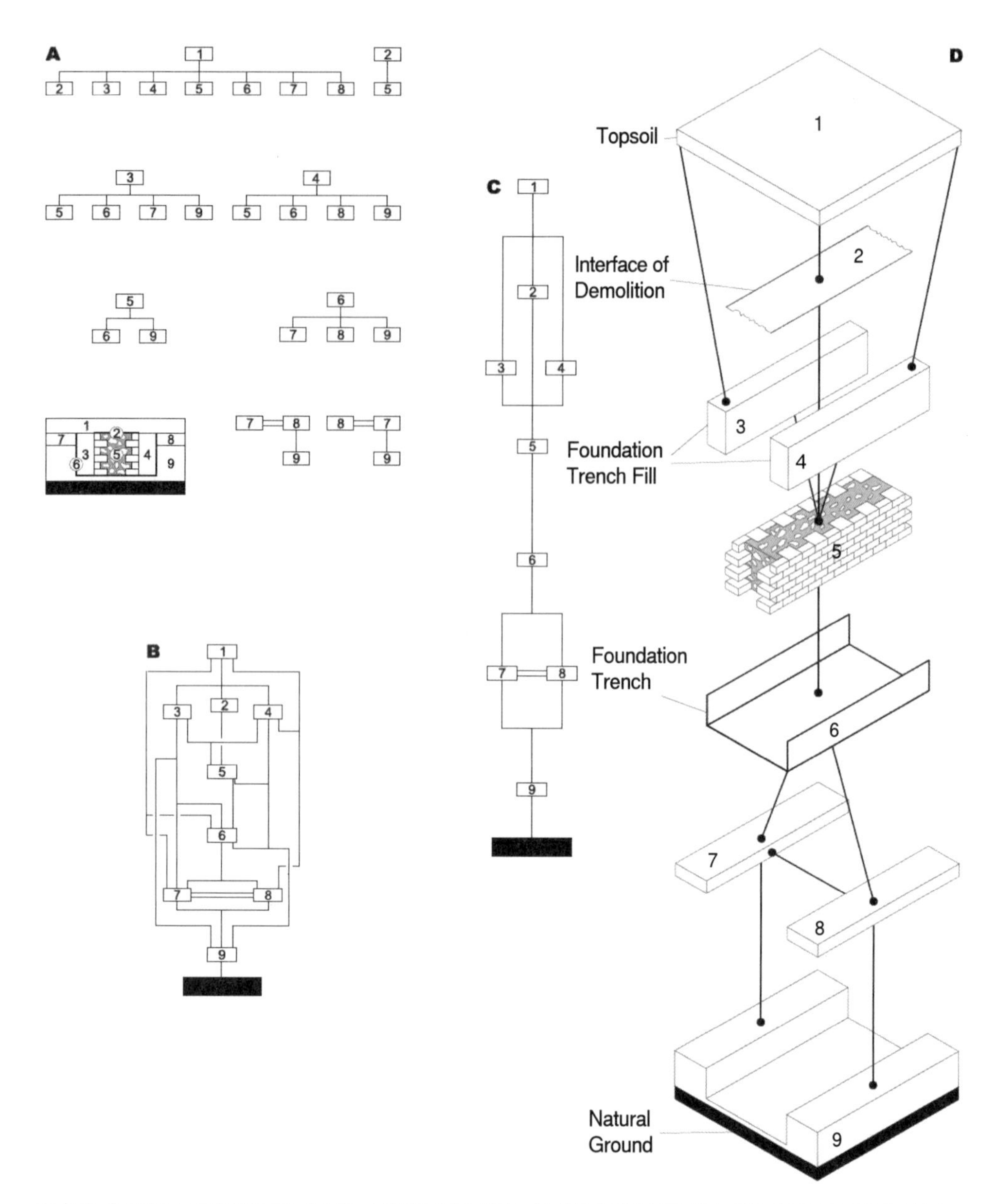

그림 12 층서학적 순서의 작성과정. (A)에는 단면에 나타난 모든 누중 관계가 해리스매트릭스 용지 양식으로 표시되어 있다. (B)에서 그런 관계는 해리스매트릭스 방법에 따라 정리되었고, 이것을 층서 연속성의 법칙을 적용해 정리한 층서학적 순서가 (C)이다.

의 상대적 순서만이 의미가 있다. 층서 연속성의 법칙은 그러한 의미 있는 관계가 무엇인지를 결정할 수 있게 해준다. 〈그림 12〉의 가상의 사례에서, C는 B에 보이는 관계 중에서 필요 없는 여분을 제거해 유적의 층서학적 순서를 정리해 보여준다.

고고층서학 연구의 일차적 목적은 층과 유구라는 층서 구성 단위들을 상대적인 순서에 따라 질서 있게 배치하는 것이다. 층서학적 순서는 층에 포함된 유물의 내용과 상관없이 구성할 수 있고 또 그래야만 한다. 고고층서학의 네 법칙은 유물에 의존하지 않는 분석에서 가장 중요한 이론이다. 이상 일반적 공리에 대한 논의를 마치고, 다음 두 장에서는 모든 고고학적 층서를 구성하고 있는 두 가지 비시간적 요소에 대해 검토해보겠다.

6

층서단위로서의 퇴적층

Deposits as units of stratification

유적을 발굴하는 사람은 발굴에서 무엇을 관찰하고 기록할지 알기 위해 고고층서학에 대해 나름의 이론을 갖고 있어야 한다. 이제까지 고고층서학의 기존 이론을 간략히 살펴보았는데, 이 주제와 관련한 가장 중요한 생각들은 고고학의 휠러-케년 학파로부터 왔음은 의심의 여지가 없다. 두 사람은 지질학의 원칙을 고고학 용어로 치환해 적용하기 시작한 셈이다. 이러한 개념들에 대한 가장 설득력 있는 설명은 『고고학 현장조사(*Archaeology from the Earth*)』 및 『고고학 입문(*Beginning in Archaeology*)』에서 볼 수 있다(Wheeler 1954; Kenyon 1952). 한편, 층서의 해석은 층서학의 역사에 대한 지식도 필요로 한다. 파이도크는 층서 해석은 책이 아니라 발굴에서 배워야만 한다고 생각했는데, 『고고학자를 위한 층서학(*Stratification for the Archaeologist*)』에서 다음과 같이 주장하였다.

층서학의 기본원칙은 보편적 성격이지만, 상이한 종류의 유적은 상이한 종

> 류의 경험을 요구한다. 예를 들어 청동기시대 분구고분을 다년간 발굴한 경험이 로마시대나 중세의 마을 유적의 층서를 이해함에 도움은 되겠지만 그것만으로 충분하다고는 할 수 없다(Pyddoke 1961: 17).

그런데 현장경험과 책에서 배운 지식을 억지로 구분해 따질 필요는 없을 것이다. 학생들이 발굴에서 배우는 것은 층서학의 기본원칙에 기초한 것이어야만 하며, 층서학의 기본원칙이란 또 현장관찰과 그에 대한 학문적 분석에서 만들어진 것이기 때문이다. 그러므로 어느 하나를 다른 것보다 더 강조하는 것은 적절하지 않다고 보인다. 현장경험이 책을 통한 학습보다 더 중요하다는 생각이 널리 퍼진 것은 고고학에서 층서학의 개념이 발달하지 않았기 때문이다.

과거의 사회와 문화의 발전과정 연구는 층서 그 자체가 아니라 문화적 내용과 유물을 대상으로 삼는다. 그러나 층서에 대한 일차적 연구와 기록 및 해석에서는 다양한 층과 유구의 역사적, 문화적 의미를 고려할 필요는 없다. 층서를 구성하는 개개 단위가 고유의 역사적 의미를 지닌다고 해도 그런 의미는 층서학적 보편성과 상관없는 문제로서, 예를 들어 유적의 나이가 얼마인지 혹은 어느 곳에 있는지는 그 유적의 층서를 층서학적으로 해석함에 아무 영향도 끼치지 않는다. 다시 말해 고고층서학의 기본원칙들은 층서의 몰역사적 속성들을 대상으로 하는 것으로서, 보편적으로 적용할 수 있다. 따라서 고고층서학을 잘 이해하고 있는 사람이라면 어떤 유적을 만나더라도 유적의 층서 해석에 문제가 없을 것이다.

층서의 성격 Characteristics of stratification

유적의 층서에서 무엇을 기록하고 어떻게 해석할지를 안다는 것은 층서에 반복적으로 나타나는 특성, 다시 말해 몰역사적 측면을 이해한다는 뜻이다. 아래 인용문은 이 말의 의미를 예를 들어 설명해주고 있다.

> 그랜드 캐년을 비롯한 모든 좁고 깊숙한 골짜기 하나하나는 주어진 어떤 시점에도 각자 독특하지만, 그 모습은 시간의 흐름에 따라 재현될 수 없는 또 다른 독특한 형태로 쉬지 않고 바뀌고 있다. 그러한 변화와 개별적 현상들은 시간의 흐름에 따라 모습을 달리하는 역사성을 갖고 있지만, 변화를 유발하는 본질과 변화의 과정은 보편적이다(Simpson 1963: 25).

환언하자면, 그랜드 캐년이건 들판에 패인 작은 골이건 이런 것들을 만드는 층서화 과정은 먼 과거나 현재나 모두 동일한 것이다. 고고학 연구자의 임무는 과정과 층이나 경계면 같은 과정을 구성하는 요소들을 찾아내는 것이다. 이 장에서는 그러한 퇴적층의 몰역사적 성격을 다루겠는데, 경계면에 대해서는 다음 제7장에서 다룰 것이다.

층서의 역사적 측면과 몰역사적 측면과 관련해 굴드(Stephen Jay Gould)의 책 『시간의 화살표, 시간의 주기(*Time's Arrow, Time's Cycle*)』의 내용을 생각해볼 만하다. 이 책은 '시간의 발견'에 관심이 있는 고고학자들에게 추천할 만한데, 이 책에서는 지질과학의 탄생을 가져온 중요한 요인인 '먼 과거의 시간(deep time)'이라는 개념을 확립함에 있어 토마스 버넷(Thomas Burnet), 제임스 허튼과 찰스 라이엘이 기여한 바를 매우 흥미롭게 다루고 있다(Gould 1987: 1-19).

굴드는 '시간의 화살'이라는 은유적 표현으로써 역사의 흐름에 따른 사물 본질의 변화를 논의하였는데, 역사적 사건들을 만들지만 그 자신 스스로는 변하지 않고 유지되는 '몰역사적(ahistorical)'이며 반복적 과정들을 '시간의 주기'라고 표현하였다. 시간의 주기에서 반복적으로 계속되는 요소들은 '질서와 계획을 과시'하는 반면, 시간의 화살이 만들어내는 '차이라고 하는 가닥들'은 우리가 '인식할 수 있는 역사를 가능하게 해준다'(Gould 1987: 50). 굴드가 지질학적 과거의 인식과 관련해 제시한 이 설득력 있는 개념들이 바로 고고층서학의 확립을 위해 이 책 초판에서 다룬 생각이었으며, 또 지금 다루고 있는 주제의 뼈대이다.

고고층서를 구성하는 단위들은 고고학적 시간의 주기를 대변하고 있다. 그런 단위들은 보편적 성격을 갖고 있으며 세계 어느 곳에서도 마찬가지이다. 이 장과 다음 장에서 살펴보듯, 고고층서는 층과 경계면이라는 두 가지 요소로 구성된바 그 자체는 퇴적 혹은 침식이라는 동일한 반복적 과정에 의해 형성되었다. 그렇기 때문에 층서 그 자체는 시간의 주기를 말해준다고 할 수 있다. 예를 들어, 층서학적으로 말하자면 기둥구멍은 기둥구멍일 뿐 다른 것일 수 없다. 기둥구멍은 내부가 기둥 썩은 흔적이나 인위적 폐기물 등으로 채워져 있으며 이미 존재하는 층을 파들어간 경계면이라는 의미를 지니는 유구인데, 기둥구멍의 이러한 층서학적 의미는 어디에서나 항상 같기 마련이다. 그렇기 때문에 고고층서학의 이론과 실습을 제대로 훈련받은 고고학자는 어떤 유적을 만나더라도 효율적으로 연구를 수행할 수 있을 것이다.

한편, 고고학적 시간의 화살, 즉 층서라는 증거가 말해주는 역사적 진행의 방향성은 유적의 구조와 유물 내용의 해석을 말해준다. 우리는 여러 요소를 분석함으로써 어떤 기둥구멍은 철기시대의 것이지만 어떤 것은 중세의 것임을 알 수 있으며, 도랑의 형태를 연구함으로써 그것이 방어를 위한 구조물인지 혹은 방수로인지를 알게 될 것이다. 〈시간의 화살〉과 〈시간의 주기〉와 관련된 자료 성격의 차이를 이해하지 못한다면, 고고학자는 고고층서를 이해하고 기록하고 해석함에 있어 어려움을 겪게 될 것이다.

다시 고고학과 관련된 설명으로 돌아가기에 앞서, 우리가 주목해야만 하는 또 하나의 생각에 대해 말해보겠다. 굴드는 이 책 제1장에서 언급된 제임스 허튼의 『지구에 대한 이론』과 그 덕분에 존재를 인지할 수 있게 된 주기적 지질과정에 대해 논하며, 지질학적 기록에 있어서의 '복구(repair)'라는 개념을 소개하였다.

> 만약에 융기가 침식돼 사라진 지형을 복원할 수 있다면, 지질과정은 시간과 관련해 어떤 제약도 받지 않는 셈이다. 파도와 강에 의한 침식은 되돌려질 수 있으며, 땅은 상승작용을 하는 영력들로 원래의 높이를 회복하게 된다. 서로 이어지면 발생하는 침식과 융기의 주기는 만들고 부수기를 반복하며 무한대로 계속될 수 있다(Gould 1987: 65).

다른 말로 표현하자면, 지구조운동이나 화산활동을 막론하고 어떤 형태이건 융기의 영력이 없었다면 지구는 침식으로 인해 이미 오래전에 밋밋한 표면의 공이 되었을 것이다. 끊임없이 바뀌는 지구의 지질학적 지형은 무한한 융기의 과정 때문에 만들어지는 것이다.

이 책의 초판 서문에서, 필자는 지구 표면에 층서를 만듦에 있어 인류는 중요한 혁명을 초래하였다고 주장하였다. 이러한 관점에서 고고층서에 대한 모든 이론은 사람이 만든 층서가 형성되는 방식에 대해 고려해야만 한다. 제임스 허튼의 주기적 지질과정에 대한 굴드의 논의에 덧붙여, 우리는 층서를 형성하는 고고학적 주기에서 '융기'의 영력을 제공하는 것은 사람 그 자체라는 생각을 지질층서학과 별도로 주장해볼 수 있을 것이다.

이 장과 다음 장에서 언급하였듯, 이 새로운 종류의 융기 영력에 의해 만들어진 층서의 형태는 독특하며 자연적 주기 내지 지질학적 주기에서는 만들어지지 않는다. 사람은 지질학적 용어로써 표현할 때 이러한 복원 영력이라고 할 수 있으므로 고고층서에 대한 우리 고유의 이론과 해결방식을 개발해야만 하며, 그럼으로써 사람들이 층서 형성과정과 그 역사적 내용물에 변화를 가져온 독특하며 반복적인 방식을 이해할 수 있게 될 것이다.

층서 형성과정 Process of stratification

1957년에 에드워드 파이도크는 홍콩에서 홍수로 도로가 물에 잠긴 모습을 보았다. 많은 자동차들이 언덕에서 쏟아진 진흙 속에 파묻힌 그 광경은 아래 인용문에서 뜻하고자 한 좋은 사례인 셈이다.

> 빗물에 의한 모든 층서화는 양면성을 지니는 과정임이 분명한바, 도로에는 엄청난 흙이 쌓였지만 언덕에서는 엄청난 흙이 침식되었다(Pyddoke 1961: 35).

모든 형태의 층서는 그러한 침식과 퇴적으로 이루어진 주기적 과정의 결과이다. 예를 들어 퇴적암은 다른 지질층의 침식에서 기원한 입자들이 해저에 쌓여 만들어진다. 진흙은 궁극적으로 단단한 돌이 되고, 그것은 다시 융기되어 침식을 받게 될 것이다. 이렇듯 층서화란 깎이고 쌓이는 일이 반복되는 주기적 과정이다.

이러한 과정은 보다 작은 규모로 고고학 유적에서도 일어난다. 물론 그런 과정은 파이독이 보았던 것 같은 기후변화나 식생과 동물의 활동과 같은 자연영력의 작용으로 일어날 수 있다. 그러나 사람들은 땅 파기를 알기 시작한 때부터 고고층서를 만든 가장 중요한 영력이 되었는데, 그 목적이 무엇이건 땅을 파게 되면 궁극적으로 새로운 층이 만들어진다(그림 13). 따라서 고고층서 형성과정이란 자연적 침식과 퇴적과 더불어 굴착과 건설로 인한 지형의 인위적 변화의 합작이라고 할 수 있다. 즉, 고고층서는 침식과 축적이라는 양면성을 지닌 자연적 과정에 더해 벽돌 원료 채취나 벽 쌓기 같은 의도적으로

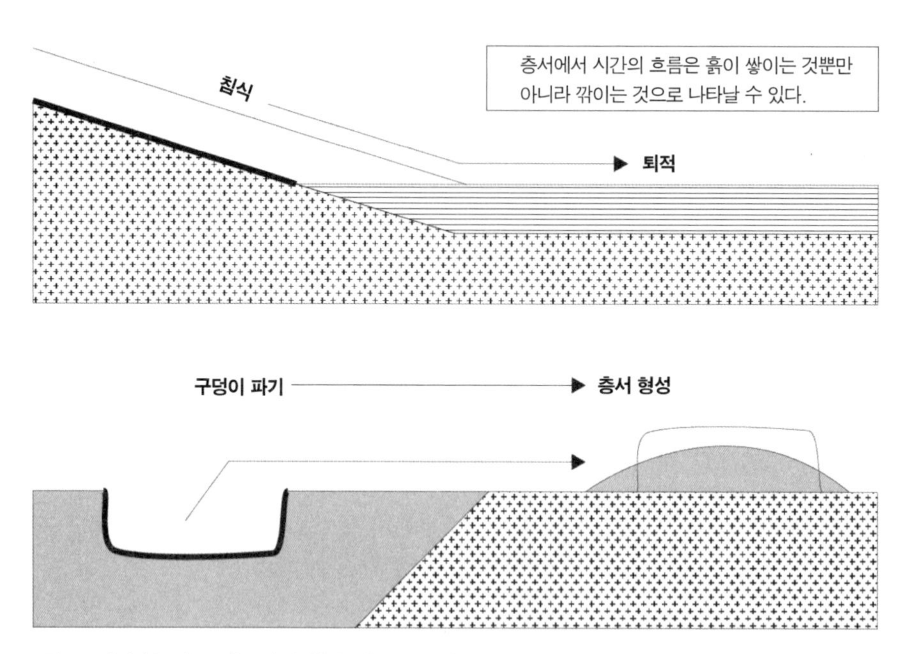

그림 13 경계면을 이루는 유구와 퇴적층을 만드는 고고층서 형성과정

기획되고 선택적으로 이루어지는 땅을 파고 퇴적층을 만드는 작업 결과 만들어진다.

그런데 고고층서 형성과정은 또 다른 의미에서 양면성을 지닌다고 할 수 있다. 즉, 새로운 하나의 층을 만드는 것은 새로운 경계면을 하나 혹은 여러 개 만드는 것이나 다름없는 일인데, 대개 다수의 경계면이 만들어지기 마련이다. 즉, 땅파기에서 나온 물질로 만들어진 층들은 새로운 표면들을 갖게 되기 마련이며, 또 땅파기는 그 자체로서 경계면이 되는 구덩이를 만드는 법이다. 그런 의미에서 고고층서는 퇴적층과 경계면으로 구성된다고 할 수 있다.

양자는 대체로 비슷한 정도로 나타나지만, 퇴적층보다 경계면이 더 많은 경우가 종종 있다. 이것은 왜냐하면 모든 퇴적층은 해당 층의 표면, 다시 말해 '층 경계면'을 갖고 있지만, 구덩이 같은 '유구 경계면'이 층의 표면을 이루는 퇴적층은 없기 때문이다. 유구 경계면은 층서 형성과정의 양면성이 말해주듯,

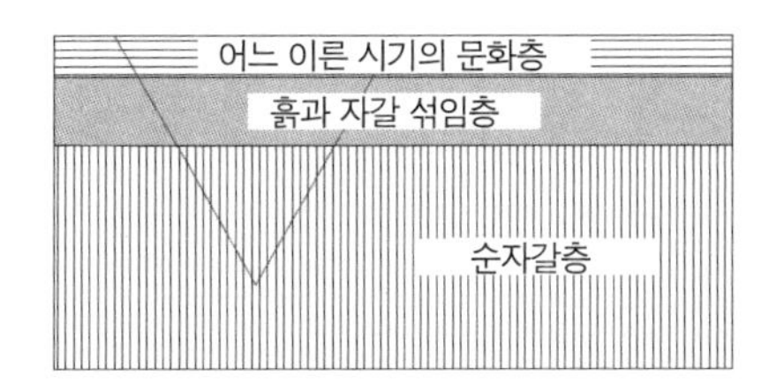

땅을 파 나온 물질이 던져져 만들어진 둑에서는 이른 시기의 문화층을 구성하는 요소 위로 흙과 자갈의 섞임층이 나타나고 다시 그 위로 순자갈층이 쌓이게 되어, 구덩이를 파던 시점의 층서가 역전되어 나타난다.

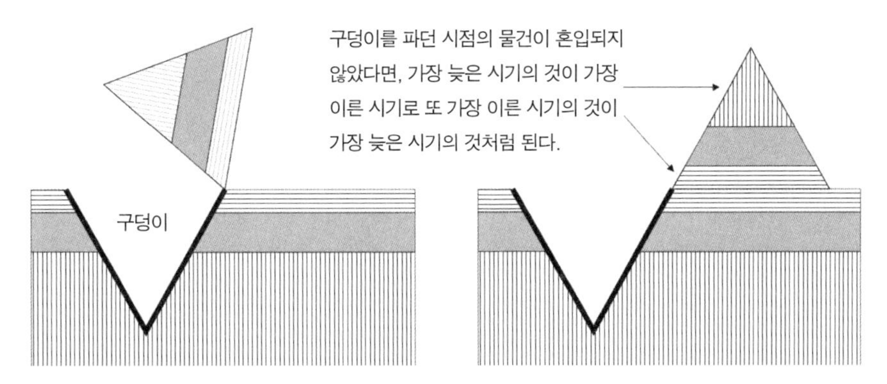

구덩이를 파던 시점의 물건이 혼입되지 않았다면, 가장 늦은 시기의 것이 가장 이른 시기로 또 가장 이른 시기의 것이 가장 늦은 시기의 것처럼 된다.
구덩이

그림 14 이 그림이 말하고자 하는 관점과는 달리 고고학적 퇴적층들은 고화된 층이 아니기 때문에 뒤집어져 상하가 바뀔 수 없다.

그 자체로서 층서 단위가 된다. 고고학적 퇴적층과 경계면은 일단 형성되고 난 다음 이후 계속되는 층서 형성과정으로 변형되거나 파괴될 수 있다. 그런 의미에서 고고층서 형성과정은 되돌릴 수 없는 과정으로서, 일단 하나의 층서단위로서 형성된 층이나 경계면은 변형되든지 사라지든지 할 뿐이며 다시 만들어질 수 없다.

한편 고고층서는 고화되는 일이 거의 없기 때문에 물리적으로 전도시킬 수 없는 과정이기도 하다. 고화되지 않는 한, 고고층서는 원래의 성격을 그대로 간직한 채 뒤집어지거나 상하 역전될 수 없다. 고고층서는 땅파기로 뒤집어질 텐데, 그런 일이 생기면 새로운 층이 만들어지게 된다. 층의 역전을 묘사하는 〈그림 14〉의 상황은 고고층서에 관한 한 정확하다고 할 수 없다. 고고층서의 층들은 그림과 같이 지질학적 상황에서 보는 것처럼 덩어리로 뒤집어지는 것이 아니며, 층을 구성하는 물질들은 한줌이나 한 소쿠리씩 파내지는 것이다. 그런 과정에서 구성 성분이 무엇이건 파낸 흙은 새로운 층을 만들게 된다. '역전된 층서'의 개념을 받아들이는 이도 있지만(예: Hawley 1937), 설령 유물이 뒤섞이지 않은 채 새로 층이 만들어지더라도 이 개념은 받아들일 수 없다. 고고층서를 구성하는 고화되지 않은 요소들은 층서의 역사적 중요성을 부여해준다. 시공에 있어 토양 구성상의 독특한 퇴적층인 고고학적 퇴적층들은 단 한 차례만 만들어지며, 움직여지거나 교란을 입으면 파괴되기만 할 뿐이다.

고고층서의 형성과정에서 문화적 내용물이 어떻게 축적되는가 하는 것은 이미 존재하고 있는 지표면과 자연적 영력 및 인간행위라는 세 가지 요소에 따라 결정된다. 지표면은 그 굴곡진 모습에 따라 퇴적의 규모나 범위 등이 결정되는 퇴적분지를 만들게 된다. 이러한 퇴적분지의 예로서는 말라버린 개울이나 군사용 참호 혹은 벽으로 둘러싸인 방 같은 것을 들 수 있지만, 경우에 따라 퇴적은 단지 분지 바닥면에서만 이루어져 새로 쌓이는 층들이 분지 가장자리까지 연결되지는 않을 수도 있다. 새로 쌓이는 층의 형태는 퇴적되는 물질의 양과 더불어 자연적 영력과 인간행위가 어떻게 작용하는가에 달려 있다.

층의 퇴적이 전적으로 자연적 영력에 의해서만 이루어진다면, 중력의 작용에 따라 층의 표면은 수평을 이루며 가장자리가 가늘게 얇아진다. 그런 자연적 퇴적층은 한 층 위에 다른 층이 차곡차곡 쌓이는 고전적 층서를 이루며 쌓이는 경향이 있다. 그러나 사람이 만든 층서는 그런 경향성을 꼭 보여주지 않는다.

자연이 만든 층과 사람이 만든 층 사이의 차이는 다음과 같다고 말할 수 있다. 자연에서 층은 저항이 가장 작은 방향을 따라가며 만들어진다. 그러므로 가장 단단하지 못한 암석이 먼저 침식되기 마련이다. 그러나 사람이 만든 층은 문화적 선호에 따른 결과이다. 사람들은 자연계의 법칙에 따라 층을 만드는 것이 아니라 추상적 계획에 맞추어 층을 형성할 수 있다. 사람들은 또 기존의 퇴적분지의 제약조건을 무시할 수도 있으며, 심지어 도랑을 파거나 벽을 짓거나 함으로써 자신만의 퇴적분지를 만들 수도 있다. 가장 원시적인 임시주거의 흔적에서 현대 대도시에 이르기까지, 인류의 역사는 상당한 정도 새로운 퇴적분지, 새로운 지형적 경계를 만들어나간 역사로서, 그런 흔적들은 층서로서 영구적으로 남겨질 수 있는 것이다. 사람이 만든 그런 층서에서는 서너 유형의 몰역사적 층들을 인지할 수 있다.

층의 종류 Deposits and Layers

지질층을 형성하는 퇴적과정과 관련해 찰스 라이엘은 '층'을 다음과 같이 정의하였다.

> 지질층(stratum)이란 용어는 단지 하나의 층(bed), 다시 말해 어느 면 위에 퍼져 있거나 흩어져 있는 어떤 것을 가리킨다. 우리는 그러한 지질층들이 일반적으로 물의 작용으로 퍼졌다고 추정하고 있는데 … 왜냐하면 진흙과 모래를 잔뜩 머금고 흐르는 개천의 흐름이 장애를 만나 속도가 떨어지게 되면, 물의 움직임에 따라 부유 상태에 있던 토양물질이 자체 중력으로 바닥에 가라앉는다. 이러한 방식으로 진흙과 모래 층들이 겹겹이 쌓이게 된다(Lyell 1874: 3).

하천과 호수 바닥에 일 년 주기로 쌓인 진흙 빙호(氷縞; varve)층이 그렇게 쌓인 지질층인데, 이것은 유럽 등지에서 빙하시대 최후시기의 편년에 중요하다(Geer 1940). 위의 정의에서는 층서 형성과정의 또 다른 두 가지 측면인 퇴적물질의 운반수단과 퇴적시점의 조건이 언급되고 있다. 돌이 노두에서 부서져 떨어져 나와 안정된 자리에 이르기까지 구르듯, 퇴적물질의 운반은 중력의 끌림으로써 일어나기 시작한다. 떨어져 나온 것 중에서 보다 작은 조각은 바람과 물에 의해 더 멀리 운반되며, 그런 영력이 힘을 잃으면 입자는 떨어져 쌓이게 된다. 운반이 멈추면 퇴적이 일어나는 것이다.

라이엘의 정의는 고고학적 상황에 모두 적절한 것이 아닌데, 왜냐하면 많은 경우 고고층서의 단위는 표면에 흩어져 있지 않고 필요에 따라 의도적으로 놓이기 때문이다. 예를 들어 허스트는 다음과 같이 세 가지 유형의 고고층서를 인지하였다.

> 1. 다른 층 위에 평면을 이루며 퇴적되었거나 쌓여 있는 물질로 구성된 층; 2. 구덩이와 같이 기존의 층들을 파고 들어간 유구, 즉 요면(凹面)을 이루는 유구; 3. 벽체와 같이 그를 중심으로 층이 만들어져 쌓이는 구조물과 같은 유구, 즉 철면(凸面)을 이루는 유구(Hirst 1976: 15).

위에서 제1유형은 라이엘의 지질층과 유사하지만, 제2와 제3유형은 모두 그와 관련이 없다. 위의 제2유형은 다음 장에서 '유구 경계면(feature interface)'으로서 다루겠으며, 제3유형은 곧 이어 '서 있는 층(upstanding strata)'이라는 이름으로 다루겠다. 그런데 제1유형은 운반수단과 퇴적 시점의 조건에 따라 자연적 퇴적층과 인공적 퇴적층으로 나누어야만 한다.

고고학적 상황에서 **자연적 퇴적층**을 구성하는 물질들은 사람에 의해서 운반되거나 자연적으로 운반될 수 있다. 벽체가 썩어 스스로 무너져 내리거나 도랑이 침식되어 채워질 경우에는 퇴적물이 원래 어디에서 기원했건 아무튼 자연적 영력으로 퇴적 장소에 운반되기 마련이다. 그 반면 일상생활의 쓰레기로 도랑이 채워졌다면 퇴적의 운반수단은 사람이 되겠다. 아무튼 일단 퇴적 과정이 시작되면 퇴적물질은 자연적 조건 아래에서 퇴적층 표면이 평면을 지향하는 경향을 보여주며 층을 이루게 된다. 그런데 퇴적층 표면을 평평하게 만들어주는 힘을 가진 물이 작용하지 않는 육상에서는 이러한 경향성은 크게 줄어든다. 이 유형의 퇴적층에는, 토탄을 비롯해 유기체의 발달과 변형 과정에 따라 만들어지는 층이나 또 화산재나 홍수로 쌓인 진흙처럼 유적에서 발견되는 모든 종류의 지질학적 퇴적층이 포함된다.

자연적 퇴적층에 대비해, 인공적 퇴적층을 구성하는 물질은 사람에 의해 운반되며 그 퇴적도 사람의 계획과 행위로 결정된다. 많은 경우에 있어 이러한 유형의 퇴적은 자연적 층서를 만들어 놓는 지질학적 법칙과 관계없이 만들어진다. 층서를 구성하는 물질이 자연의 힘으로 운반될 때에는 지형의 높낮이를 따르게 된다. 이것이 침식된 물질을 바다에 이르도록 계속 아래쪽으로 싣고 가는 과정이다. 그렇지만 사람에 의한 운반은 이러한 경향성과는 상관없이 일어난다. 긴 세월 동안 다양한 물질들이 멀고 가까운 곳에서 산을 넘고 강을 건너 그것들이 퇴적된 마지막 목적지까지 옮겨져 왔다. 대부분의 자연적 퇴적층들은 물질이 흩뿌려졌기 때문에 렌즈상이지만, 인공적 퇴적층들은 어떤 뚜렷한 형태로 남겨질 수 있다. 인공적 퇴적층에는 편평하게 놓인 것도 많지만, 건물 벽과 같이 토양물질을 수평방향으로 움직이는 자연적 경향성과 상관없는 '수직적 퇴적'이 있을 수도 있다. 이러한 인공적 퇴적층에는 두 가지 주요한 유형이 있다. 그 하나는 일정한 공간적 범위를 벗어나 계속되는 것들이고, 또 다른 하나는 기존의 지표면 위로 솟아오른 것들이다.

첫 번째 유형의 층은 도로 상면 포장층, 가옥의 바닥, 유적 특정부위에 인위적으로 깔아놓은 건축용재나 기타 물질을 비롯해 무덤이나 구덩이, 기둥구멍과 다양한 종류의 도랑과 같은 빈 구멍을 인위적으로 매립해 만든 층 같은 유형이다. 이런 퇴적층들은 **인공적 퇴적층**이라고 불리며 한 층 위에 다른 층이 정상적으로 얹힌 중첩관계를 이루며 쌓이는 경향이 있다. 이런 층들은 각 층의 기능이 요구하는 정도만큼 표면이 수평면을 이루게 된다. 이러한 수평적 층들이 만들어지면 유적 지도에 변화가 일어나지만, 몇몇 서 있는 층과 달리 그들 자신이 새로운 퇴적분지를 만드는 일은 거의 없다.

두번째 유형인 **서 있는 층(upstanding strata)**의 대표적 사례로는 벽을 들 수 있다. 이 두 번째 유형이야말로 인공층서가 갖고 있는 독특한 형태의 층으로서, 어떤 지질학적 층과도 직접적으로 비교할 수 없다. 이 층들은 일정한 세월 동안 단단한 상태로 남아 있으며 유적에 새로운 퇴적분지를 만든다. 예를 들어 돌로 집을 지었다면 벽이 사라질 때까지 집의 안쪽과 바깥쪽에서 층서는 상이한 양상으로 발달하게 된다. 따라서 서 있는 층들은 고고층서의 양상을 복잡하게 만들며 발굴과정이나 층서의 해석 역시 복잡해진다. 휠러는 널리 알려진 도면을 통해 이러한 상황의 한 측면에 대해 논한 바 있다(그림 15). 그림에서 보듯, 벽면을 따라 구덩이를 파지 않는 층서학적 이유는 서 있는 층의 층서관계는 벽의 수직면을 따라 주로 발견되기 때문이다(참조: Newlands and Breede 1976: fig. 7.1). 이와는 대조적으로 수평적 퇴적층의 층서관계는 대체로 수평을 따르게 된다. 또 서 있는 층들은 표면에 자리잡은 것이기 때문에 정상적인 중첩관계를 보여주게 된다.

퇴적층의 속성 Attributes of deposits

자연적 퇴적층과 인공적 퇴적층 및 서 있는 층은 다음과 같은 몰역사적인 층서적 특징들을 공유하고 있다.

1. '표면(face)' 혹은 **원면(original surface)**. 이 개념은 주어진 층의 윗면을 아랫면과 구분하기 위해 사용된다. 이것은 지질학에서 지층이 원래 어떤 순서로 중첩된 것인지 판단하는 방법의 하나로서 고안되었다(Shrock 1948). 예를 들자면, 어떤 큰 동물이 진흙층을 밟고 걸었다면 그 층 표면에는 발자국이 만들어질 것이다. 미국에서 발견된 공룡 발자국 흔적에서 보는 것처럼

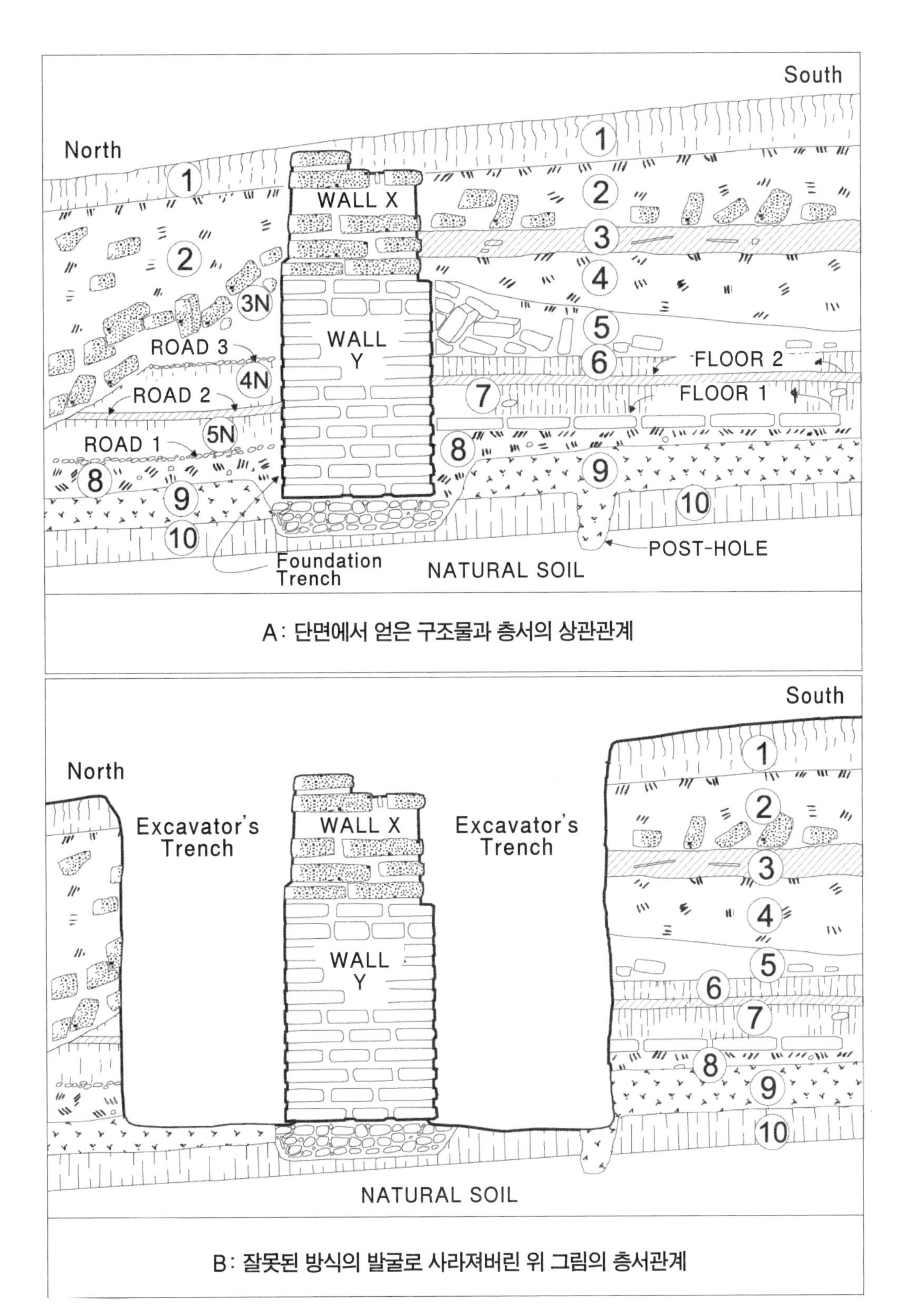

그림 15 이 그림은 서 있는 층의 층서적 문제와 서 있는 층과 인접한 층서에 속하는 퇴적층들을 분리시키는 부적절한 발굴방법에 대해 주의를 환기시킨 첫 사례이다(출전 Wheeler 1954: fig. 16; Oxford University Press 제공).

(Shrock 1948: 133), 발자국 구멍이 진흙으로 채워지면 그런 동물의 이동흔적은 보존될 것이다. 또 이 층 위에 덧쌓인 층의 바닥면에는 그에 대비되어 요철이 반대인 흔적이 만들어질 것이다. 지질학적 시간이 경과하며 지층이 뒤집혀지면 이동흔적과 상대흔적도 역전 상태가 될 것이며 따라서 암석층들이 원래의 상태에서 역전된 것임을 알려줄 것이다. 물론 고고유적에서는 그러한 층서의 역전은 발생하지 않는다. 그럼에도 불구하고 예를 들어 발굴에서는 수평으로 놓인 층들의 고화되지 않은 표면만을 조사할 수도 있기 때문에 '표면'은 고고층서학에서 쓸모 있는 개념이라고 하겠다.

한편, 수평으로 쌓인 층과 달리 서 있는 층들은 원면, 즉 밖으로 노출된 면이 하나가 아니라 여럿이다. 벽의 경우에는 원래의 윗면, 다시 말해 지붕을 향한 꼭대기 부위의 평면은 폼페이에서처럼 무너져 내리기 전에 집 전체가 매몰되지 않는다면 층서 기록으로 살아남는 경우가 거의 없다. 그런데 벽은 꼭대기 쪽 평면 말고도 문과 창문 가장자리에 수직면을 갖고 있고, 또 사람들이 칠을 하거나 벽지를 바르는 면이 안팎에 있다.

층 사이의 층서관계란 기존 층의 표면 위에 새로운 퇴적층이 놓임으로써 형성된다고 주장할 수 있다면, 서 있는 층의 여러 수직면을 상대로 쌓인 퇴적층들 역시 수평층 위에 쌓인 층들과 마찬가지로 서 있는 층의 그런 표면 위에 중첩해 쌓여 있는 셈이다. 따라서 휠러가 〈그림 15〉의 B에서 보듯, 수직적 발굴은 수직적 평면 위에 만들어진 그러한 층서관계를 파괴할 것이다.

2. 외곽경계선(Boundary contours). 외곽경계선은 층서를 구성하는 각 단위의 고유한 수평적 범위와 수직적 범위를 정의해주는 선이다. 이 외곽선은 평면에서는 대체로 잘 보이지 않지만, 단면에서는 흔히 확인할 수 있다(예: 그림 15의 A). 층서란 층이 겹쳐 있는 상태이기 때문에 외곽경계선과 표면외곽선은 동일하지 않다. 많은 경우에 있어 층서를 구성하는 층들은 그 크기가 다르고 서로 겹칠 수 있기 때문에, 유적이 지형적으로 만들어지는 과정에 있어 주

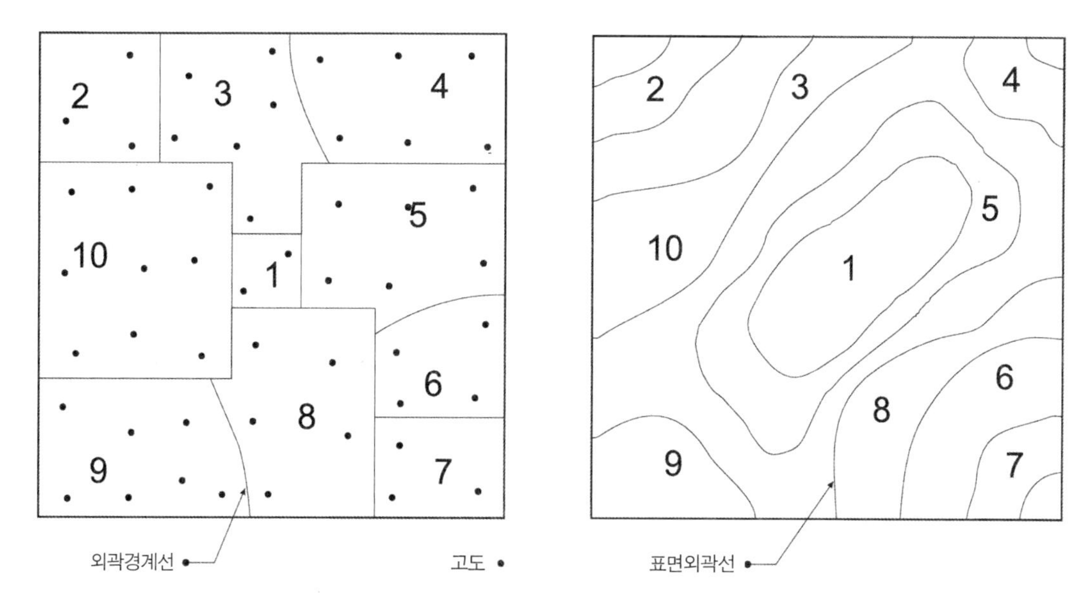

(역자 주 - 두 그림은 동일한 가상의 층서를 대상으로 한 것이 아님에 유의)

그림 16 모든 퇴적층은 그 수평적 범위를 말해주는 외곽경계선을 갖고 있다. 각 층의 표면은 발굴을 시작하기 전에 얻은 고도 기록을 바탕으로 결정한 외곽선으로써 나타내게 된다.

어진 어느 층의 외곽경계선은 특정 시기의 표면에서 단지 그 일부만을 볼 수 있다.

3. 표면외곽선(Surface contours). 〈그림 16〉에서 보듯, 표면외곽선은 주어진 어느 한 층 또는 여러 층 표면의 지형적 높낮이를 보여준다. 표면외곽선은 평면상에서 여러 지점의 높이 혹은 고도를 기록함으로써 만들어진다. 따라서 이것은 외곽경계선과 동일한 수준의 의미가 있는 일차자료라고 할 수 없다. 또한 외곽경계선은 평면과 단면에서 확인할 수 있지만, 표면외곽선은 평면에서만 나타낼 수 있다. 이 두 외곽선은 지질학에서 오랫동안 사용되어 오던 개념이며(예: Trefethen 1949: fig. 12-9), 고고학에서도 오래 사용되어 왔다. 양자는 기능이 매우 다름에도 불구하고 그에 대한 적절한 설명은 드물다.

4. 총량(Volume and mass). 외곽경계선과 표면외곽선이 어떤 식으로 나타나는지를 함께 따져보면 층서를 구성하는 한 층의 총량을 계산할 수도 있다. 고고유적을 구성하는 대부분의 층을 구성하는 흙덩어리 속에는 편년이나

문화 혹은 생태를 이해함에 중요한 모종의 움직일 수 있는 물건이 들어 있기 마련이다.

이상의 속성들이 고고유적을 구성하는 퇴적층과 지층에서 반복적으로 나타나지만, 다음과 같은 특징들은 모든 유적에서 동일하지 않는 역사적 속성이다.

1. 층서적 위치(Stratigraphical position). 층서를 구성하는 모든 단위는 층서에서 각각 고유한 위치에 놓여 있다. 층서적 위치란 주어진 층서단위가 다른 단위들과의 관계에서 차지하는 층서상의 상대적 위치를 말하며, 유물이 아니라 층서단위 사이의 경계면을 연구함으로써 판단할 수 있다.

2. 연대(Chronological date). 모든 층서단위는 그것이 만들어진 햇수로 셀 수 있는 시점, 즉 연대를 갖고 있다. 그런데 이 연대는 유적의 퇴적층에서 발견되는 연대측정이 가능한 유물에 의해 결정되는 경우가 많기 때문에 판단을 내릴 수 없는 경우가 많다. 그렇기 때문에 주어진 층서단위의 연대를 알아내는 것은 고고층서학 연구에서 부차적 임무라고 할 수 있다. 발굴에서 퇴적층의 연대를 아는 것은 매우 유용한 일이지만, 층서의 해석과 기록은 연대측정에 일차적으로 관심을 기울이지 않은 채 진행할 수 있다.

층서단위의 연대 때문에 유적의 층서에서 해당 층의 위치가 바뀌는 일은 결코 없지만, 층서의 나머지 부분의 연대와 어긋날 수도 있다. 이러한 유형의 문제는 예를 들어 그 자체로서 층을 이루고 있음과 동시에 연대측정 대상 '유물'이 되는 목재에서 발생할 수 있다.

심지어 베니스나 암스테르담을 비롯한 여러 도시에서도 벽돌로 만들었건 대리석으로 만들었건 건물의 윗부분이 그를 받치고 있는 기초부보다 최근에 만들어졌다는 것은 보편적 사실이라고 할 수 없는데, 왜냐하면 건물의

> 기초는 흔히 나무기둥을 박아 만들기 때문에 기초가 썩게 되면 그 위의 건물에 어떤 해도 끼치지 않은 채 기둥을 하나씩 교체했을 수 있기 때문이다. 그런데 동시에 이런 기둥들은 어떤 수리도 전혀 필요하지 않았기 때문에 사람들이 그 위에서 계속 살았을 수도 있다(Lyell 1865: 8-9).

라이엘이 제시한 이 예에서 보듯, 이러한 유형의 미리 제작된 층서단위는 따라서 물건 그 자체의 실제 연대보다도 훨씬 더 이르거나 훨씬 더 늦은 시기의 층서적 위치에 놓일 수 있다. 그러나 연대가 발굴에서 확인할 수 있는 층서단위의 층서관계에 영향을 미치는 것은 아닌데, 왜냐하면 고고층서란 단지 **현재의 상태**로 기록될 수 있기 때문이다. 여러 세기에 걸쳐 형성된 유적 구성 층들은 끊임없이 변화를 입기 마련이다. 그런 변화는 굴을 파는 동물이나(Atkinson 1957), 각종 자연의 영력(Evans 1978; Dimbleby 1985; Jewell and Dimbleby 1966) 혹은 사람이 벌이는 일로 일어난다. 라이엘의 예에서 나무기둥을 박은 흙이 기둥을 박은 연대를 말해줄 수 있음을 감안한다면, 만약 특정 상황의 층서를 완벽하게 다룰 수만 있다면 아마도 연대와 관련된 딜레마를 해결할 수 있을지도 모르겠지만, 그것은 쉽지 않은 일이다.

단지 현재 관찰되는 현상으로서만 기록할 수 있는 층서 기록은 유적의 과거 역사를 해석할 수 있게 해줄 것이다. 그런 해석은 살아남은 층서 자료로부터 시작해야 하며, 이어 유적의 모든 측면을 연구하고 층서 내에서 발견되는 유물과 유구와 관련해 층서의 지형적 특징이 어떤지를 살펴야 할 것이다. 유적의 층서는 불변적이며 정적인 현상이 아니라 다양한 이유로 시간의 흐름에 따라 변화하는 현상인 것이다.

그러나 고고층서학자는 일차적으로 유적 층서의 현재 모습에 대해서만 관심을 기울이면 된다. 발굴자는 층서를 해석하고 판단함에 있어서 유물 혹은 유적형성과정의 전문가일 필요는 없다. 바로 이런 이유 때문에 여기에서는 '유적형성과정'을 논하지 않고 있지만, 연구자들은 이 주제를 다루는 관련 문헌을 알고 있어야 한다(예: Butzer 1982; Schiffer 1987; White and Kardulias 1985; Wood and Johnson 1978).

발굴자의 지식과 경험이 많으면 많을수록 현장에서 더 좋은 결과를 즉각적으로 얻게 될 것임은 분명하다. 그러나 고고층서학의 기본원칙은 단순하며, 이에 따라 층서를 잘 해석하고 기록하기 위해서는 발굴자가 천재일 필요도 없고 심지어 대학을 졸업할 필요도 없다.

유적을 구성하는 여러 시기의 흔적들이 살아남은 정도가 어떤 계획에 따라 이루어진다고 말하기는 매우 힘들다. 그러므로 발굴에 앞서 유적의 층서에 무엇이 있을지, 즉 어떤 역사적 중요성을 찾게 될 것인지를 어떤 수준으로라도 미리 안다는 것은 불가능하다. 그렇기 때문에 발굴자는 고고층서학의 몰역사적 측면과 관련된 지식에 따라 층서를 해석해야 한다. 이 책에서 내내 말하고 있지만, 그러한 측면은 같은 형태로서 반복적으로 나타나기 때문에 몰역사적 층서단위로서 기계적으로 기록할 수 있다. 층서가 지니는 역사적 의미의 해석은 이차적 문제로서, 발굴 뒤에 각종 분석과 여러 전문가의 도움을 받아야 하는 일이다.

이 장에서는 자연적 퇴적층과 인공적 퇴적층 및 서 있는 층이라는 고고층서의 세 가지 몰역사적 단위에 대해 살펴보았다. 역사적으로 볼 때 이 세 단위는 고고층서학의 무대에 따로따로 등장하였다. 처음 등장한 것은 자연적 퇴적층으로서, 인류가 층을 만들기 전에 인류의 유해를 덮은 층이기도 하다. 인공적 퇴적층은 사람들이 건축행위를 시작하며 나타났다. 마지막으로 서 있는 층은 도시생활이 시작할 즈음 등장하였다. 그러나 층 그 자체는 층서와 관련한 이야기에서 절반의 주인공일 뿐이다. 모든 곳에서 수많은 층들은 경계면을 이루는 표면과 외곽선으로써 구분할 수 있는데, 지금부터는 이에 대해서 생각해보겠다.

7

층서단위로서의 경계면

Interfaces as units of stratification

고고층서는 층과 경계면으로 구성되어 있다. 하나의 층과 그 경계면 또는 표면은 하나의 현상이라고 주장할 수도 있지만, 층서학 연구에서는 양자를 구분할 필요가 있다. 경계면은 표면 이외에도 층의 퇴적이 아니라 층이 파괴되며 만들어지기도 한다. 따라서 경계면에는 두 가지 주요 유형이 있는데, 하나는 층의 표면이며 다른 하나는 기존의 층서가 사라져 퇴적층 없이 면만으로서 존재하는 경계면이다.

지질학에서는 이 두 유형을 각각 층리면 및 부정합이라고 한다. 층의 표면이 바로 층리면으로서, '해저나 호수바닥 혹은 사막과도 같이 현재 바위를 형성하고 있는 물질들이 연속적으로 퇴적해 만들어진 표면들의 위치'를 가리켜준다(Kirkaldy 1963: 21). 층리면은 퇴적층이 수평적으로 확산된 면으로서, 해당 층의 형성이 완료된 시점을 말해준다. 부정합은 기존 층서가 침식으로 파괴된 고도 내지 수준을 지시하는 면이다. 부정합은 그 자체로서 독자적인 표면이라 할 수 있으며, 층서의 파괴로부터 형성되기 때문에 중요한 층서단위가 된다. 고고층서학에서 부정합은 **유구 경계면(feature interface)**, 층리면은 **층 경계면(layer interface)**이라고 한다.

수평적 층 경계면 Horizontal layer interfaces

층의 표면을 뜻하는 층 경계면에는 수평적 경계면과 수직적 경계면이 있다. 그중에서 **수평적 층 경계면**은 대체로 수평상태로 퇴적되거나 만들어진 층의 표면으로서, 그 분포범위는 층의 분포범위와 동일하다. 이 유형의 경계면과 해당 퇴적층은 층서학적 관계를 공유하며, 층을 구성하는 빼놓을 수 없는 부분으로서 기록된다. 수평적 층 경계면은 평면상에서 해당 층의 외곽경계선, 즉 경계면의 한계가 어디인지를 보여주는 방식으로 기록하게 된다(예: 그림 16의 왼쪽 도면 10번). 수평적 층 경계면의 높낮이 혹은 지형적 특징은 여러 지점을 찍어 고도를 측정한 다음 선으로 연결하는 방식으로 기록한다. 만약 일련의 수평적 층 경계면이 하나의 중요한 표면을 구성하는 경우에는 이것들은 하나의 **시대 경계면(period interface)**을 구성하고 있다고 한다.

수평적 층 경계면의 분포는 해당 경계면이 표면을 만드는 주어진 층의 범위와 같기 때문에, 층서단위에 번호나 표식을 부여할 때 해당 층과 경계면을 구분할 필요는 대체로 없다. 그렇지만 경우에 따라 이런 유형의 표면 일부를 구분해 독자적인 층서단위로 기록할 필요가 생긴다. 예를 들어, 어떤 표면의 일부분이 모종의 행위 때문에 색상이 변했다고 생각해보자. 이때 그런 행위의 증거가 색상밖에 없다면, 색상이 변한 부분은 상이한 경계면 단위로서 다루어져야만 한다. 왜냐하면 이 부분은 전체 표면과 상이한 모습이며, 그 위에 쌓인 층들과 상이한 층서관계를 갖고 있을지도 모르기 때문이다.

수평적 층 경계면은 해당 층의 형성이 끝났음을 가리켜준다. 만약 건축과정에서 나오는 폐기물처럼 층이 빠르게 만들어졌다면 해당 경계면은 전체 층과 동시기라고 여길 수 있다. 그러나 층이 느리게 쌓였다면, 그 층의 경계면은 단지 해당 층의 형성이 마감된 마지막 시기와 동시기가 된다. 마찬가지로, 주어진 층 경계면 그 자체도 층의 형성 이후 언제 묻히게 되었는가에 따라 짧은 시기를 대변할 수도 있고 긴 시기를 뜻할 수도 있다. 이때 주어진 층의 표면이 모두 한꺼번에 묻히지 않을 수도 있으며, 따라서 층 경계면의 일부가 다른 부분보다 더 오래 지표면으로 노출되어 사용되었을 수 있는데, 이러한 상황은 정상적이다.

〈그림 17〉을 예로 들어 이상 설명한 내용을 다시 살펴보자. 이 그림의 B는 층서단위 3과 7 및 4와 6 사이에 경계면이 존재한다고 가정하고 휠러의 원도면을 약간 바꾼 것이다. 이 그림에서 1, 2, 3과 8은 다른 어떤 층들과도 표면을 공유하지 않음을 알 수 있다. 그러나 7의 일부분은 6, 5 및 4가 형성되는 동안에도 노출된 상태로서 사용되고 있었으며, 6의 일부는 5가 형성되는 중에도 계속 사용되고 있었다. 이러한 양성은 〈그림 17〉의 D에서 보듯 층을 하나씩 쌓아올리는 방식으로 그림으로써 보여줄 수 있다. 수평적 층 경계면 하나하나는 그것이 형성된 시기에 유적 전체의 시대 경계면의 일부였을 가능성이 있다. 따라서 D에서 보듯, 8번 시대 경계면은 층서단위 5의 표면 전체와 더불어 6과 7의 층 경계면의 일부로 구성되어 있다. 또한 B는 층서가 **시간의 흐름에 따른** 층의 퇴적을 그대로 반영하고 있음을 잘 보여준다.

이상의 논의에서 층의 표면 내지 경계면의 수평적 범위에 대한 기록이 갖는 중요성을 추측할 수 있을 것이다. 수평적 층 경계면의 기록에 있어서 그 분포의 가장자리에 대한 기록 못잖게 극히 중요한 것은 외곽선 평면도를 그릴 수 있도록 여러 지점의 고도를 재는 일이다. 이에 대해서는 제9장에서 더 자세히 다루겠다.

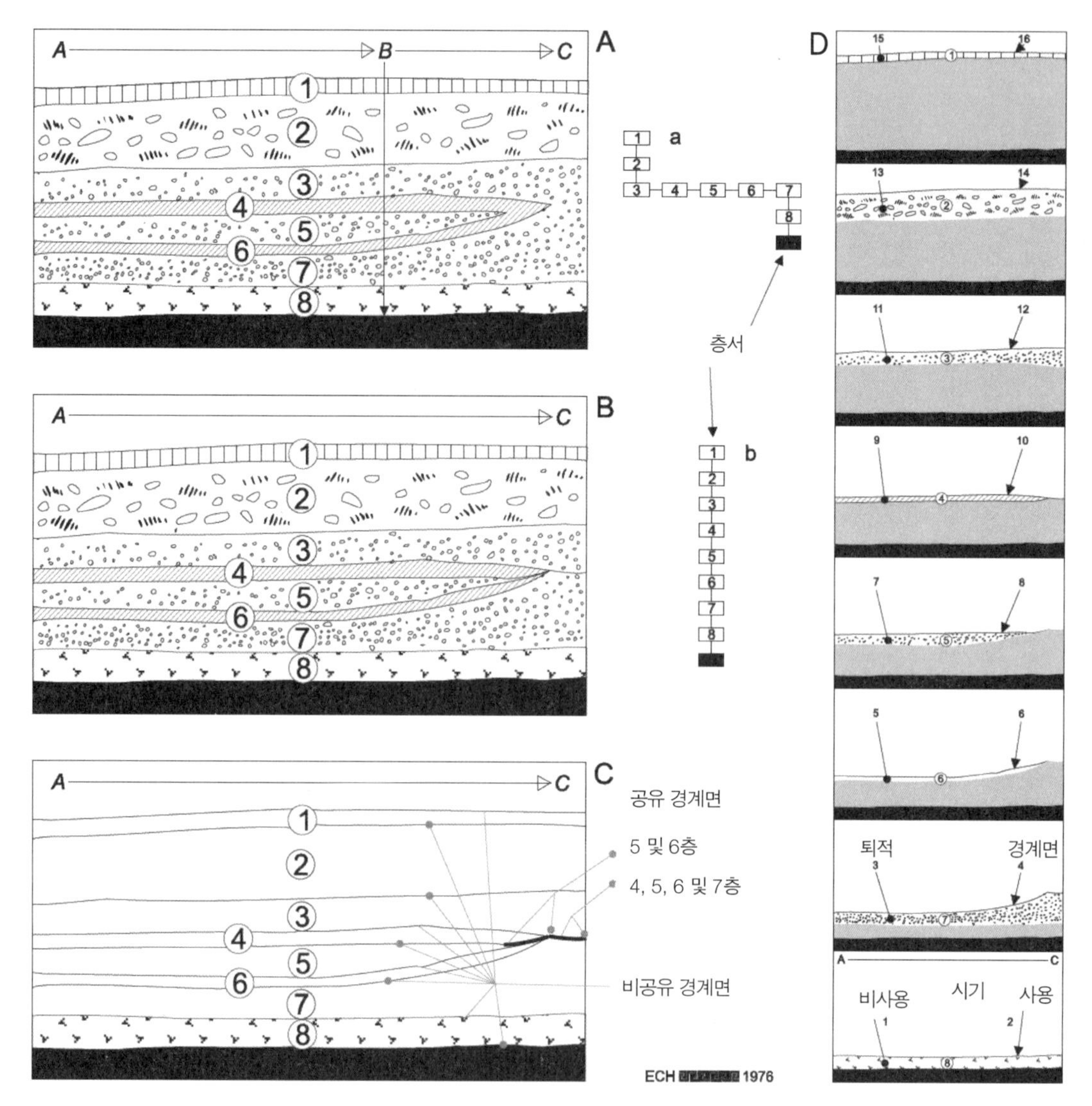

그림 17 A-C: 고고 퇴적층 경계면의 여러 측면. D: 층서형성과정을 구성하는 두 시기인 퇴적기와 사용기(퇴적중지기)의 관계(A: 출전 Wheeler 1954: fig. 8).

수직적 층 경계면 Upstanding layer interfaces

수직적 층 경계면은 서 있는 층의 표면을 형성하는 것으로서, 가장 전형적인 서 있는 층으로는 건물 등의 벽을 들 수 있다. 이 경계면이 수직적 표면이기 때문에 수평적 층 경계면처럼 그 표면의 외곽선을 그릴 수는 없다. 그 표면에는 건축물의 세부적 특징들이 다양하게 나타나는 것이 보통으로서, 그런 특징들은 입면도로서 기록된다(예: 그림 18). 벽은 3차원적인 퇴적층이므로 외벽면 단 하나만 기록하지 말고 가능한 한 많은 표면을 기록해야 한다.

이러한 개념을 이해하기 어렵다면, 가상의 벽을 통째로 밀어서 수평으로 누였다고 상상해보자. 그렇다면 벽의 한 면(위쪽으로 누운 면)은 층서 형성이나 그 해석에서 일반적인 층에서 볼 수 있는 모든 문제를 겪는다고 할 수 있다. 그런데 벽은 이전 시기의 벽 상부에 덧붙여 만들 수도 있으며, 따라서 중첩관계는 누워 있는 층과 더불어 서 있는 층에서도 발생할 수 있다. 예를 들어 〈그림 18〉에서 층서단위 4는 층서단위 1보다 250년 이후의 것이다. 또 수직적 층 경계면은 유적 형성과정에서 빨리 매장되기 쉬운 단순한 층보다 훨씬 긴 시간 동안 존속할 수 있다. 따라서 주어진 유적에서 건축물의 수직적 층 경계면들은 이후의 여러 시기 동안에도 계속 '재사용'될 수도 있다.

서 있는 건축물을 고고학 연구대상 기념물로 다루어 연구를 실시한 사례는 근년 들어 부쩍 늘어났다(예: Martin Davies 1978). 또 미국 매사추세츠 주의 올드스터브릿지역사민속촌(Old Sturbridge Village)에서는 건축유산 빅스비가옥(Bixby House)을 조사하며 고고층서학의 법칙을 적용하였다(그림 19 및 20). 조사에 참가한 고고학자 데이빗 시몬즈(David M. Simmons)는 이와 관련해 다음과 같이 친절히 설명하고 있다.

> 매사추세츠의 올드스터브릿지역사민속촌 박물관은 1984년에서 1988년에 걸쳐 빅스비가옥과 배리(Barre)에 있는 유적을 조사했으며, 그 결과 19세기 초 뉴잉글랜드 농촌의 가족, 공동체와 경제생활의 역동적 모습의 중요한 변화상을 종합적으로 해석하고 살아있는 박물관으로 복원할 수 있다. 조사가 이루어진 유적과 건축유산에서 얻은 고고학적 자료와 건축학적 자료의 분석과 평가에서는 해리스매트릭스 방법이 이용되었다. 두 가지 자료 모두에

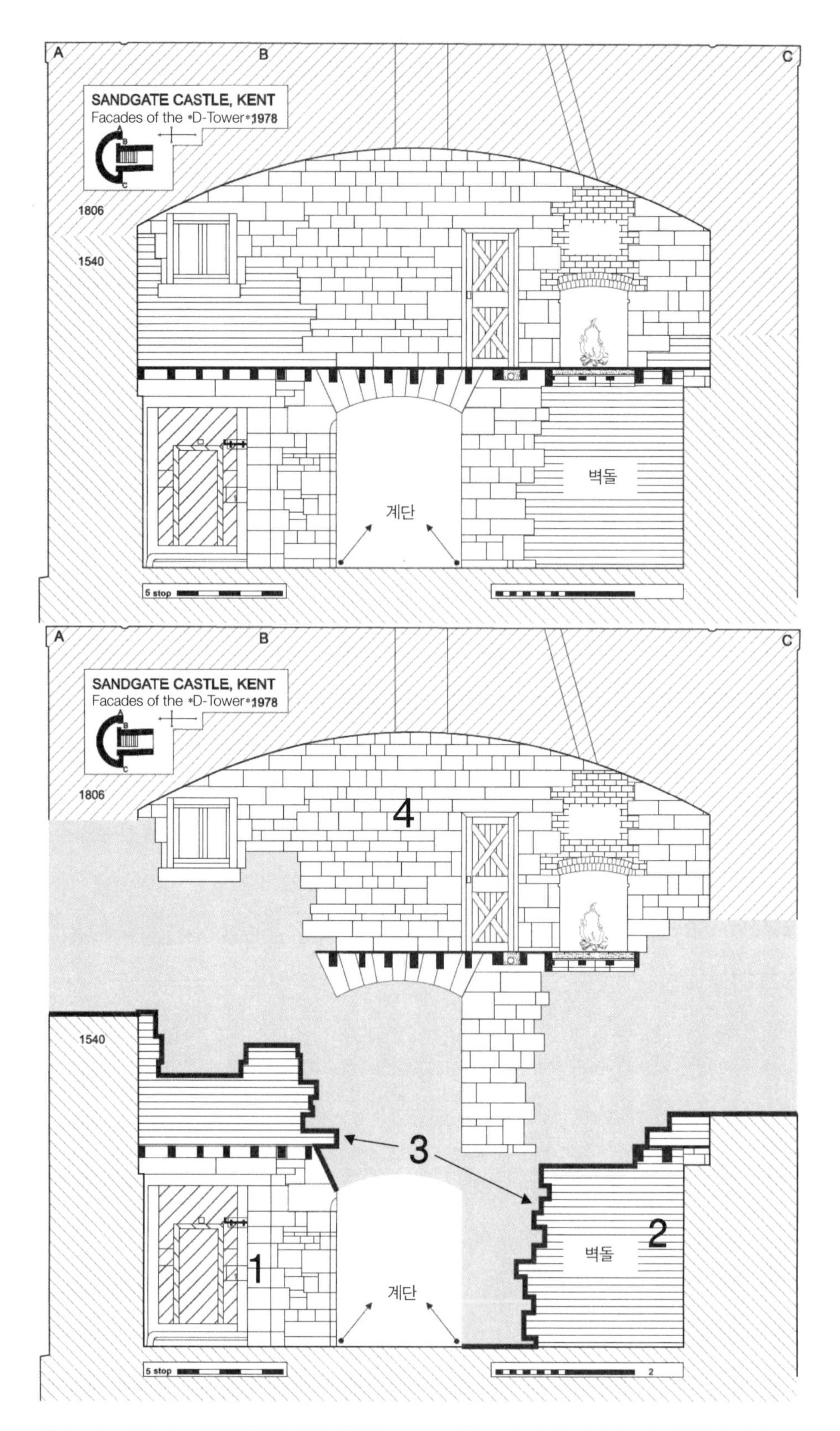

그림 18 위 그림은 어느 영국 성곽유적 벽면을 종합적으로 그린 입면도로서, 벽면은 여러 시기에 걸쳐 형성되었다. 아래 그림은 전체 벽을 4개의 층서단위로 나누어 보여주고 있다. 여기에서 층서단위 1, 2와 4는 수직적 층 경계면인 반면, 3은 4를 만들기 전에 1과 2를 훼손한 면을 보여주는 수평적 유구 경계면이다.

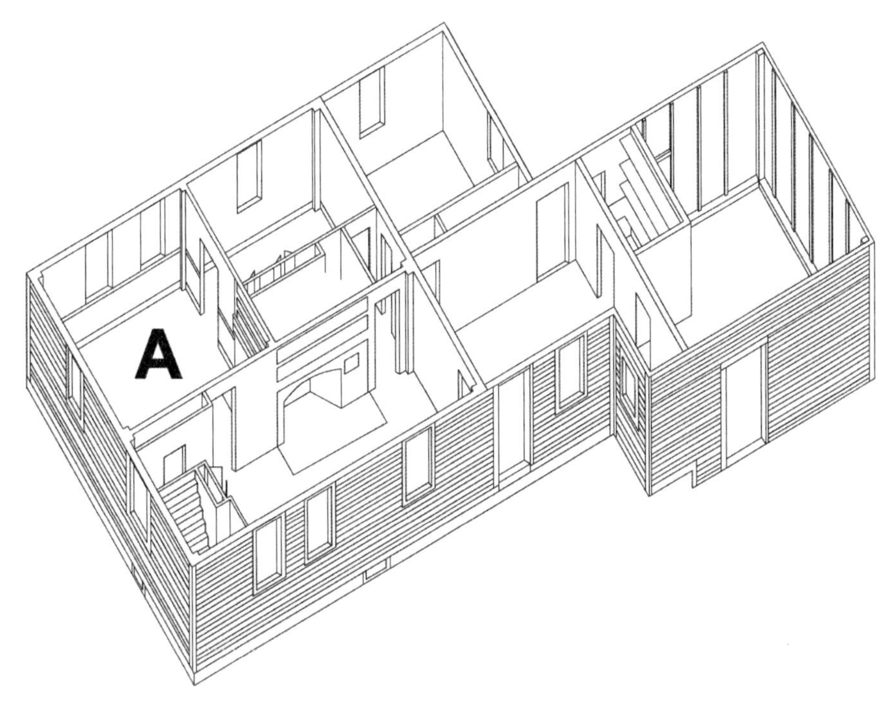

그림 19 1845년 무렵 건축된 매사추체츠 배리의 빅스비가옥의 부등각투영도. A호실이 바뀌어나간 순서는 〈그림 20〉에 도식으로 그려져 있다(자료제공: 올드스터브릿지역사민속촌 Christopher Mundy, Myron Stachiw 및 Charles Pelletier).

대해 엄밀하게 층서관계를 기록함으로써, 지하뿐 아니라 지상에 남아 있는 유구를 비롯해 조사대상 지역 전체가 어떤 단계를 거치며 사용되었고 변화했는지 종합적으로 판단할 수 있는 층서 매트릭스를 얻을 수 있었다.

〈그림 19〉에서는 벽, 다시 말해 수직적 층 경계면에 대한 층서 연구를 통해 분석이 실시된 빅스비가옥 A호 방이 표시되어 있다. 새로 만든 창문과도 같은 추가적 구조 혹은 벽지와도 같은 새로운 '퇴적층'들은 모두 층서학적 순서를 부여해 분석되었는데, 〈그림 20〉은 그중 일부를 보여준다. 이러한 유형의 실험적 연구는 수직적 층 경계면이라는 개념의 가치를 잘 말해주며, 나아가 사람이 만든 구조물에서 벽과 기타 유구들이 고고학적 층서의 구성에서 차지

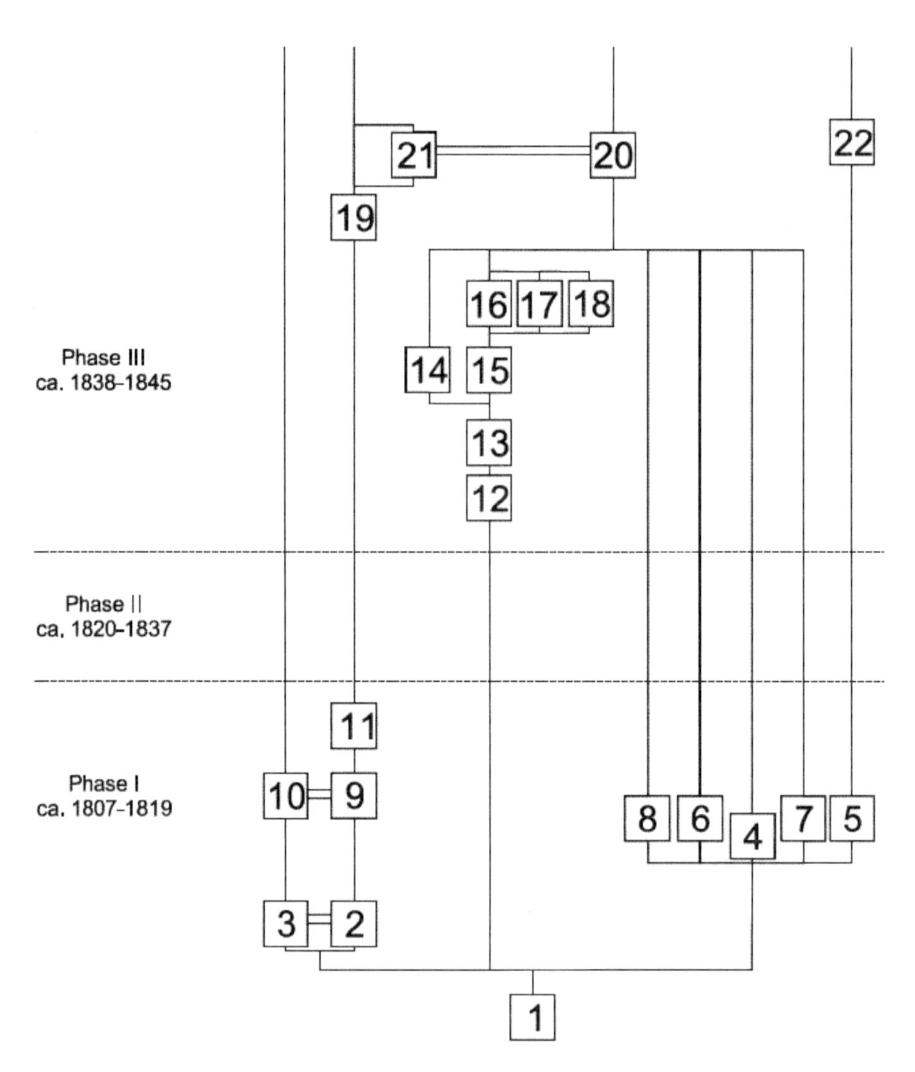

그림 20 도면에서 단위 〔1〕로 뭉뚱그려 표시한 빅스비가옥이 처음 만들어진 시점 이후의 층서에서, 제1단계 동안 벽과 천장이 깎여 다듬어졌으며(단위 〔2〕와 〔3〕), 내부 목조가 청색이나 적색 혹은 갈색으로 덧칠되었다(단위 〔4〕-〔8〕). 이어 벽과 천장이 회반죽으로 다듬어졌고(단위 〔9〕, 〔10〕), 벽에는 단위 〔11〕로 표시한 벽지가 발라졌다(자료제공: 올드스터브릿지역사민속촌 Myron Stachiw 및 David Simmons).

하는 독특한 역할을 잘 보여준다.

수평적 및 수직적 층 경계면은 퇴적층의 표면이라고 말할 수 있으며, 그렇기 때문에 주어진 유적의 층서에 부가된 단위라고 할 수 있다. 그에 반해 유구 경계면은 기존의 자료가 파괴됨으로써 만들어진 표면이며, 그러므로 층서 연구에서는 전자와 달리 다루어져야만 한다.

수평적 유구 경계면 Horizontal feature interfaces

유구 경계면에도 수직적인 것과 수평적인 것 두 종류가 있다. 유구 경계면은 층서가 파괴되어 형성되는데, 자신의 고유한 표면과 범위를 갖고 있다. 이것은 또 함께 발견되는 층과는 상관관계가 없으며, 경계면끼리의 층서관계를 갖고 있다. 유구 경계면이 그 자체로서 층서단위를 구성하고 있으므로, 자신에 고유한 다른 층서단위와의 층서 관계 및 분포 외곽경계선과 표면외곽선을 갖고 있다.

수평적 유구 경계면은 서 있는 층과 관계되어 나타나며, 서 있는 층들이 어떤 높이에서 파괴된 것인지 그 수준을 보여준다. 이것들은 벽이 파괴되어 무너졌을 때 만들어지는데, 〈그림 18〉의 3번 단위에서 보듯 건물의 수리나 변형으로 벽 일부가 파괴될 때에도 만들어질 수 있다. 수평적 유구 경계면을 기록하는 과정에서는 이것이 마치 원 벽의 '평면'인양 모든 돌 하나하나를 일일이 그리곤 한다. 그렇지만 이것들은 많은 경우 벽이 원래 만들어진 때로부터 한참 뒤 시기에 있었던 일과 관련된 증거일 수 있으니, 예를 들어 현재 살아남은 벽은 후대에 원 벽을 무너뜨려 기둥을 세우는 기초로서 이용한 흔적일 수 있다. 그러므로 이러한 경계면들을 기록함에 있어서는 그런 후대의 사용 양식과 관련된 증거를 찾을 수 있도록 외곽선을 자세히 조사해야 한다.

〈그림 21〉에서 3번과 19번 단위가 이 유형의 경계면인데, 이것들의 연대는 5번과 10번 단위로 표시된 벽이 만들어지고 사용된 시기보다 훨씬 후대일 수 있음을 알 수 있다. 〈그림 21〉에서 고유한 층서단위로 인정해 번호를 붙인 이 경계면들을 확인하는 일이 얼마나 중요한 것인지는 이것들을 그림에서 지

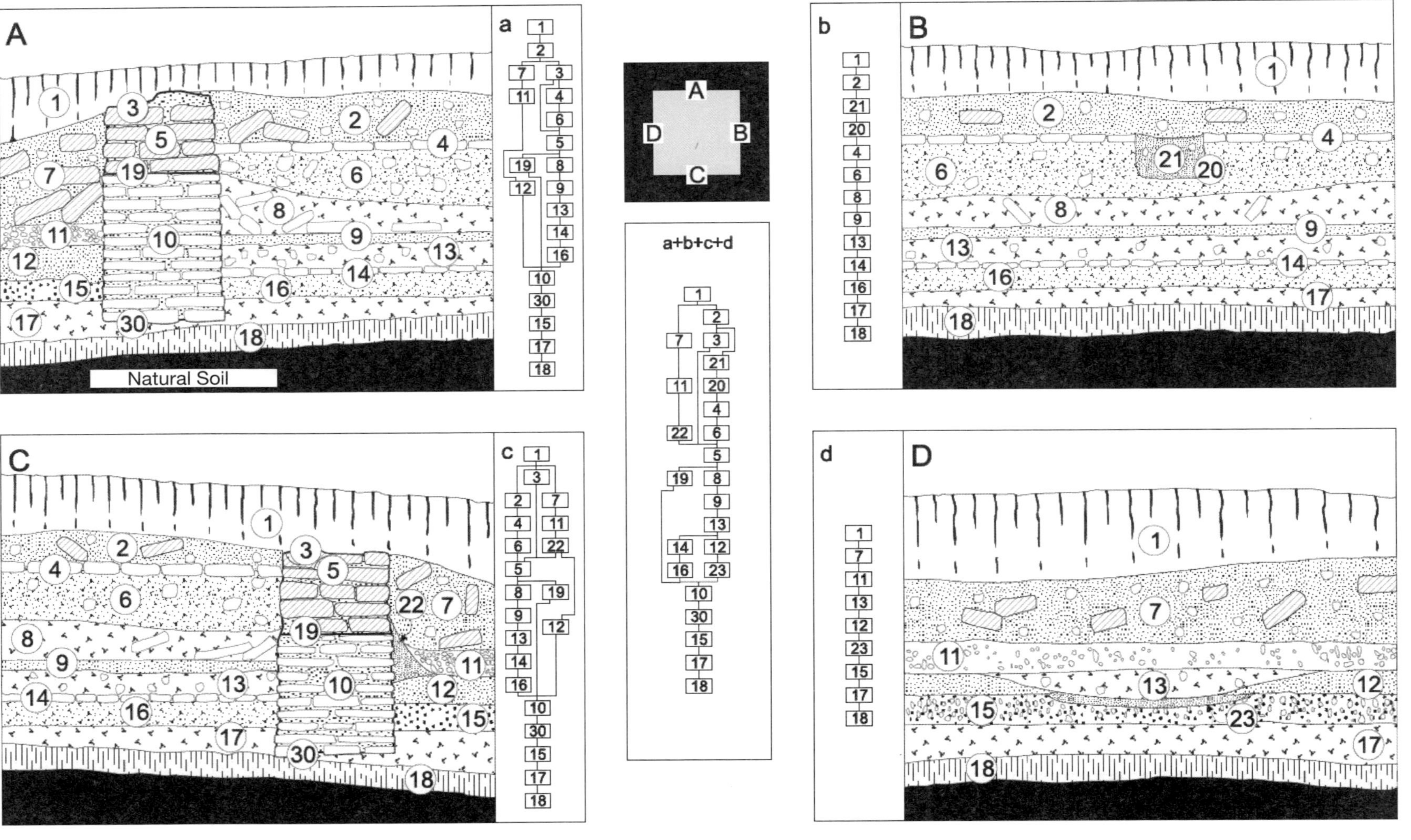

그림 21 이 그림의 A-D번 단면도는 〈그림 22〉와 더불어 어느 주어진 단면에서 서서히 형성된 층서를 보여준다. 층서 연속성의 법칙에 따라 네 단면도는 여분의 불필요한 층서관계를 배제한 다음 하나의 종합 층서도 〈a+b+c+d〉로 엮을 수 있다.

워 버리고 그 존재를 무시한 채 층서관계를 작성하려고 해보면 바로 드러난다. 그럴 경우, 〈그림 22〉 맨 오른쪽 도표의 5번과 8번 시대를 구성하는 주요 요소가 사라지게 될 것이다.

수직적 유구 경계면 Vertical feature interfaces

수직적 유구 경계면은 땅을 파 구덩이를 낸 결과 만들어진다. 수평적 유구 경계면이 건축 구조물이 살아 남은 유적에서만 발견되는 것에 비해, 이것은 대부분의 유적에서 발견된다. 땅을 파서 만든 구덩이의 종류에는 해자, 저장고, 무덤, 기둥 등등 그 목적이 다양하다. 많은 경우, 굴착행위로 만들어진 경계면은 구덩이를 메우고 있는 퇴적층의 일부로서 기록되지, 독립된 층서단위로서 기록되지 않는다. 이 때문에 층서 기록은 복잡한 양상을 띠게 되는데, 왜냐하면 원 경계면, 즉 주어진 구덩이 그 자체와 아무 상관없이 그 속에 쌓인 퇴적층 사이에서 또 구덩이를 에워싼 퇴적층 사이에서도 층서관계가 종종 만들어지기 때문이다.

〈그림 23〉을 예로 들어 이 문제에 대해 생각해 보자. 이 교육적 목적의 그림에서, 왼쪽의 〈A〉도를 작성한 이들은 두 개의 유구를 '8번 – 14세기 쓰레기구덩이; 11번 – 2세기 쓰레기구덩이'라고 인식하였다. 이런 식으로 구덩이 내부를 채우고 있는 것과 구덩이 그 자체를 쌍으로 다루는 것은 조사과정에서 흔히 볼 수 있다.

그러나 많은 경우 그러한 양자의 연관성은 의심스럽지 않을 수 없다. 그러한 인식은 수직적 경계면이 독립적 층서단위임을 무시한 채 구덩이와 그 내부 퇴적물을 하나로 보는 것이다. 〈B〉도에는 더 많은 단위들이 인식되어 번호가 붙여졌다. 즉, 8번과 11번 단위가 각각 14세기와 2세기의 쓰레기퇴적

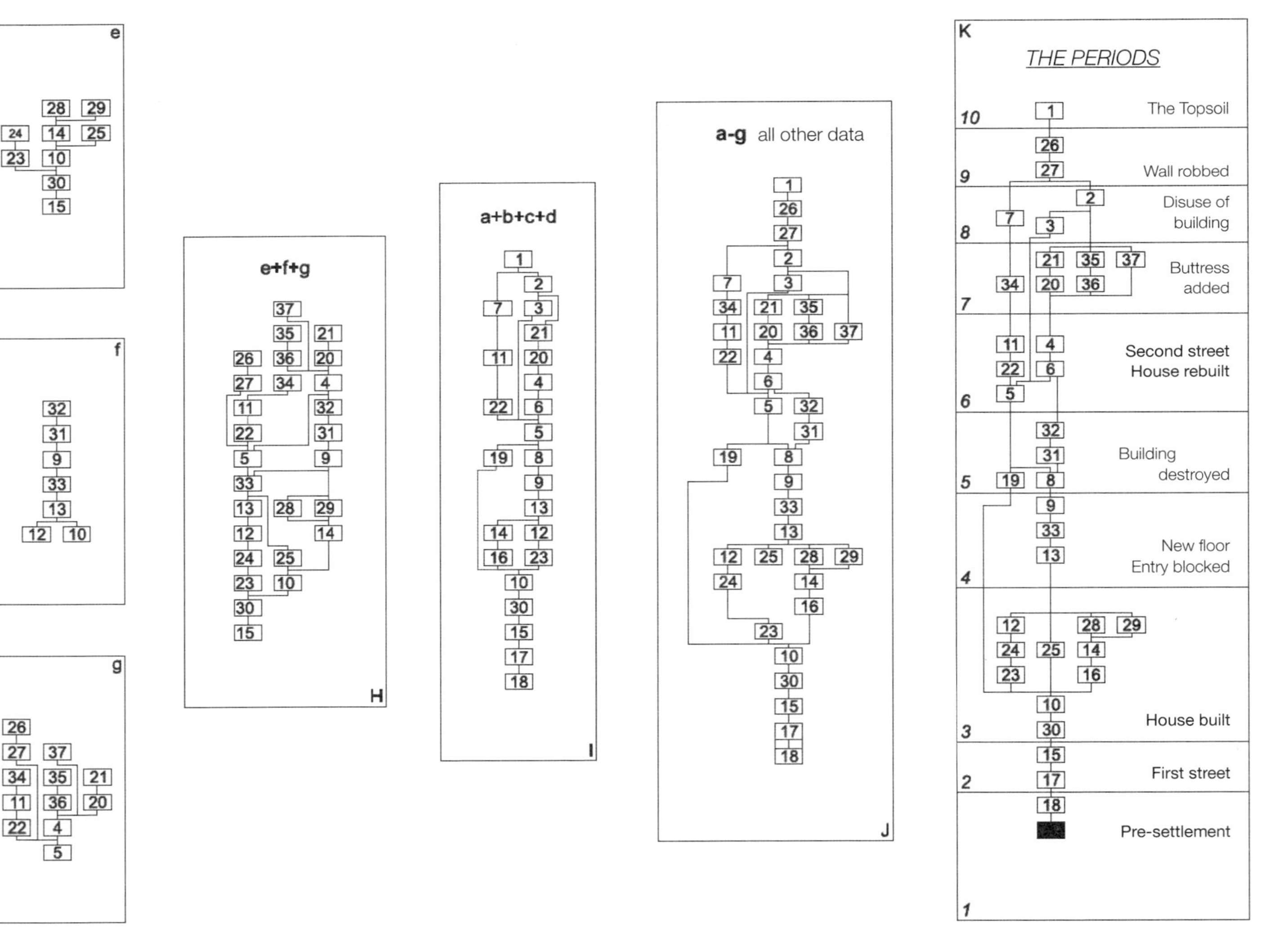

그림 22 도면 〈e+f+g〉는 평면도 E, F, G의 층서를 합친 것인데, 이것은 〈그림 21〉의 단면도에 보이는 자료와 다시 종합하였다. 최종적으로 정리된 이 유적의 층서는 〈a-g〉로서, 이 층서를 시대로 구분한 그림이 〈K〉이다.

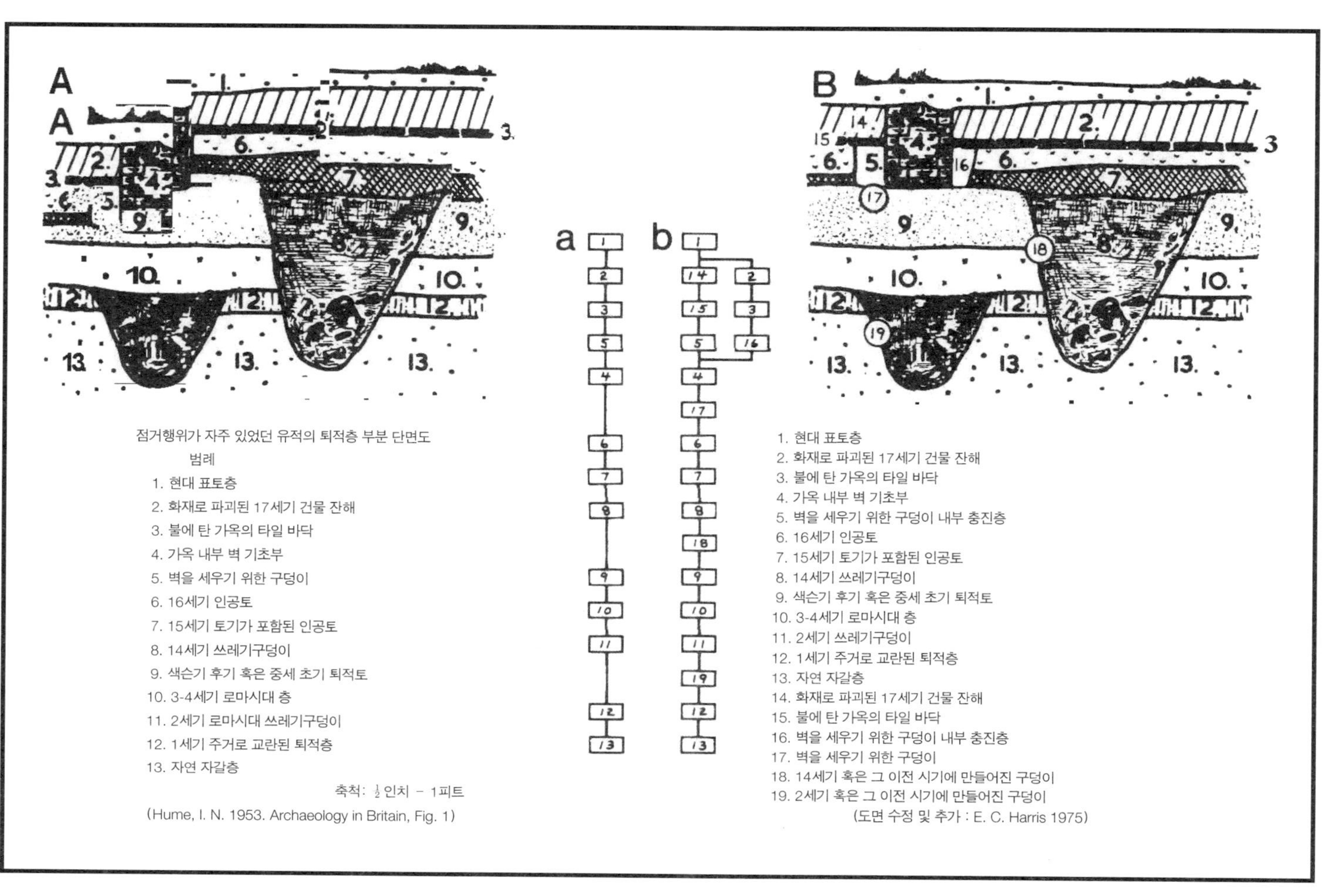

A
B
a
b
점거행위가 자주 있었던 유적의 퇴적층 부분 단면도
범례
1. 현대 표토층
2. 화재로 파괴된 17세기 건물 잔해
3. 불에 탄 가옥의 타일 바닥
4. 가옥 내부 벽 기초부
5. 벽을 세우기 위한 구덩이
6. 16세기 인공토
7. 15세기 토기가 포함된 인공토
8. 14세기 쓰레기구덩이
9. 색슨기 후기 혹은 중세 초기 퇴적토
10. 3-4세기 로마시대 층
11. 2세기 로마시대 쓰레기구덩이
12. 1세기 주거로 교란된 퇴적층
13. 자연 자갈층
축척: ½인치 – 1피트
(Hume, I. N. 1953. Archaeology in Britain, Fig. 1)
1. 현대 표토층
2. 화재로 파괴된 17세기 건물 잔해
3. 불에 탄 가옥의 타일 바닥
4. 가옥 내부 벽 기초부
5. 벽을 세우기 위한 구덩이 내부 충진층
6. 16세기 인공토
7. 15세기 토기가 포함된 인공토
8. 14세기 쓰레기구덩이
9. 색슨기 후기 혹은 중세 초기 퇴적토
10. 3-4세기 로마시대 층
11. 2세기 쓰레기구덩이
12. 1세기 주거로 교란된 퇴적층
13. 자연 자갈층
14. 화재로 파괴된 17세기 건물 잔해
15. 불에 탄 가옥의 타일 바닥
16. 벽을 세우기 위한 구덩이 내부 충진층
17. 벽을 세우기 위한 구덩이
18. 14세기 혹은 그 이전 시기에 만들어진 구덩이
19. 2세기 혹은 그 이전 시기에 만들어진 구덩이
(도면 수정 및 추가 : E. C. Harris 1975)

그림 23 1950년대에 고고학자들이 층서에 있어 유구 경계면이 차지하는 중요성을 어떻게 간과했는가를 보여주는 그림. 예를 들어 왼쪽 그림의 8번 단위를 오른쪽 그림의 8번, 18번 단위와 비교해 보시오.

층이라고 옳게 묘사되어 있으며, 따라서 18번 단위는 14세기 혹은 심지어 후기 색슨기까지도 올라갈 수 있는 시기에 만들어진 구덩이로, 또 마찬가지로 19번 단위는 2세기 혹은 그 이전 시기의 구덩이로서 인식되고 있다. 또 5번 구덩이도 이런 방식으로 경계면으로서 제대로 인식하는 등 〈B〉에서 보이는 층서는 〈A〉와 많이 다른 모습이다.

수직적 유구 경계면은 주어진 유적에 퇴적층이 쌓이는 양상을 크게 바꿔 버린다. 즉, 구덩이를 메우며 쌓인 층들은 구덩이 밖에 쌓인 동시기 층들보다도 절대적으로 더 낮은 위치에 놓이게 된다. 따라서 구덩이 바닥의 층들은 구덩이가 만들어진 때보다 훨씬 이른 시기의 층서단위들과 접촉하거나 층서관계를 갖게 될 수 있다. 이때 구덩이를 팜으로써 경계면이 만들어졌음을 인식하고 이것을 하나의 추상적 층으로 다루고 또 기록도 그렇게 한다면, 구덩이 바닥에 있는 층들도 해당 경계면과 층서관계를 맺고 있다고 인식하게 될 것이다. 즉, 층서 연속성의 법칙을 적용함으로써 유적 층서에서 구덩이 내부의 층들이 차지하는 위치를 올바르게 파악할 수 있을 것이다. 구덩이 내부의 층들은 구덩이라는 수직적 유구 경계면 이후 시기이며, 구덩이라는 수직적 유구 경계면은 그것을 판 퇴적층 중 가장 늦은 시기의 것보다 더 늦은 시기이다.

수직적 유구 경계면은 또한 후대의 굴착행위로 파괴될 수 있는데, 그러한 행위는 동일한 유형의 몰역사적 층서단위를 만든다. 예로서, 〈그림 24〉에 보이는 두 개의 서로 연관된 무덤의 경우를 생각해 보자. 이 그림의 D는 과거의 전통적 방식으로 그린 기록으로서, 단위 1과 단위 2가 부분적으로 중복된다고 보여주고 있으며, 이 도면이 말해주는 층서는 그림의 G에 (D)로 그려져 있다. 그런데 〈그림 24〉의 E는 1호 무덤이 2호 무덤을 자르고 들어갔다는 가정, 즉 층서에서 후대라는 가정 아래에서 모든 층서단위들에 번호를 붙인 것이다. 여기서 경계면이 되는 5번 단위는 2번과 또 다른 경계면인 7번을 자르고 있으며, 전체적인 층서관계는 G의 (E)에서 알 수 있다. 그런데 1호 무덤을 발굴하

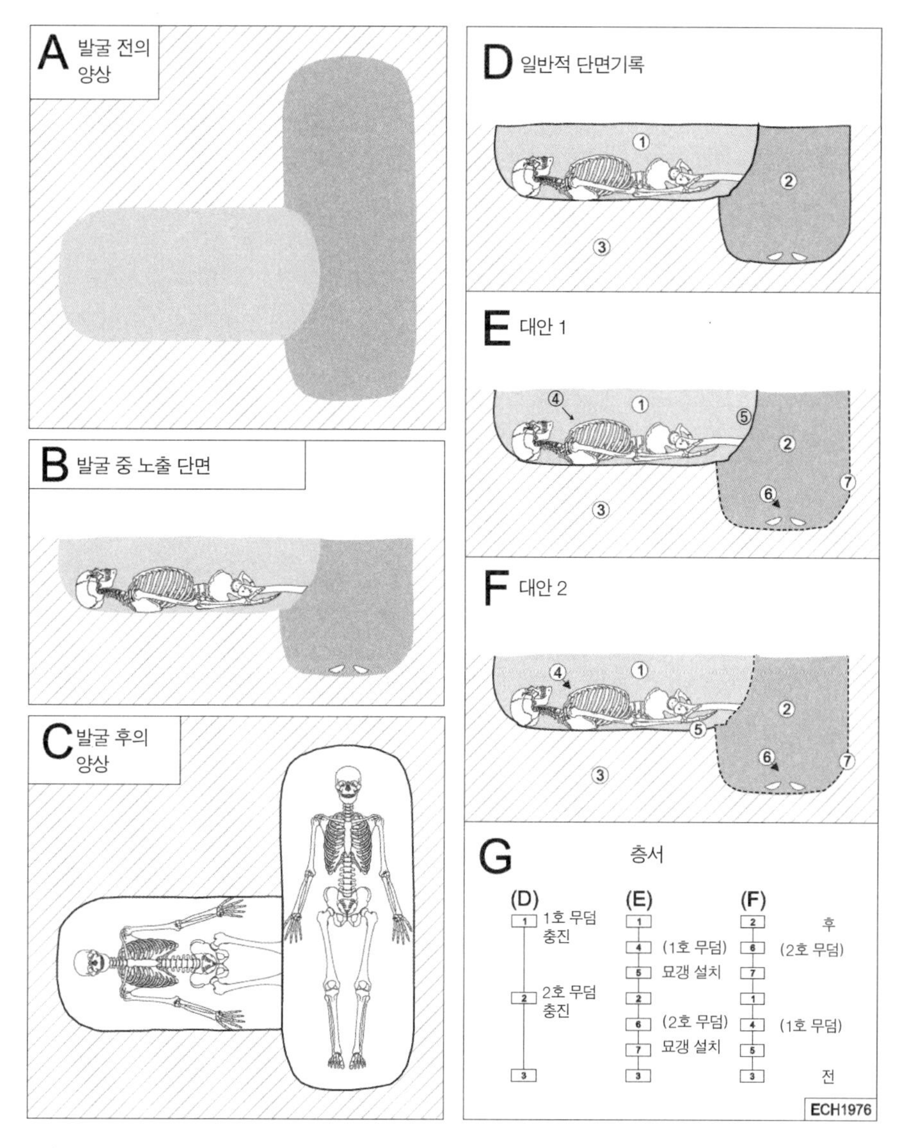

그림 24 유구 경계면 해석의 문제

자 유해 일부가 사라진 상태임이 확인되었다고 해보자. 조사를 더 해보니, 2호 무덤이 1호 무덤을 자르고 만들어졌지만 그 내부에 채워진 흙이 잘 다져지지 않아 1번 단위가 2번 단위로 쏠린 상태였다고 해보자. 이런 경우는 경계면인 7번 단위가 단위 1과 5 및 1호 무덤의 유해를 당연히 자르고 있는 상태로서, 그림 F는 그러한 경계면들을 제대로 확인했을 때의 층서단위들을 보여주며, 전체 층서는 그림 G의 (F)에서 볼 수 있다.

이러한 상황이 현장에서는 잘 적용하기 어려운 환상이라는 반론도 있을 수 있다. 그러나 실제 어느 단위 위에 다른 단위가 놓여 있을 때, 층서에서 전자가 후자보다 늦은 시기인 경우도 있는 것이 사실이다. 예를 들어, 런던 지하철 '튜브'의 단면에서는 더 이상 사용되지 않고 있는 철로가 흙 속에 묻혀 있고 그 위에 자연 퇴적층이 있는 상황을 찾을 수 있는 것이다. 모든 사람들이 어째서 이런 상황이 발생하는지 알고 있지만, 올바른 층서관계를 정리할 수 있는 것은 '튜브' 그 자체에 층서단위로서의 가치를 부여함으로써만 가능한 일이다. 모든 종류의 수직적 유구 경계면과 마찬가지로 이 '튜브'도 그것을 자르고 있는 최후의 층에 이를 때까지 상방으로 계속되는데, 여기서 그러한 최후의 층이란 빅토리아 시대 공원의 층서적 흔적이 되겠다.

수직적 유구 경계면이 퇴적층들의 표면이 아니라 그 자체로서 표면이기 때문에, 이것들은 층 경계면과 같이 평면상에 기록할 수 없다. 층 경계면을 기록함에 있어서는 층의 구성과 관계된 세부적 사항을 어느 정도 그림으로써 평면도가 단순한 외곽선 실측도가 아니라 흙과 돌로 구성된 면임을 보여주는 것이 관례가 되었다. 그러나 수직적 유구 경계면은 외곽선만으로 기록할 수 있는데, 왜냐하면 이것들은 단지 하나의 표면에 불과하기 때문이다. 이것들이 자르고 지나간 퇴적층의 구성 상태는 이런 유구들의 평면을 기록함에 있어 의미가 없다. 그런데 많은 경우 이러한 유구들의 평면을 기록함에 있어서는 단지 그 끝 부분, 즉 외곽경계선만을 그리고 있다.

시대 경계면 Period interfaces

하나의 층서는 일련의 층과 경계면이 축적됨으로써 만들어지게 된다. 이때 층서가 어느 정도 두터우며 또 복잡한 양상일 경우에는 층군(formation)으로 나눌 수 있는데, 지질학에서 층군은 다음과 같이 정의한다.

> (층군이란) 그 기원이나 연대 혹은 구성에서 상당한 정도의 공통성을 지니고 있는 암석들의 집합이다. 따라서 우리는 층군에 대해 층서가 발달한 층군 혹은 발달하지 못한 층군, 담수성 층군 혹은 해수성 층군, 수성암 층군 혹은 화산암 층군, 고대 층군 혹은 현대 층군, 금속광상 층군 혹은 비금속광상 층군 하는 식으로 부르고 있다(Lyell 1874:5).

고고학에서 층군은 문화나 편년 혹은 기능을 기준으로 구분할 수 있을텐데, 이때 층군이라는 말 대신 보통 '시대(period)'라는 말을 쓴다. 예를 들어 우리는 로마시대 혹은 중세시대, 선사시대 혹은 역사시대, 유적 형성시대 혹은 파괴시대[2] 등의 표현을 사용하고 있다. 각 시대는 일련의 층과 유구경계면으로 구성된 표면이라는 경계면을 갖는다. 이러한 시대 경계면은 발굴 평면도에 기록되거나 혹은 단면도에 보다 두꺼운 경계선으로 표시할 수 있다.

시대 경계면이란 울리의 표현을 빌리자면 '어느 특정한 한 시점에 동시에 지표로 사용되던 지표면의 총합'과 동일하다고 할 수 있다(Woolley 1961:24). 이 정의에 따른 지표면에는 문자 그대로 땅 위 표면만이 아니라 서 있는 층의 표면과도 같은 다른 종류의 것도 포함된다. 유적이 비교적 단순하다면, 발굴 도중에 시대 경계면을 인식할 수도 있을 것이다. 그러나 유적이 복잡한 내용이라면 모든 발견사항을 분석하기 전까지는 시대 경계면의 정의는

....

2 이 부분의 원문은 〈construction or destruction periods〉로서 〈유적 형성기 혹은 파괴기〉라고 번역해야겠지만, 〈시대〉 개념을 강조하는 원문의 취지를 살려 이렇게 번역했다.

불가능할 수도 있다. 경계면의 파악할 수 있는 일련의 시대는 문화 변화의 양상과 직접적으로 관계되거나 보여주지 않을 수 있다. 문화 변화의 양상은 '퇴적의 예측할 수 없는 양상'과도 또 다르기 때문이다(McBurney 1967: 13). 유적을 문화 단계와 상관지을 수 있는 여러 시대로 구분하는 결정은 양상을 예측할 수 없는 생존 층서를 근거로 내려야 한다는 점에서 어려움은 크지 않을 수 없다.

수직적 유구 경계면과 관련되어, 유적에서 진정한 고고학적 시대를 말해주는 증거로서 시대 경계면이 지니는 의미는 무시되어 왔다. 심지어 내가 1979년에 그린 〈그림 22〉의 K 역시 이러한 관점을 반영하는 것으로서, 제1에서 제10에 이르기까지 구분된 여러 시대란 단지 퇴적, 즉 층서 형성의 여러 시기를 뜻하는 것에 불과하다. 이 도표에는 유적 표면에 어떤 변화도 없던 유적의 안정적 사용 시기를 뜻하는 경계면적 시대는 표시되어 있지 않다. 그런 만큼 층서 자료의 절반 정도는 항상 무시되었다고도 할 수 있을 것이다.

〈그림 25〉는 어느 단면도를 분해해 유적의 퇴적층 형성기와 경계면 시기, 즉 이전의 퇴적층 형성시기의 표면이 노출되어 사용되던 시기로 구분하여 시대를 설정해본 사례이다. 그림에서 퇴적층 형성의 시대는 홀수로, 표면이 사용되던 시대는 짝수로 나타나 있다. 여기서 퇴적층의 '형성'이란 유적에 새로운 것들이 물리적으로 추가됨만을 뜻하는 것이 아니라 층서 기록이 추가됨도 뜻한다는 사실을 기억할 필요가 있다. 이러한 이유에서 수직적 유구는 퇴적층 형성의 시대뿐만 아니라 더불어 경계면의 시대에도 '사용되었기' 때문에 두 시대에 모두 포함되는 것으로 표시되었다. 층이 퇴적되고 나면 그 내부는 땅에 묻혔으므로 퇴적의 정의에 따라 '사용중지' 상태가 되며, 따라서 퇴적층은 퇴적의 시대에만 표시된다.

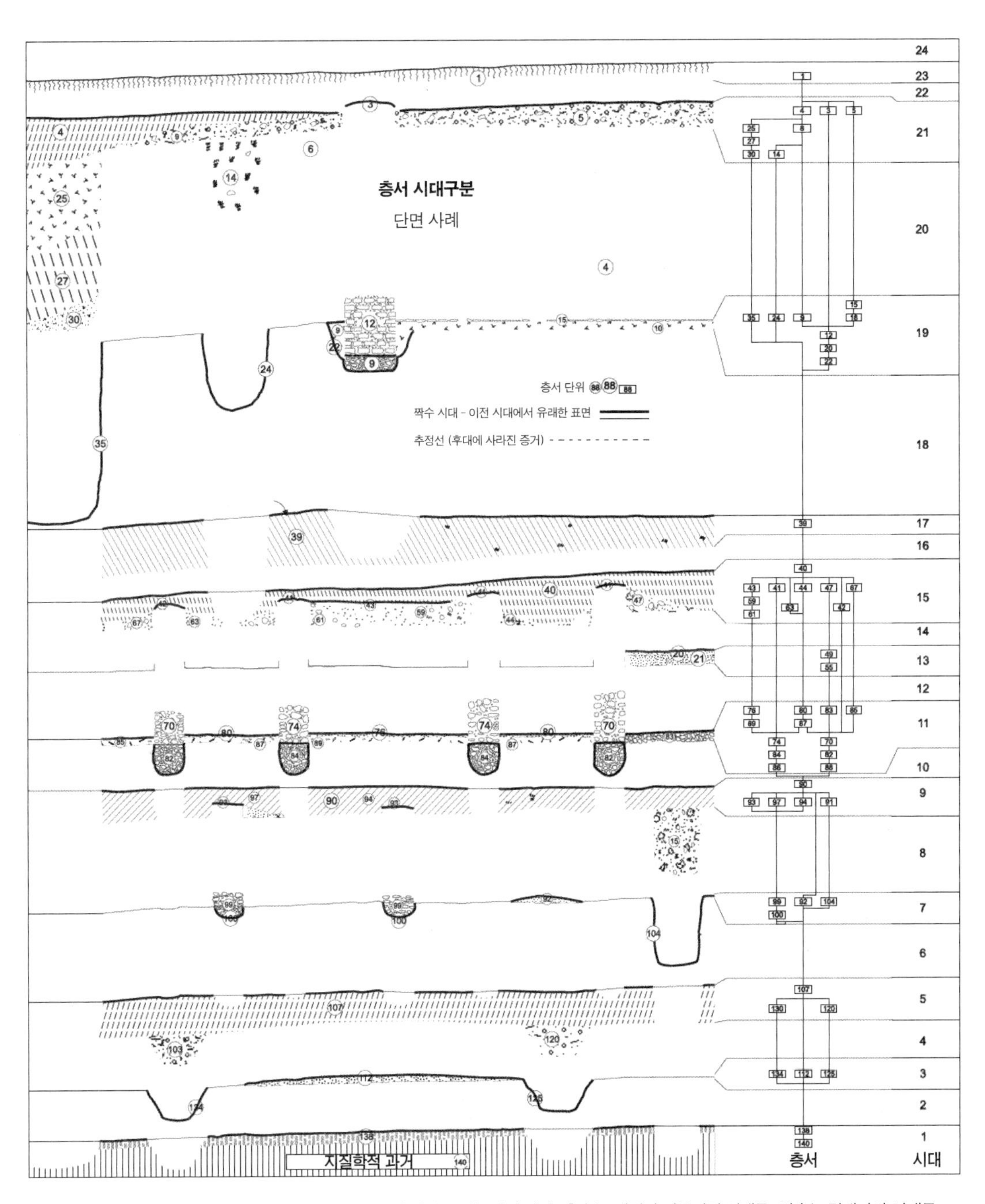

그림 25 이 그림에서 〈그림 29〉에 보이는 단면은 24개의 시대로 나누어져 있다. 홀수는 퇴적이 이루어진 시대를, 짝수는 경계면의 시대를 가리킨다. 퇴적층 형성기는 단면도로써, 경계면 시기는 평면도로써 가장 잘 나타낼 수 있다.

파괴 경계면 Interfaces of destruction

어떤 유적이라도 굴착 행위로 교란이 이루어지면 퇴적층 표면과 여러 시대는 일부라도 파괴되기 마련인데, 그렇게 파괴된 부분을 가리켜 **파괴 경계면**이라고 부를 수 있다. 파괴 경계면이란 유적에서 주어진 층서단위 혹은 시대가 후대의 굴착으로 교란되거나 파괴된 부분을 기록해주고 있는 추상적 경계면이라고 정의할 수 있다. 몇몇 예외를 제외하면(예: Crummy 1977; fig. 35와 36 참조), 이러한 형태의 부정적 증거가 적절하게 기록으로 남는 경우는 거의 없다. 출판물에서 이런 파괴 경계면들은 대개 굵은 선으로써 나타내지는데, 그렇게 하면 주어진 시대에 실제로 속하는 유구들의 외곽경계선과 구분하기가 쉽지 않다. 그러나 이보다는 숫제 파괴 경계면을 기록으로 남기지 않기가 일쑤로서, 많은 경우 파괴된 부위는 점선으로 그려지는데 그럼으로써 파괴된 층서의 원래 분포범위에 대한 발굴자의 가정을 보여주고 있다. 그러나 층서란 긍정적 요소인 퇴적의 단위와 부정적 요소인 침식 혹은 파괴의 단위 모두를 갖고 있는 기록이며, 따라서 양자는 동등하게 기록되어야만 한다.

이 장과 전 장에서 층서를 구성하는 몰역사적, 반복적 형태의 여러 단위에 대해 논한 만큼, 제8장과 9장에서는 단면도와 평면도라고 하는 층서 기록의 두 가지 주요한 형태를 살펴보겠다.

8

고고학적 단면도

Archaeological sections

고고학적 단면도란 층서를 이루고 있는 토층을 자르고 내려간 수직 단면을 그린 그림이다. 단면도에는 층의 수직평면의 모습과 층 사이의 다양한 경계면 두 가지가 나타나 있다. 그러므로 단면도란 층의 누중 양상을 보여주고 있다. 경계면이 그려져 있다면 단면도를 통해 유적을 구성하고 있는 층서의 일부를 추정해볼 수 있다. 최근까지도 고고학자들은 층서와 관련된 모든 문제를 해결함에 있어 주로 단면에만 매달려 왔으며, 따라서 단면도 작성은 상당한 공포의 대상이 되었다.

> 단면의 기록은 또한 발굴 책임자와 그의 조수가 직접 작성해야만 하는데, 왜냐하면 이것은 기록 작업에서 가장 주관적이며 어렵지만 동시에 가장 중요한 증거이기 때문이다. 단면을 기록하는 진정으로 객관적인 방법으로는 그 어떤 것도 아직 고안된 바 없는데, 도면 작성에서는 작성된 도면이 얼마나 완전한가 하는 점에 전적으로 매달리고 있으니 왜냐하면 일단 발굴이 끝나면

도면을 검증할 수 없기 때문이다(Alexander 1970: 58).

휠러 학파의 영향으로 단면도는 층서 연구에서 무엇보다 중요하다고 여겨졌지만, 이제 이런 생각은 더 이상 정당하다고 여길 수 없게 되었다. 이러한 점은 전면발굴을 실시한 연구자들이 잘 인식하게 되었으니(예: Barker 1969), 이런 이들은 단면과 평면을 기록하며 적절한 균형을 얻기 위해 노력하였던 것이다. 그런데 이러한 관점의 변화는 평면도와 단면도의 성격 혹은 그런 그림들이 고고층서학에서 갖는 중요성에 대한 비판적 검토와 더불어 이루어진 것이 아니다. 이 장에서는 몇몇 유형의 고고학 연구 초기의 단면도를 단면에 대해 당시 고고학 연구자들의 지배적인 생각과 관련시켜 검토한 다음, 이어 현대적 단면도와 그를 기록하는 방법에 대해 살펴보겠다.

연구 초기의 단면도 Early types of sections

고고학 연구 초기에 만들어진 단면도 중 많은 것들은 무덤의 분구 스케치였다(예: Low 1775: plate XIII; Montelius 1888: fig. 96). 일반적으로 이런 단면도들은 층서를 기록한 것이라기보다 분구와 매장부의 구성을 보여주기 위한 도식으로서, 층서 기록과 대립되는 지형 묘사도였다. 피트리버스와 그의 제자 그레이(H. St. George Gray)가 그린 많은 단면도 역시 이러한 사정에서 벗어날 수 없는데, 두 사람이 남긴 단면도는 종종 고고 퇴적층 아래에 놓인 토층의 지형적 단면을 묘사한 그림이었다(Bradley 1976: 5). 그러한 단면도를 작성하는 제도법은 지질학에서 빌려온 것으로서, 지질학에서는 이 방법이 지금도 사용되고 있다(Gilluly et al. 1960: 89)

지질학이 고고학적 단면도에 끼친 영향은 '주상단면도(columnar sections)'에서도 찾아볼 수 있는데, 이 그림을 그리는 목적은 다음과 같다.

> (주상단면도가 보여주고자 하는 것은) 도면을 축척에 맞추어 작성한다는 전제 하에 도면으로 나타내고자 하는 지역에서의 지층의 누중 관계와 상대적 두께이다. 주상단면도는 주어진 지역에서의 층서에 대한 신속한 검토와 종합적 조망을 제공함과 더불어 다른 지역과의 비교를 가능하게 함을 그 주요 목적으로 삼는다(Grabau 1960: 1118).

주상단면도는 다양한 두께의 조각들이 카드가 쌓여 있듯 하나 위에 다른 것이 쌓여 있음으로써 주어진 지점에서의 층서를 보여주는 긴 수직 밴드의 모습을 하고 있다. 주상단면도 작성은 고고학에 받아들여졌는데, 특히 루키스는 글로써(Lukis 1845: 143), 램버트는 그림으로 주상단면도를 설명하였다(Lambert 1921: fig. 27).

지질층은 분포의 규모가 매우 크며 누중의 양상이 규칙적이기 때문에 주상단면도는 지질학에서 확실히 쓸모가 있다. 그러나 고고학적 층들은 어느 정도 거리를 두고서도 상호 대비가 가능한 경우가 거의 없으며, 일반적으로 매우 제한된 범위에 걸쳐 분포할 뿐이다. 고고층서학에서 주상단면도는 그리 쓸모가 없음에도 불구하고, 그러한 방식으로 층서를 대표적으로 보여줄 수 있다는 생각은 아래에서 보는 바와 같이 널리 받아들여지고 있다.

> 단면도 작성에서는 유적의 층서를 대표할 수 있는 수직 단면을 보여주고 층서의 특징을 확실히 보여줄 수 있도록 특정 지점을 선택해야 한다(Browne 1975: 69).

주어진 어느 한 지점에서 지질층들은 상대적으로 단순한 양상이기 때문에 주상단면도는 거의 예외 없이 그 지역의 층서를 대표할 수 있는 수직 단면을 보여준다. 이러한 단순한 단면에서는 누중의 법칙에 따라 쌓인 지질층들의 물리적 관계와 시간적 관계 사이에는 하나하나 항상 직접적 상관관계가 있는 것이 보통이다. 주상단면도에서는 유적에서 천공으로 시료를 뽑아냈을 때 얻는 것과 같은 단선적 양상으로 층서관계가 항상 나타나게 된다.

발굴에서 그러한 단선적 층서는 한 층이 그 전의 것 위에 차곡차곡 쌓여 있는 작은 구덩이 내부 퇴적층에서 흔히 볼 수 있다. 아마도 이러한 점이 고고학자가 유적 여기저기에 흩어져 있는 상이한 층보다 구덩이 발굴과 거기서 수습된 '구덩이 일괄유물' 분석에 더 관심을 갖게 되는 중요한 이유일 것이다. 그러나 사실 대부분의 고고학 유적을 구성하고 있는 층서는 대다수의 지질학자들을 곤혹스럽게 만드는 다원적 양상이다.

복합유적에서 단면도는 유적을 구성하는 층서의 양상을 대표하는 그림이 될 수 없다. 그런 유적에서 층서를 '대표하는 수직 단면'을 보여줄 수 있는 단면도를 그릴 수 있는 선을 결정하는 것은 표면에 드러나 있는 유구와 그 아래 있는 유구들의 축선이 일치하지 않을 수 있기 때문에 극히 어려운 일이다. 게다가 단면도는 단지 주어진 지점에서의 층서의 물리적 관계만을 기록하는 것이다. 단면도에 그려진 면의 좌우 양쪽에는 그와 다른 관계가 있을 것이며, 단면도는 복잡한 유적의 층서의 구조와 관계에 대한 대표적 모습이 아니라 극히 단순화한 모습을 보여줄 것이다. 예를 들어, 요크시의 바이킹 유적에서는 층서단위가 무려 34,000개 확인되었다(Hall 1984). 집중적으로 점유된 유적에서 복잡한 층서를 대표할 수 있는 단면은 찾기 어려운 일로서, 단면도는 단지 어느 고립된 부분만을 대표하는 그림이 될 것이다.

현재까지도 단면도가 고고학 유적의 층서를 자명하게 보여준다는 생각은 널리 퍼져 있다. 〈그림 7〉은 그런 생각을 잘 말해주는데, 여기서 층서를 구성하는 단위 사이의 층서관계는 그림에서 자명하게 드러나고 있다고 생각해 그런 관계를 언급하는 것은 불필요하다고 여겨졌다. 이것은 구덩이에서 보이는 단선적 단면에서는 사실일 수 있지만, 서 있는 층과 같이 사람이 만든 층서단위들이 유적에서 발견될 때에는 모든 층서관계를 명백히 드러내는 것이 무엇보다도 중요하다. 구덩이 속에 쌓인 층들과 달리 인공적 층과 경계면들은 지질학에서 생각하는 보편적 누중관계에 잘 들어맞지 않으며 따라서 그런 관계를 자명한 사실이라고 볼 수 없다.

〈그림 2〉와 같은 단면도는 휠러가 양차 세계대전 사이의 시기에 개발한 것으로서, 그런 형태로 기록을 한 것이 층서학적 동기에서 출발했다고 하기는 어렵다.

> 이제 층서에 번호를 붙이는 방식에 대해 한마디 하겠다. 땅을 파 내려가며 위에서 아래로 층들에 번호를 붙이는 것은 확실히 필요한 일인데, 가장 후대의 층인 최상층이 제1층이 됨으로써 그렇게 붙인 번호는 대체로 퇴적의 역순이 될 것이다. 다소 비논리적인 이런 절차는 피할 수 없는 일인데, 왜냐하면 단면의 정리가 끝나기를 기다리지 말고 **작은 물건들이 발견될 때마다 그것들에 층 번호를 부여할 필요**가 있기 때문이다(Wheeler 1954: 55; 저자 강조).

환언하자면 층에 번호를 처음으로 붙이기 시작한 것은 층서를 기록하기 위함이 아니라 유물을 기록하기 위한 수단적 측면으로서 더 큰 의의가 있었던 것이다. 유물에 대한 기록에서 중요한 것은 출토위치의 확인으로서, 이를 위해 유물이 발견된 층에 번호를 부여하고 유물에 그 번호를 표기했던 것이다. 층과 경계면을 층서학적 관점에서 기록하는 것은 단면도를 그림으로써 완성되었다고 여겨졌기 때문에, 단면도 이상의 그 무엇을 기록한 사례는 거의 없다. 단선적 층서관계 및 주상단면도에 대한 믿음은 번호의 순서와 퇴적의 순서를 서로 연관시킨 휠러의 생각에서도 찾아볼 수 있다.

단면도의 목적 Purpose of sections

수십 년 전까지 층서의 분석은 층서도 작성과 직접적으로 연관된 일이었다. 즉, 고고학자는 토양 단면에서 다양한 층과 벽체나 구덩이 등의 여러 유구를 구분해내야 했으며, 구분선, 즉 경계면을 인식하고 그리게 되면 층서의 분석은 완료된 것이라고 여겨졌다. 그러나 이러한 생각이 서서히 바뀌게 된 것은 예를 들어 베룰라미움(Verulamiun) 유적처럼 다양하고 복합적인 층서 상황이 발견되는 근대 도시유적의 발굴이 시작되고부터이다(Frere 1958: fig. 3). 그 결과, 유적의 층서를 완벽하게 이해하기 위해서는 발굴구덩이 벽에 남아 있는 단면에만 의존하는 것보다 발굴지역 내에 존재하는 층서 자료를 인식하는 것이 더욱 중요하다는 사실이 궁극적으로 인식되었다(Coles 1972: 202-203). 이러한 발굴지역에서 얻은 층서관계에 대한 정보는 글로 써서 기록으로 남겼던 것이다.

오늘날 런던박물관(Museum of London) 도시고고학부에서 실시하고 있는 것과도 같은 현대적 발굴에서 층서 자료는 미리 인쇄된 양식에 맞추어 기록되고 있다(예: Barker 1977: fig. 46). 그렇게 남겨진 기록은 유적 층서에 대한 일차자료로서 그 중요성이 인식되어야만 하는데, 왜냐하면 양식에 기록된 내용에는 유적의 모든 단면에서 발견된 층서관계뿐만 아니라 단면도가 보여주지 않고 있는 나머지 모든 부분에서 얻은 층서관계도 포함될 것이기 때문이다. 그러한 정보가 유적의 층서단위 하나하나를 정확하게 글로써 기록해준다면, 유적의 층서는 단면도나 다른 자료에 의존하지 않고도 구성해낼 수 있다.

일부 연구자들은 단면도가 더 이상 필요치 않은 낡은 기록수단이라고 주장하기도 하지만, 그러나 단면도는 다른 어떤 수단으로도 만족시킬 수 없는 목적을 이룰 수 있다. 자연적 단면은 '지도가 제공해주는 지형의 2차원 정보에 더해 삼차원 정보'를 제공해준다(Grabau 1960: 1117). 과거에는 고고층서학에서 단면도가 과도하게 강조되었던 것은 사실이지만, 그러한 불균형 때문에 단면도를 없애는 것은 옳은 대응이 아니다. 단면도는 서면기록과 평면도와 같은 다른 층서기록 방법과 더불어 적절히 함께 사용되어야 한다.

단면도의 종류 Types of sections

고고학적 단면도에는 입면도(standing section), 노출면실측도(incidental section) 및 누적단면도(cumulative section)라는 세 가지가 있다. 이 중에서 가장 흔히 사용되는 형태는 첫 번째 **입면도**로서, 이것은 일련의 발굴둑을 남기며 발굴을 실시하는 휠러 학파의 발굴방법과 밀접히 관련되어 있다. 입면도는 발굴과정에서 그림을 그리는 대상이 되는 단면 주변의 층서를 모두 제거한 다음 그리게 된다. 이것은 발굴지역의 맨 가장자리나 발굴둑의 입면을 대상으로 그리거나 혹은 층서와 관련한 어떤 문제를 해결하거나 유구를 잘라보기 위해 수직 발굴을 함으로써 만들어진 단면에서 구하게 된다. 대개의 경우, 발굴둑은 발굴 종료시점까지 그 자리에 남겨두다가 마지막에 입면도를 그리게 된다.

> 이 단계에서 서두르게 되면 전체 발굴은 심각하게 타격을 입을 수 있다. 왜냐하면 주요 시대와 모든 층들의 상호관계에 대한 완전한 해석은 이 시점에서 내려지기 때문이다. 층과 유구를 그려나가며 그 하나하나가 다른 것들과 어떤 관계에 있는지 확립해나갈 수 있는 것이다(Webster 1974: 66).

일부 발굴자들은 층과 층 사이의 경계면은 정의하기 쉽지 않다고 여기고 있는데, 이 문제와 관련해 다음과 같은 조언도 듣게 된다.

> 많은 경우 단면을 상하 뒤바꿔 보면 도움이 된다. 다시 말해 단면을 등 뒤로 하고 몸을 숙여 다리 사이로 쳐다보는 것이다. 익숙하지 않은 이런 자세로 단면을 보면 많은 경우에 정상적으로는 잘 보이지 않는 세부적인 사항을 알 수 있게 된다(Atkinson 1946: 129-30).

일단 판단을 내린 다음, 발굴 책임자는 위에서 아래로 입면도를 그려나간다. 그런데 이런 방법을 채택함에 있어서는 그 파급효과를 생각해야 할 것이다.

우선, 층서와 관계되어 발굴이 성공적으로 이루어졌는가 여부는 전적으로 단면을 어떻게 기록했는가에 달리게 되는데, 따라서 도면은 서두르지 않고 그려야만 한다. 그렇지만 유감스럽게도 도면 작성은 발굴 막바지에 이루어지기 때문에 대개의 경우 그러한 여유는 기대하기 어려울 것이다. 둘째로는 단면이 최후에 이르러서야 기록되기 때문에 발굴 기간 동안 무너져 내리기 쉽다는 문제가 있다. 그럴 경우, 발굴된 퇴적층과 단면에서 관찰된 관계는 서로 상호관련성이 없을 가능성이 크다. 세 번째 문제로서는 단면에 보이지 않는 층은 층서 기록으로 남지 않을 수 있다는 점을 꼽을 수 있겠다.

휠러 학파의 입장에서 격자법으로 실시된 발굴에서 남겨진 발굴둑의 모습을 그린 입면도는 '층서를 해석하는 열쇠'라고 여겨졌다(Kenyon 1961: 95). 그런데 발굴과정에서 발굴단위인 격자 **내부**의 층서를 기록하는 방법은 보잘것이 없어, 발굴된 자료는 단면 기록과 밀접하게 연결시킬 수 없다고 해도 좋다. 단면에 대한 기록이 발굴 막바지에 이루어진다면, 층서기록에서 제거된 부분과 단면에 남아 있는 부분 사이의 차이는 더욱 커지기 마련이다. 잘 알려진 단면도인 〈그림 26〉의 A와 B에서 휠러는 서 있는 구조물의 표면에서 층서를 제거하는 것을 반대한다고 주장하였다. 그러나 휠러가 제창한 격자법 발굴은 격자 내부에서 발굴된 층서를 부적절하게 기록한다는 점과 더불어 그 자신이 반대한 바로 그런 결과를 많은 경우에 가져왔다(그림 26 C). 다시 말

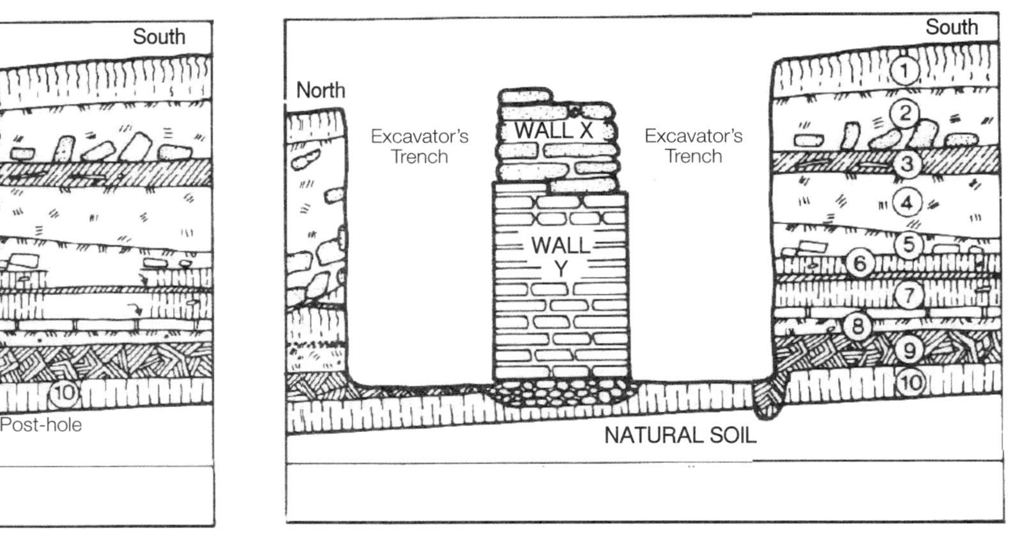

A 전체 단면에서 확인되는 층서와 구조물 사이의 관계

B 발굴 구덩이 내부를 완전히 제거한 결과 A에서 볼 수 있던 관계가 사라졌다.

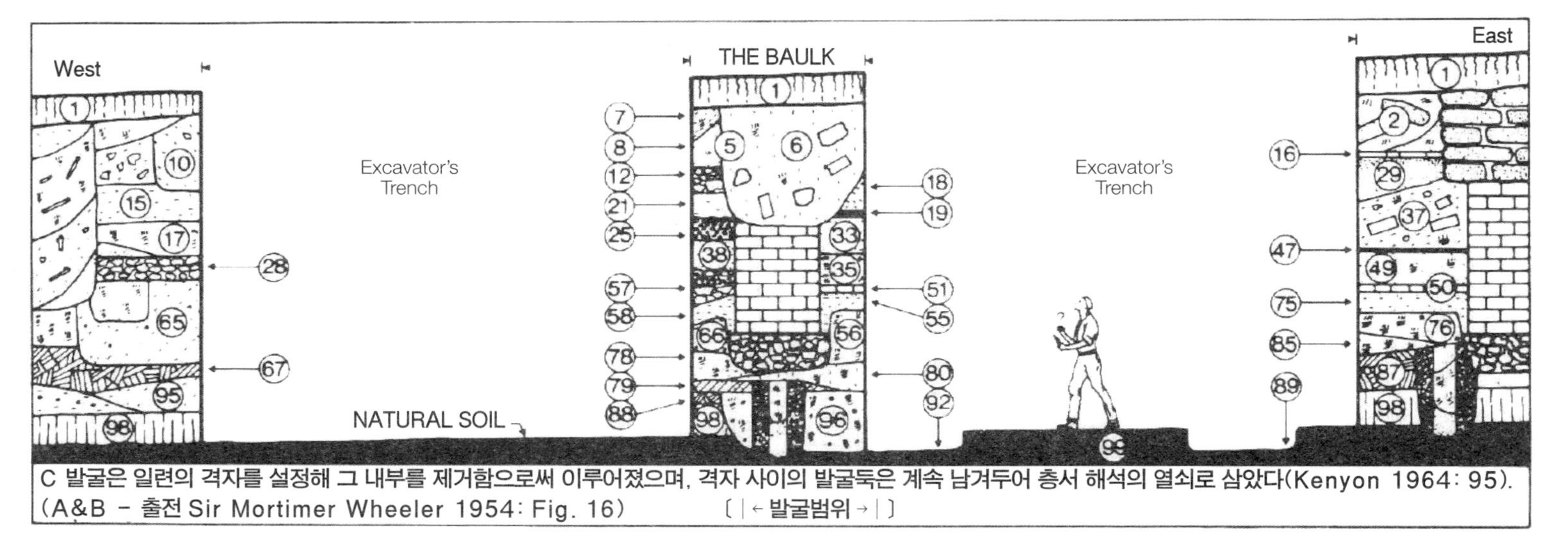

C 발굴은 일련의 격자를 설정해 그 내부를 제거함으로써 이루어졌으며, 격자 사이의 발굴둑은 계속 남겨두어 층서 해석의 열쇠로 삼았다(Kenyon 1964: 95).
(A&B – 출전 Sir Mortimer Wheeler 1954: Fig. 16)　〔|←발굴범위→|〕

그림 26 휠러 학파의 격자법 발굴방식을 사용하는 사람들은 발굴 구덩이 내부의 층서를 제거한 채 발굴둑 단면에만 의존해 유적의 층서학적 역사를 파악하려 하기 때문에 (B)에서 보는 바와 같이 휠러가 언급한 함정에 빠질 수 있다.

해, 발굴된 퇴적층들은 '벽체' 혹은 발굴둑의 층서 자료와 완전한 대비가 가능할 정도로 충분하게 기록되지 않는다는 뜻이다.

노출면실측도는 정식 발굴에 의해 만들어진 단면도가 아니라 건설작업과 같은 굴착 행위 때문에 우연히 노출된 단면을 그린 것이다. 고고학자는 이런 단면을 위에서 아래까지 그 전체를 기록해야 한다. 경우에 따라 유적의 층서 정보는 이것 이상 구할 수 없을 수 있기 때문이다. 발굴이 불가능한 상황에서, 이러한 종류의 단면도는 관찰된 내용이 발굴로 증명된 것이 아니라는 점에서 유보적으로 다루어야 한다. 층서 연구와 관련되어 노출면실측도의 가치는 고고학 단면도 제도과정에 대한 아래 설명에서 보듯 어떻게 단면을 그렸는가에 전적으로 달려있다.

1970년대에 들어와 필립 바커는 유적에서 발굴둑의 입면도를 그리는 대안으로서 누적단면도를 채택하자고 제안하였다. 바커가 제시한 방법은 단면에 있는 층들을 완전하게 발굴한다는 점에서 휠러의 방식과 다르다고 할 수 있다(Wheeler 1954: 91).

> 이 방법에서는 미리 정한 일정한 선까지 발굴을 실시하고 단면을 그리게 된다. 그림을 그린 다음 발굴은 그 선을 넘어 계속 이루어진다. 발굴이 매번 정해진 선까지 이루어질 때마다 단면도를 그리는 것이다. … 이 방법은 하나의 상정된 선을 따라 그린 단면도에 비해 상당히 유리한 점이 있는데 … 이렇게 함으로써 발굴 초기단계에는 보이지 않던 건물이나 성벽 같은 특정한 대형 유구의 단면을 적절히 그릴 수 있도록 조절해나갈 수 있게 된다(Barker 1977: 80).

이 방법은 층서와 관련해 상당히 유리한 점이 있다. 층서 발굴이란 유적의 층들이 쌓인 순서의 역순으로 층들을 제거해나가는 과정이다. 따라서 발굴은 층들의 자연적인 외곽선과 형태를 따라 이루어지며, 그러한 외곽선과 형태는 평면도로 기록하게 된다. 층이 제거되며, 이것들은 하나씩 누적되어 단면도로 만들어진다. 누적단면도를 채택하면, 단면에 기록된 층서적 사실과 평면도에 기록된 내용이 직접적으로 상관관계를 가질 가능성이 커진다. 다른 어떤 방식의 단면 기록방법보다 누적단면도는 현대 고고층서학의 요구를 충족시키고 있다.

무슨 이유 때문이건 유적에 발굴둑을 하나 혹은 둘 남길 필요가 있다면, 발굴의 진행과 더불어 입면도를 누적해 그려나갈 수 있다. 그런 둑은 예를 들어 토양시료 채취를 위해 남겨둘 수 있을 것이다. 과거에는 생각하기를 '발굴에서는 종종 새로운 해석의 문제가 발생하며 그런 문제를 눈으로 볼 수 있는 단면을 통해 풀 수 있어야만 하므로'(Kenyon 1961: 89), 발굴둑은 발굴이 끝날 때까지 필수적으로 유지해야만 했다. 그러나 발굴이 더 깊숙하게 진행되며 둑에 보존된 상부의 층들은 보다 이른 시기의 유구들과 관련성이 점점 줄어들기 마련이기 때문에 이런 주장은 층서학적으로 근거 있는 것이라고 하기 힘들다. 누적단면도를 통해 발굴자는 필요하다면 비록 그림으로나마 살아있는 단면을 언제든지 참조할 수 있게 된다.

고고학 단면도 제작 Drafting archaeological sections

고고학자가 입면도, 노출면실측도, 혹은 누적단면도 중 어떤 것을 이용하건, 각 방법의 층서학적 가치는 단면을 어떤 식으로 그리는가 하는 단면도 작성 과정에 의해 결정된다.

그레엄 웹스터는 고고학 단면도를 그리는 방법에는 사실적으로 묘사하는 방식, 일정한 양식에 맞추어 그리는 방식, 그리고 양자를 절충한 방식이 있다고 하였다(Webster 1974: 136-9). 마지막 절충적 방법은 오늘날에는 관심거리가 되지 못한다.

이 중에서 단면도를 **사실적 묘사**로 그리는 것과 관련해 그는 다음과 같이 말하였다(그림 27).

> 층과 층 사이의 차이는 농담의 변화를 통해 표현해야 한다. … 돌담이나 생토층이 나타난 곳을 제외하고서는 실선은 사용하지 말아야 한다. 이런 방법은 실제로 보이지는 않지만 존재하리라고 발굴자가 생각할 수 있는 층 사이의 분명한 경계를 그리지 않음으로써 사실을 정직하게 보여주는 장점이 있다(Webster 1974: 137).

이러한 유형의 도면 제작에 대해서 수십 년 전에 휠러가 문제를 제기한 이래 고고학에서 논란이 있어 왔다(Wheeler 1954: 59-61). 논란은 고고층서에서의 경계면 인식을 둘러싼 문제라고 할 수 있다. 경계면은 상이한 층의 검토와 경계 획정에서 확정된다. 어느 한 층의 깊이, 길이와 폭에 있어서의 외곽경계선이 말해주는 해당 층의 분포한계가 경계면을 이루는 선이다. 여러 층을 인식할 수 있다는 사실은 층 사이의 경계면을 확정할 수 있다는 뜻이다. 주어진 단면에서 분명하게 나눌 수 있는 층들을 볼 수 없다면, 해당 단면은 경계면을 갖고 있지 않을 수 있다. 그러나 단면에 확실하게 구분할 수 있는 층들이 있다면, 경계면도 또한 갖고 있어야만 한다. 만약 경계면이 없다면, 위 인용문에서 말한 소위 '정직하게 보여주는 장점'이란 층서 판단에서의 무책임함을 완곡히 표현하는 말에 불과할 뿐이다. 이것은 왜냐하면 단면에 드러난 층서의 분석이란 층을 구성하는 토양 성분의 검토이기보다는 경계면을 연구하는 문제이기 때문이다. 만약 발굴자가 단면에서 '분명한 구분'을 전혀 찾을 수 없다면, 층서 발굴을 과연 어떻게 했다는 것인지 의심할 만하다. 이런 경우, 발굴 과정에서 '층과 층의 확실한 구분'을 조금이라도 인지했는지의 여부, 다시 말해 층과 층을 어떻게 구분했으며, 유물 출토지점은 어떻게 판단했고, 또 만약

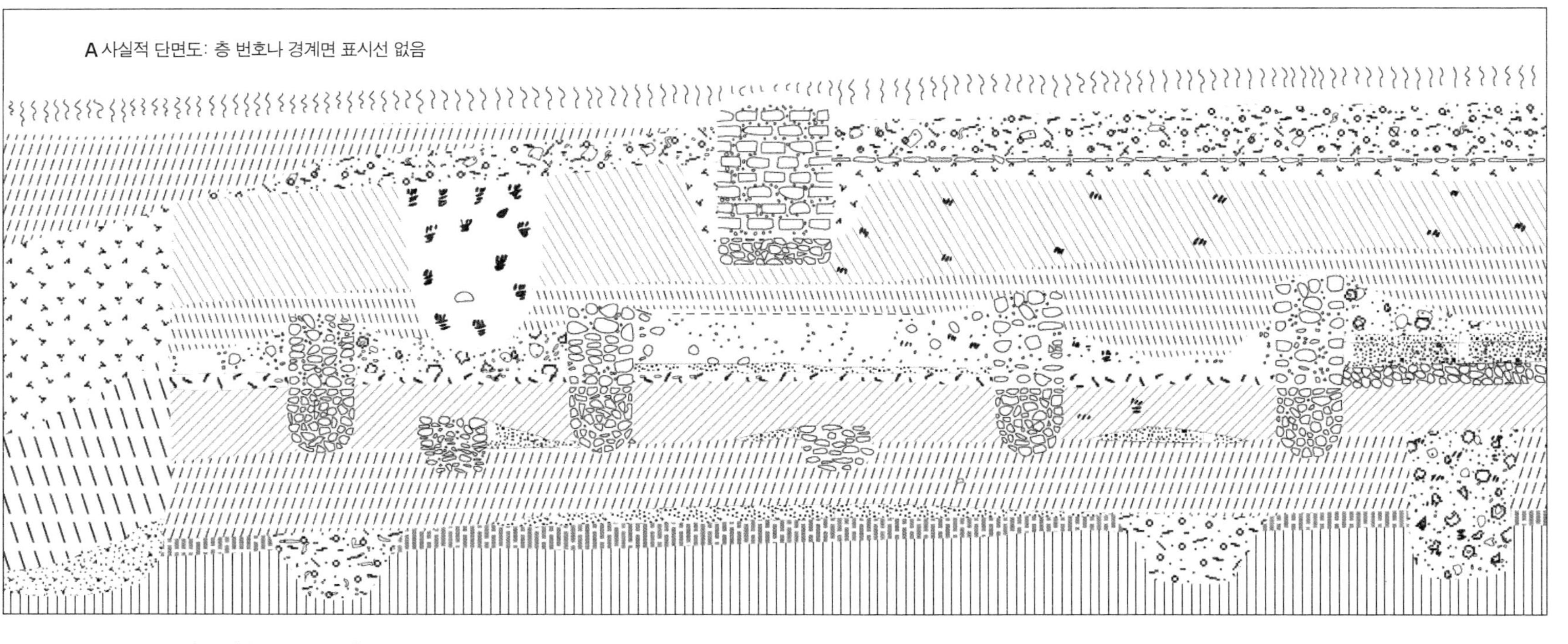

A 사실적 단면도: 층 번호나 경계면 표시선 없음

그림 27 '사실적으로 그린' 단면도의 사례. 경계면 표시선이나 층 번호가 없기 때문에 층서 분석에는 별 쓸모가 없다.

층들을 구분하지 않았다면 그런 층들을 대상으로 층서 발굴은 어떻게 할 수 있었다는 것인가 하는 질문을 던진다고 하등 이상할 것 없는 일이다.

이와 대조되는 방법인 양식적으로 그린 〈그림 28〉과 같은 단면도에는 경계면과 번호를 붙인 층이 함께 나타나 있다(Wheeler 1954: 58). 이 양식적 방법은 경계면을 표시하는 선을 갖고 있기 때문에 '주관적'이 될 수 있다는 위험을 안고 있다고 일컬어지는바, '거기 실제로 무엇이 있었는가에 대한 발굴자의 해석만을 알 수 있을 뿐이다'라고 비판받기도 한다(Webster 1974: 137). 이러한 유보적 판단은 단순히 단면도 작성뿐만 아니라 발굴 및 기록과 관련된 모든 측면에 대해 적용할 수 있다. 그러나 이 방법의 위험성은 어느 개인의 해석에 의존한다는 점에 있는 것이 아니라 고고층서학 훈련을 제대로 받았는가 여부에 있다. 현장에서 발굴자가 구분할 수 있는 사항들은 반드시 기록되어야 하는데, 이 말은 단면도에는 모든 경계면을 보여주는 선들이 포함되어야 한다는 뜻이다.

양식적 단면도에서 그런 선을 그릴 때에는 반드시 유구 경계면을 강조해 표시해야 한다. 과거에는 그러지 않았다. 〈그림 29〉는 〈그림 28〉에서 보이는 유구 경계면들 이외의 다른 모든 경계면들은 생략하고 유구 경계면만을 그린 것이다. 보통의 양식적 단면도에서는 이러한 유구 경계면 층서단위들을 다른 경계면보다 더 굵게 표시함으로써 확인할 수 있다. 앞장에서 설명한 바대로 유구 경계면의 확인은 유적의 층서 기록에서 긴요한 일이다. 유구 경계면을 그리지 못한다면 유적 전체는 물론이려니와 심지어 단면 하나에 대해서도 층서를 완성할 수 없다.

단면도에서 층서를 분석할 때, 노출면실측도, 입면도와 누적단면도 중에서 어떤 유형의 단면도를 그렸는지는 그리 중요하지 않은데, 왜냐하면 어떤 유형을 택하건 모두 양식적 단면도로서 그려질 것이기 때문이다. 또한 어떠한 발굴 전략을 채택했는가도 그리 중요하지 않은데, 왜냐하면 발굴은 단위

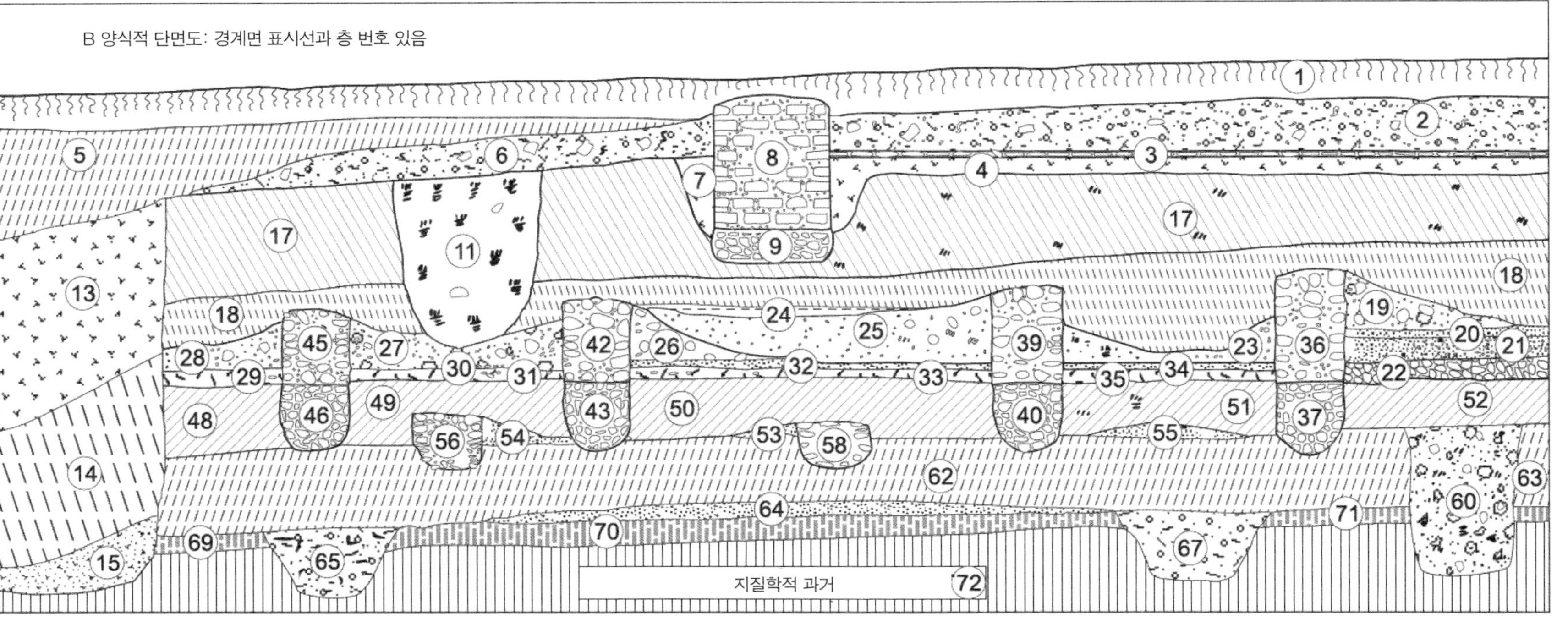

그림 28 '양식적으로 그린' 단면도의 한 예. 경계면 표시선과 층 번호가 나타나 있다. 유구 경계면이 잘 드러나지도 않고 번호로 표시되지도 않기 때문에 도면의 가치는 제한적이다.

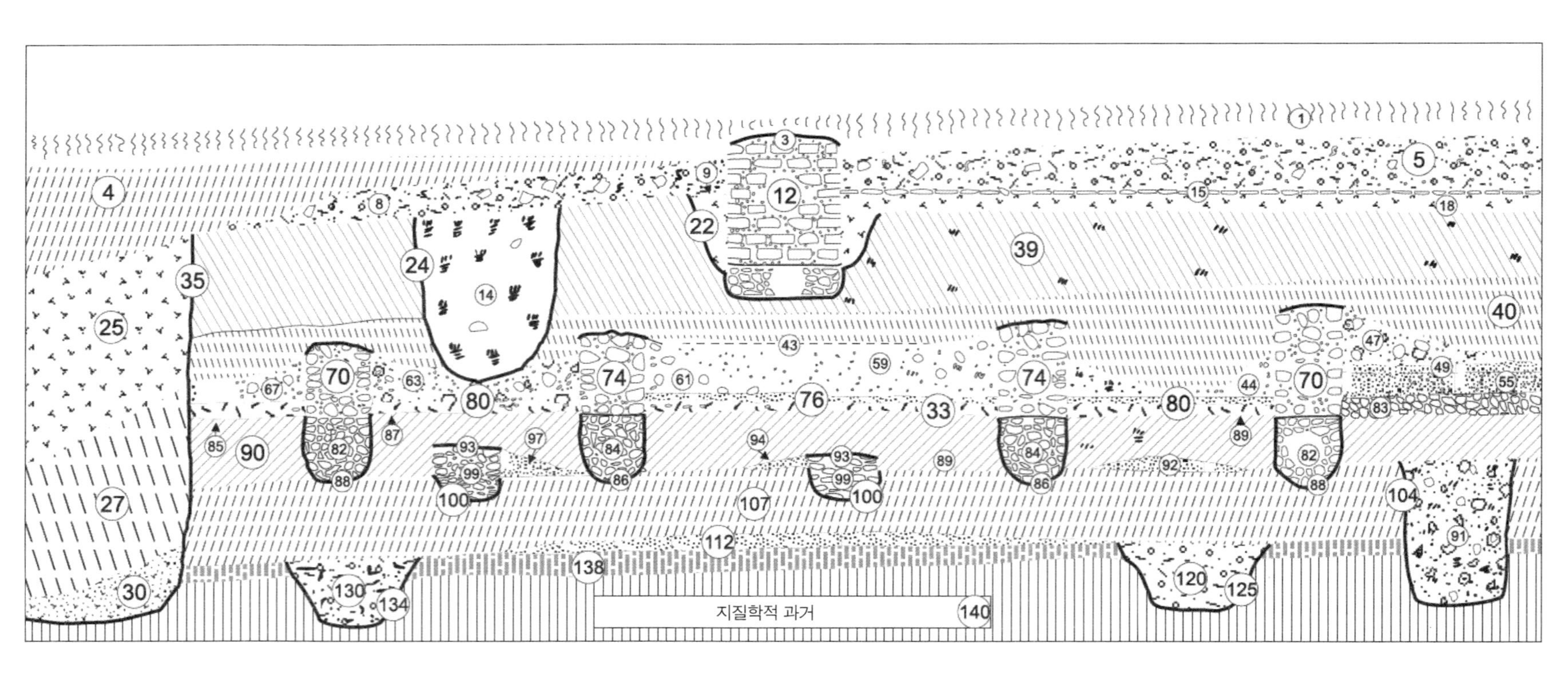

그림 29 이 그림은 〈그림 28〉에서는 표시되지 않은 유구 경계면을 강조해 보여준다.

구역 내에서 층서 발굴로서 이루어질 것이기 때문이다. 이러한 모든 문제와 관련해 고고학자가 어떤 식으로 일을 처리할 것인지는 발굴의 목적에 달려 있다. 단면도를 층서 분석에 이용하는 것에 관심이 없다면 붓과 물감으로 그리건 다른 무엇으로 그리건 아무 것이나 원하는 방식으로 그려도 되겠다. 그러나 단면도를 층서학적 목적을 위해 작성한다면, 경계면 표시선이야말로 가장 중요하다. 왜냐하면 이것들을 분석함으로써 유적의 층서를 이해할 수 있기 때문이다.

고고학에서는 단면도의 중요성이 자못 과도하게 강조되어온 반면, 평면도의 층서학적 가치는 낮게 평가되어 왔다. 다음 장에서는 고고 유적의 층서 정보를 연구함에 있어 평면도와 단면도 사이의 상호보완적 관계를 알기 위해 평면도에 대해 생각해보겠다.

9

고고학적 평면도

Archaeological plans

고고학 연구자들의 관심이 단면도에서 평면도로 옮아가게 된 것은 전면발굴이라는 현대적 발굴 방법이 도입되었기 때문이다. 오늘날 많은 연구자들은 여러 점을 정확하고 엄격하게 표현하는 평면도를 작성하고 있다. 그렇지만 고고학적 평면도의 성격과 층서학적 이용에 대한 관심은 미미한 형편이다. 〈그림 30〉에서 보듯, 평면도를 '양식적으로' 그려야 할지 혹은 '사실적으로' 그려야 할지에 대한 논란은 없었으나, 층서 연구에서 평면도는 단면도만큼 중요하다. '수평적 단면도'라는 잘못된 생각이 퍼져 있는 현실이 말해주듯, 연구자 중에는 심지어 평면도를 단면도의 일종이라고 잘못 알고 있는 경우도 있다(Barker 1977: 156; Hope-Taylor 1977: 32). 단면을 그린 단면도는 수직으로 서 있는 면의 모습을 평면적으로 묘사한 것이 아니다. 이것은 발굴로써 만들어진 수직평면에 나타난 층서를 기록한 그림인 것이다. 이에 대비되는 개념으로서 평면도란 주어진 면의 평면적으로 보이는 모습을 기록한 것이 아니라 층의 표면을 기록한 도면인 것이다.

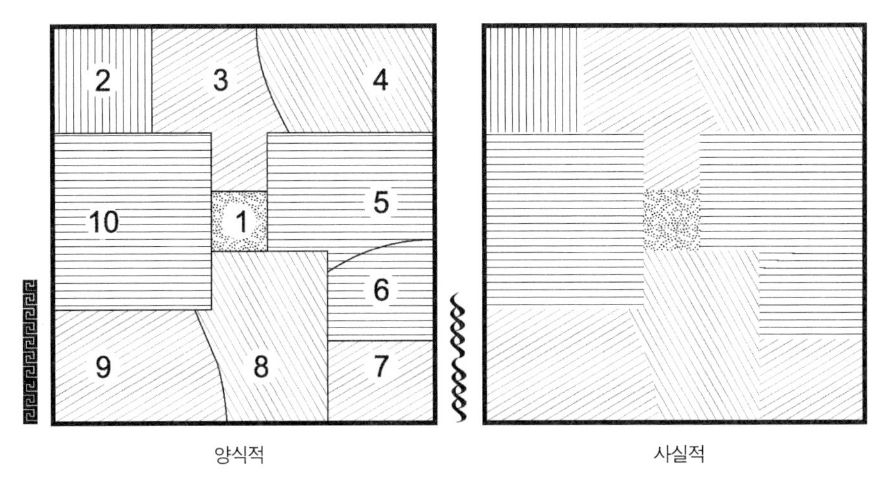

그림 30 단면도의 경우와 마찬가지로(그림 27 및 28 참조), 복합적 평면도에는 외곽경계선(경계면 표시선)이나 층 번호를 표시할 수도, 하지 않을 수도 있다.

고고학적 평면도의 본질에 대한 논란은 없었던 것 같은데, 이것은 왜냐하면 연구자들이 유적을 발굴하며 지형보다는 순서나 편년과 관련된 증거에 훨씬 더 많은 관심을 갖고 있기 때문일 것이다. 단면도는 층서단위의 외곽경계선만을 보여주지만, 평면도는 외곽경계선과 표면외곽선을 모두 보여줄 수 있는 도면이다. 단면도는 각 층서단위의 외곽경계선의 전체 모습을 보여준다. 따라서 단위 사이의 층서관계는 그러한 경계면의 분석을 통해 분명히 알 수 있다. 그러나 평면도에 외곽경계선의 전모가 나타나는 층은 가장 늦게 퇴적되었으며 중첩되지 않은 것들뿐이다. 층이 겹쳐 있기 때문에 보다 일찍 쌓인 층들은 평면도를 그리고자 하는 표면에 단지 부분적으로만 나타난다. 외곽경계선이 불완전하게 나타나기 때문에 복합적 평면도에 기록된 층들 사이의 층서관계는 판단하기 어렵거나 불가능하다.

평면도는 고고학 자료의 길이와 폭을 기록하지만, 단면도는 그 폭을 기록한다. 표면에는 두께라는 것이 없다. 그러므로 평면도는 경계면의 기록이라고 볼 수 있다. 하나의 평면은 해당 표면의 일부를 구성하는 최후의 층서단위의 연대에 해당하는 단 하나의 연대를 갖고 있다. 평면도는 층서를 말해주지 않는데, 왜냐하면 하나의 평면도는 단 하나의 경계면을 기록한 것일 뿐이기 때문이다. 이와 대조적으로 단면도는 유적의 시간적 깊이를 말해준다. 단면도는 꼬리를 물고 이어진 일련의 층과 유구 경계면이 형성된 순서를 보여준다. 단면도에 그려진 하나하나의 경계면은 평면도를 그릴 수 있는 잠재적 기준면이 된다. 단면도와 평면도는 상호보완적으로서, 평면도는 한 시점에 유적이 어떤 모습인지 보여주며, 단면도는 시간의 흐름에 따른 수직적 변화의 모습을 말해준다. 굳이 다시 말해 평면도는 유적의 길이와 폭을, 단면도는 그 깊이를 기록하는데, 이 세 차원은 층서에 의해 서로 짜여져 유적의 제4차원, 즉 시간의 흐름에 따른 변화를 보여주게 된다.

복잡유구평면도 Multiple feature plan

고고학 평면도의 종류에는 복잡유구평면도, 복합평면도 및 단일층평면도가 있다. **복잡유구평면도**는 평면도라기보다는 주어진 유적에서 발견된 모든 시기의 모든 유구경계면의 인덱스에 가깝다고 할 수 있다. 〈그림 31〉은 수년에 걸쳐 포트체스터성(Portchester Castle)에서 이루어진 발굴에서 발견된 모든 수직적 유구경계면을 보여준다. 유적에서 발견된 모든 벽체의 모습을 그린 평면도의 사례는 이외에도 많이 있다(예: Hurst 1969: fig. 2). 발굴에서 발견된 그러한 유구에 대한 모든 정보의 평면적 모습을 그린 다음, 연구자는 상이한 시기에 해당하는 유구들을 따로 모은 특정 시기의 평면도를 여럿 작성하는 경우가 흔히 있다.

이러한 방식은 확실히 나름대로 장점이 있지만, 복잡유구평면도는 유적이 존재했던 어느 한 시기에도 존재하지 않았던 복합적인 이미지를 보여주는

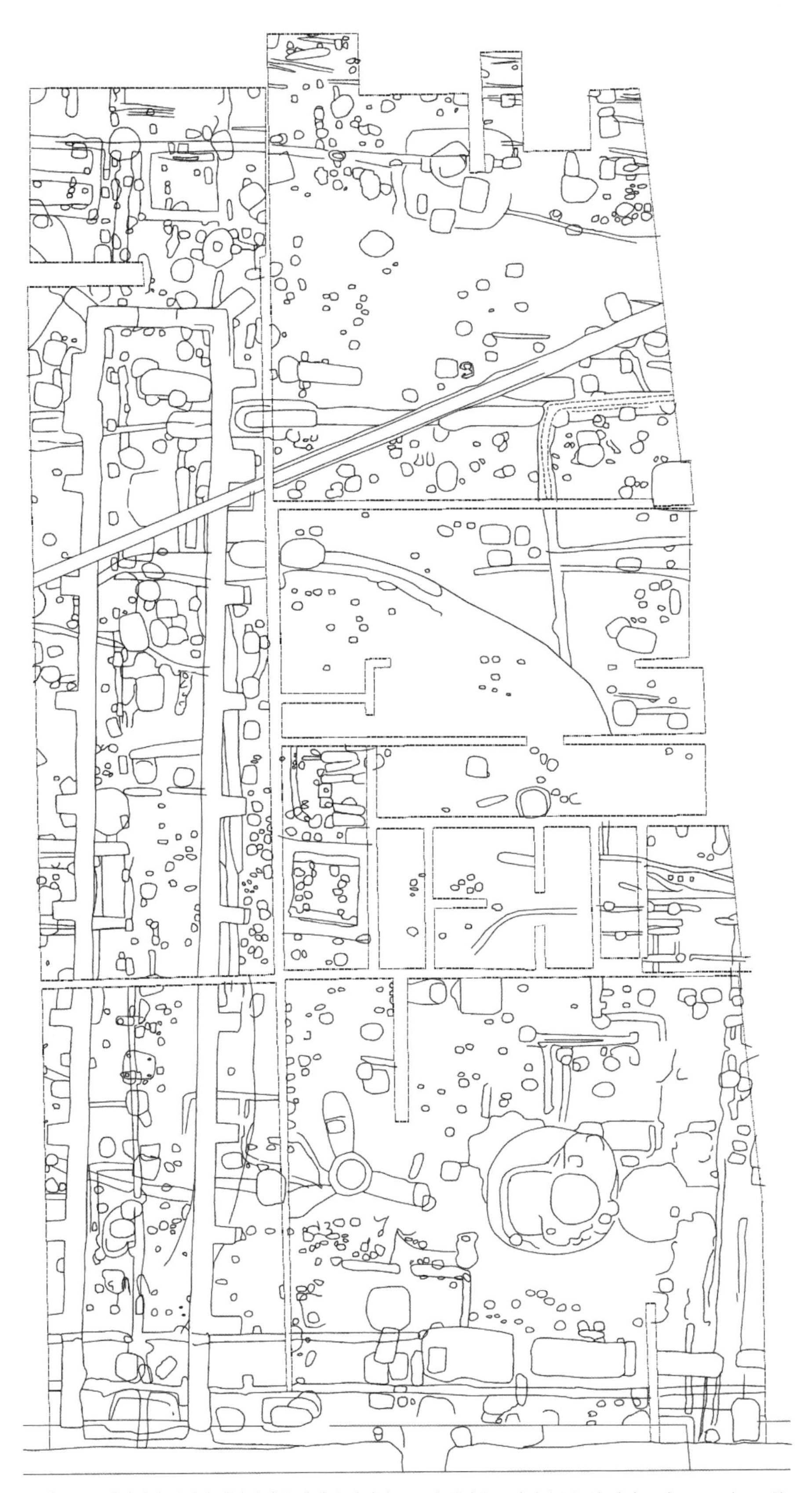

그림 31 문화단계나 시기와 상관없이 유적에서 발견된 모든 수직적 유구경계면들을 한 장의 도면으로 그린 고고학 평면도의 보편적 사례(출전: Cunliffe 1976: fig.4; 자료제공 The Society of Antiquaries of London).

셈이다. 또 그러한 복잡한 양상은 발굴과정에서 알 수 있는 것은 아닌데, 왜냐하면 많은 유구들이 발굴과정에서 제거되어 나가기 때문이다. 복잡유구평면도는 모든 유구가 기반암을 파서 만들어졌거나 유구들을 층이 덮고 있지 않다면 유용할 것이다. 이때는 표토를 모두 벗겨낸 다음, 노출된 모든 유구를 한꺼번에 도면에 옮길 수 있을 것이다. 그러나 복잡유구평면도를 작성한 유적들 중에서 많은 수는 이렇지 않으며, 유구와 벽체와 층들이 복합적으로 층서를 이루고 있다.

복잡유구평면도는 단지 복합유적에서 모든 층의 평면을 무시했을 때에만 작성할 수 있다. 그러므로 이것은 층서학과는 거리가 먼 것인데, 왜냐하면 유구 그 자체가 형성되기 이전과 이후의 층서를 무시해야만 작성할 수 있기 때문이다. 이러한 유형의 평면도가 보여주고 있는 매우 강도 높은 유구의 중첩 양상은 사실을 호도하는데, 왜냐하면 이런 그림은 유구 중첩의 정도를 정확히 보여주지 않기 때문이다. 예를 들어 후대의 유구나 벽이 다른 것 위에 중첩되어 있을 때, 이러한 유형의 평면도에서 후대의 것이 전자를 파괴한 것인지 혹은 아무런 직접적인 층서관계도 없이 그저 그 위에 놓여 있을 뿐인지 판단하는 것이 불가능하다.

아마도 복잡유구평면도는 층서에 대한 일차적 기록이라고는 결코 여겨지지 않을 것이며, 따라서 층서학적 의미가 큰 문제거리는 아니다. 그렇지만 다른 모든 종류의 고고학적 평면도와 더불어, 이 평면도에 어떤 유형의 증거를 그려야 하는지에 대한 지침이 있어야 할텐데, 복잡유구평면도는 실제 고고자료를 말해주는 증거들이 왜곡되지 않도록 모식도 형태로서 작성되어야 옳을 것이다. 예를 들어 건물이 놓인 방향의 변화를 보여주려고 복잡유구평면도를 작성한다면, 실제 벽체들의 모습을 그대로 그리기보다는 건물 형태를 사각 도형으로써 그리든지 해야 옳을 것이다.

복합평면도 Composite plans

복합평면도는 하나 이상의 층서단위로 구성된 표면을 기록한 도면이다. 이런 도면은 오래전부터 작성되었으며, 대부분의 고고학적 평면도가 이런 모습이다. 이것은 또 발굴과정에서 표면을 기록하는 주요한 방법으로서, 특히 전면 발굴이 도입된 다음부터 그렇게 되었다. 아래 설명은 복합평면도의 한 종류에 대해 말하고 있다.

> 실제에 있어, 평면도는 발굴된 표면 전체의 모습을 보여주어야만 하며, 발굴 지역 어떤 부분에 대해서도 모종의 부호를 사용해 도면을 작성해서는 안 된다. 일견 아무런 유구도 없는 땅 표면 그 자체도 땅 표면이라는 유구로서, 도면은 그 범위를 보여줄 수 있고 또 보여주어야만 한다(Biddle and Kjølbye-Biddle 1969: 213).

위 문장의 저자들은 복합평면도는 발굴에서 중요한 표면이 발견되었을 때 그리는 것으로 보았다. 따라서 그런 중요한 표면을 유적에서 찾을 수 없다면 복합평면도는 그릴 수 없는 것이겠다.

〈그림 32〉에서 짐작할 수 있듯, 복합평면도 작성은 참을성을 요구하는 작업이다. 땅 파기를 장시간 멈추지 않는다면 이런 세밀한 평면도는 쉽게 그릴 수 없을 것이다. 그렇지만 〈그림 32〉와 같은 복합평면도를 꼭 그려야만 하는 경우도 많이 있다(예: Barker 1975).

〈그림 33〉은 또 다른 유형의 복합평면도의 사례이다. 이 유적은 파푸아뉴기니아 고원지대에서 1970년대 말에 오스트레일리아국립대학 조사단이 발굴한 주거유적이다. 유적이 마지막으로 점유되었던 것은 아마 채 200년이 되지 않았을 것이다. 지표면에는 주거지 하나를 감싸고 있는 도랑과 유적 주위에 만들어진 주구가 주요 유구로서 남아 있었다. 유구들은 언덕의 점토 생토

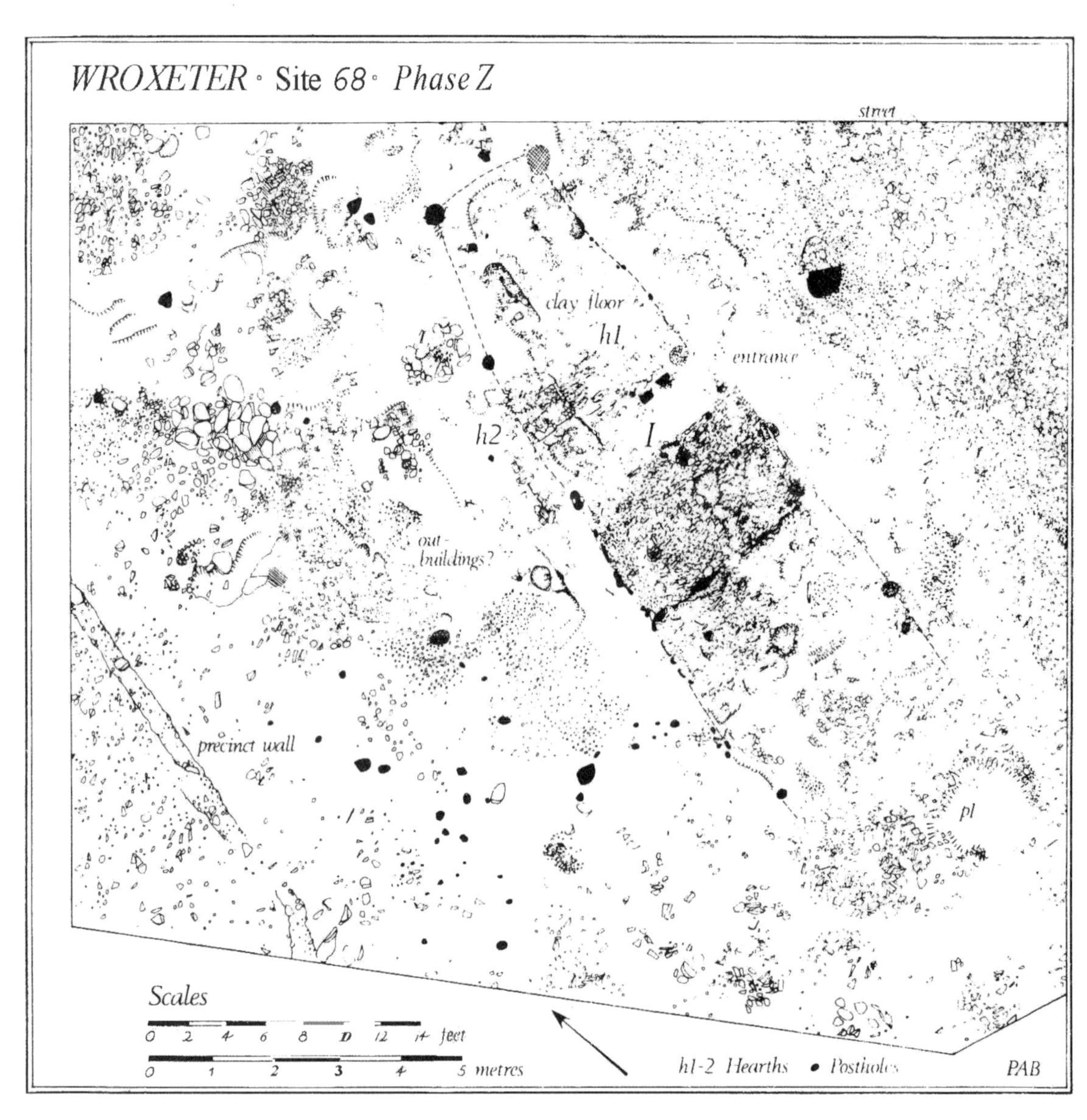

그림 32 발굴된 유적의 표면 전부를 한 장의 도면에 기록한 사례. 이상적으로 이러한 평면도는 유적의 역사에서 하나의 중요한 시기를 대변하는 것이어야 한다. 그러나 이것은 발굴 중에 단지 어쩌다 이룰 수 있는 목표로서, 대개의 경우 유물에 대한 분석 결과를 기다려야만 한다.

층 위에 쌓인 한 층의 부식토를 파고 들어간 상태였다. 〈그림 33〉의 평면도는 다른 층들과 겹치지 않는 한 주요 표면 혹은 시기의 전면을 보여주는 그림으로서, 이것을 몇 개로 나눈다거나 이로부터 다른 여러 장의 평면도를 만들

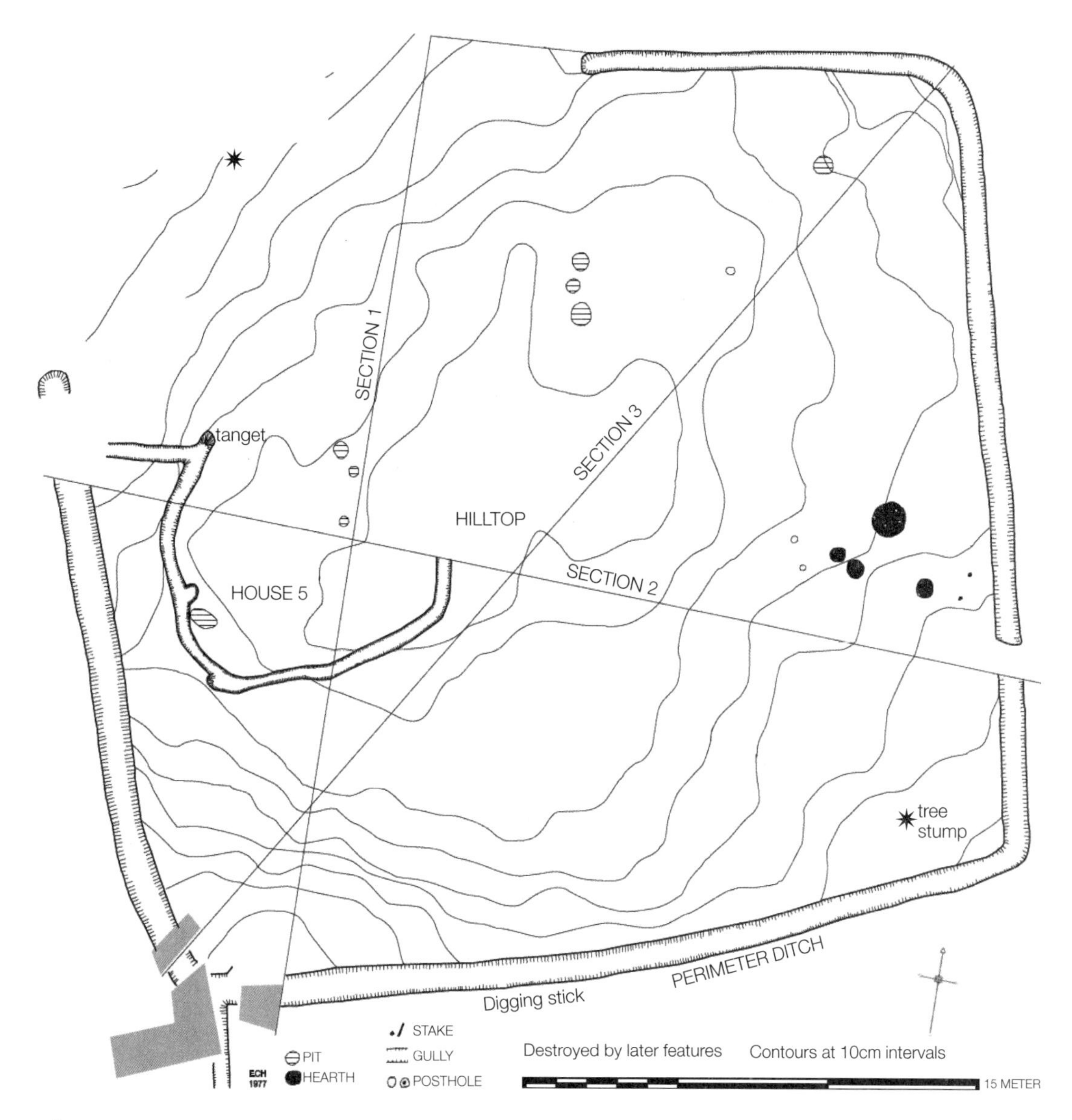

그림 33 하나의 표면만으로 구성된 유적에서 단지 소수의 유구와 외곽선으로 작성된 복합평면도.

수는 없다. 이 그림에는 단지 한 시기의 수직적 유구경계면과 더불어 생토 위에 쌓인 부식토라는 단 하나의 수평적 층 경계면만이 포함되어 있을 뿐이다.

그러나 많은 경우 복합평면도에는 다수의 층서단위가 포함되어 있으며,

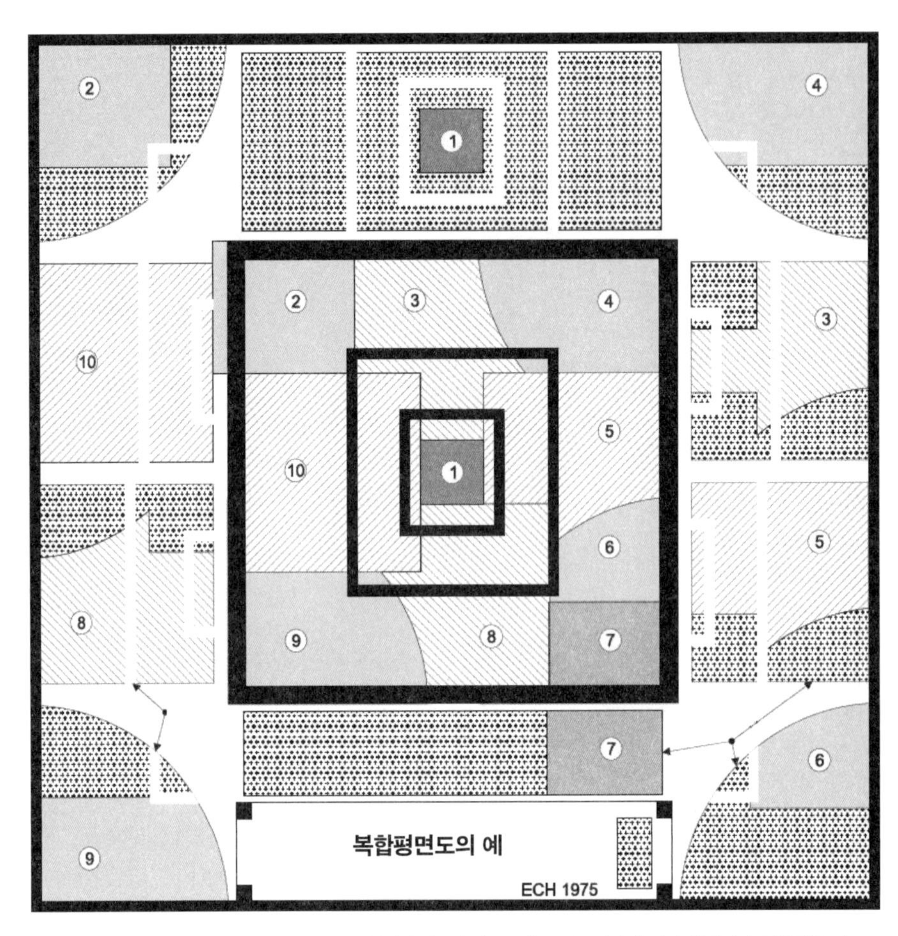

그림 34 도면 중앙 네모 속의 그림은 건물의 복합평면도이며, 그 밖으로는 실제 층서단위 전체가 펼쳐졌을 때 각각 어떤 모습인지 보여주고 있다. 층의 중첩으로 인해 각 단위와 관련된 증거의 전모는 복합평면도에 기록되지 않았음을 볼 수 있다.

그런 단위 중 많은 것들은 평면도가 보여주고자 하는 시기보다 이른 시기에 만들어진 것들이다. 층의 중복을 가져오는 층서형성과정 때문에 대부분의 단위는 단지 표면의 일부분만이 주요 시기의 평면에 나타나게 된다. '발굴된 표면 전체의 그림'인, 복합평면도는 하부 층서단위 중에서 표면에 드러난 부분만이 기록될 것이다.

이러한 상황의 층서학적 문제는 〈그림 34〉에서 볼 수 있다. 이 그림은 방이 두 개인 작은 건물의 이상적 복합평면도인데, 건물 벽의 기초는 그 아래에 있는 층서단위 1-10을 파고 들어갔을 때를 가정한다. 10개의 층서단위 중에서 1이 가장 이르고 10이 가장 늦은 시기이며, 2-9는 차례대로 쌓였다. 그림에서 보듯, 복합평면도는 다른 층 아래에 부분적으로 묻혀 있는 층서단위들을 단지 부분적으로만 기록한다는 문제를 안고 있다. 만약 단위 10과 3을 단위 2로부터 벗겨낸다면, 단위 2는 단지 그 절반만이 평면도에 기록되었음을 알 수 있을 것이며, 단위 10의 경우에는 표면의 10% 정도만이 나타나 있다. 만약 발굴자가 복합평면도를 작성할 때에 '중요 표면'이 무엇인지 판단을 제대로 하지 못한다면, 다른 무엇을 해볼 여지는 사라진다.

복합평면도는 층서단위의 표면을 기록하는 하나의 선택적 방법이다. 도면 작성에는 많은 시간이 필요하기 때문에, 복합평면도는 시간을 두고 띄엄띄엄 작성할 수밖에 없다. 복합평면도로써 남겨진 표면에 나타나지 않는 층과 유구가 다른 평면도에도 기록되지 않는다면, 이런 층과 유구의 층서 증거는 상당부분 잃어버리게 될 것이다. 게다가 복합평면도에 남겨진 층서단위라고 해도 많은 경우 그 기록은 단지 부분적인 내용에 그칠 것이다.

복합평면도는 다음과 같은 가정에 기초하고 있다. 즉, 첫째로 발굴과정과 발견자료 분석 이전에 이미 모든 중요 표면을 인식할 수 있으며, 둘째, 이때 중요 표면이란 생활면, 벽, 거리 및 평범한 퇴적층이 아니라 분명한 특성이 있고 일정한 범위에 걸쳐 있는 퇴적층 등과 같은 쉽게 알아차릴 수 있는 증거의 발견을 의미하며, 셋째, 주요 시기에 속하는 퇴적단위들만이 평면도에 기록으로 남길 가치가 있다고 하는 가정이다. 복합평면도가 중요 표면을 기록한다고 여겨지고 있기 때문에, 도면 작성은 유적의 최후단계 혹은 시기를 대상으로 이루어지는 경향이 있으며, 또 그런 도면은 그대로 출간되곤 한다. 〈그림 33〉과 같은 상황에서는 그렇게 일을 진행해도 반대할 수 없다. 그러나 층서와 지형에 대해 풍부한 자료가 있는 복합유적의 경우에 복합평면도를 일차적 기록으로 사용하는 것은 유적의 시대적 성격에 대한 선입견적 판단을 내리는 것이기 때문에 바람직하지 못한 일로서, 마땅히 지양해야 한다.

복합평면도는 '단면도에서 흔히 볼 수 있는 정도로 자세하고 민감해야 한다'는 의견이 있는데(Biddle and Kjrolbye-Biddle 1969: 213), 이 말은 아마도 그림에 표시된 모든 층서단위에 대해 층 번호와 외곽경계선을 도면에 기록해야 한다는 뜻일 것이다. 그렇지만 출판된 보고를 보자면 복합평면도에 실제로 이런 기록이 있는 경우는 찾아보기 어려우며, 특히 발굴단위의 외곽경계선은 찾아보기 어렵다. 바커는 유적 표면에서 층과 유구의 외곽경계선을 판정하는 것이 쉽지 않은 경우가 종종 있다고 하였다(Barker 1977: 148). 만약 이렇게 발굴자가 층서단위의 경계를 판정할 수 없다면, 층서 발굴이란 가능한 것일까?

파괴 경계면의 평면도 작성 Planning of interfaces of destruction

복합평면도와 관련된 또 다른 문제는 평면에는 보이지만 단면에는 잘 보이지 않는 층서와 관련된 부정적 증거인 파괴 경계면과 관계된다. 예를 들어 어느 로마시대 건물에 대한 복합평면도가 작성되었다고 생각해보자. 건물 평면의 대부분이 후대에 판 구덩이로 파괴되었다면, 파괴된 부분은 해당 시기의 부정적 증거, 즉 해당 시기 혹은 해당 시기에 속하는 개별적 층서단위의 파괴 경계면이 된다. 이 부정적 증거는 벽이나 층, 유구경계면 같이 고고학 자료로 살아남은 것들만큼 중요한데, 왜냐하면 이것은 그러한 가시적 층서 증거들의 공간적 범위를 말해주기 때문이다. 극소수의 경우를 제외하면, 이 부정적 증거는 복합평면도 상에서 찾을 수 없거나 혹은 혼동하기 쉽게 표시되고 있다. 고고학자들은 흔히 파괴 경계면을 여러 형태의 점선으로 그림으로써 자신들이 생각하고 있는 건물이나 유구의 원래 범위를 평면에 표시하곤 한다. 이러한 관행은 실제로 살아남은 층서상의 증거와 발굴자의 가정을 혼동하게끔 만들며, 누구에게도 도움이 되지 않는다.

유적에 파괴 경계면이 존재한다면, 이것은 콜체스터에 있는 어느 유적의 연속된 두 시기에 대한 도면인 〈그림 35〉와 〈그림 36〉에서 보는 바와 같이 기록되어야 한다(Crummy 1977). 각각의 수직적 유구경계면은 그 외곽경계선을 짙은 선으로 뚜렷이 표시함으로써 한 차례만 나타나도록 그려져야 하겠다. 이러한 유구들이 앞선 시기의 층을 파고 들어가 만들어졌다면, 앞선 시기의 평면도에서는 단지 파괴 경계면으로서만 나타나게 될 것이며 해당 부위를 명암을 달리한다거나 빗금을 긋는 방식으로 표시할 수 있을 것이다. 그 반대로 뒤 시기의 층들이 이를 덮고 있다면 그것은 채워진 구덩이로 나타나거나 혹은 보이지 않을 것이다.

보다 후대의 평면도인 〈그림 35〉에서, 평면도의 시기에 해당하는 F316과 F314 유구는 외곽경계선을 표시한 유구로서 표시되었다. 그 앞 시기에 해당하는 〈그림 36〉에서는 이것들이 파괴 경계면으로 그려져 있다. 또 이 그림에서 F313은 앞 시기의 그림에는 유구로 표시되어 있지만, 뒤 시기의 그림에는 전혀 나타나지 않는다. 이 유구는 앞 시기에 사용되었지만 뒤 시기의 평면이 갖추어질 즈음에는 퇴적층에 덮이게 되었던 것이 확실하다. 그런데, 이 중요한 사례에서는 몇 가지 앞뒤가 맞지 않는 점을 찾을 수 있다. 예를 들어 두 그림의 위 오른쪽에 모두 보이는 F202 유구는 도굴갱이라고 하였는데(Crummy 1971: 71), 그렇다면 이것은 두 그림에서 파괴 경계면으로 표시되어야만 한다. 하지만 도면에서 이것은 두 시기 모두에 속하는 유구라고 나타나 있는바, 이는 층서적으로 불가능한 일이다.

파괴 경계면이 들어가 있는 복합평면도는 층서를 이해함에 매우 효과적이다. 하나의 그림에 이어 다음 그림으로 넘어가며 유구가 연속적으로 어떻

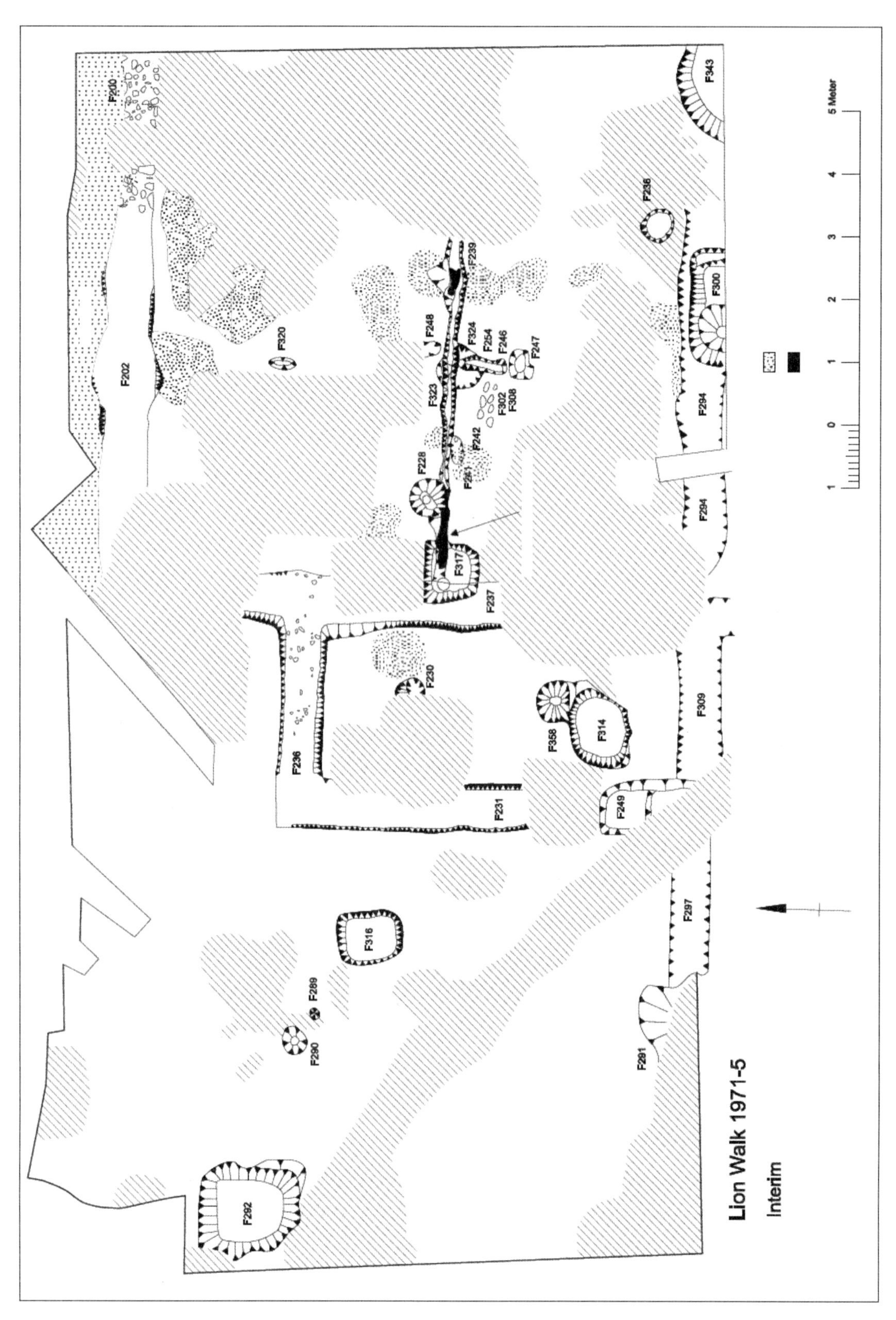

그림 35 이 도면은 〈그림 36〉이 보여주는 시기보다 뒤 시기의 평면도로서 살아남은 층서적 증거와 부정적 증거, 즉 빗금으로 표시한 파괴 경계면이 표시되어 있다. 예를 들어, 아래쪽 가운데에 있는 F314 유구는 이른 시기의 평면을 파괴한 파괴 경계면으로서 〈그림 36〉에 보이고 있다(출전: Crummy 1977: fig. 8; 자료제공 저자).

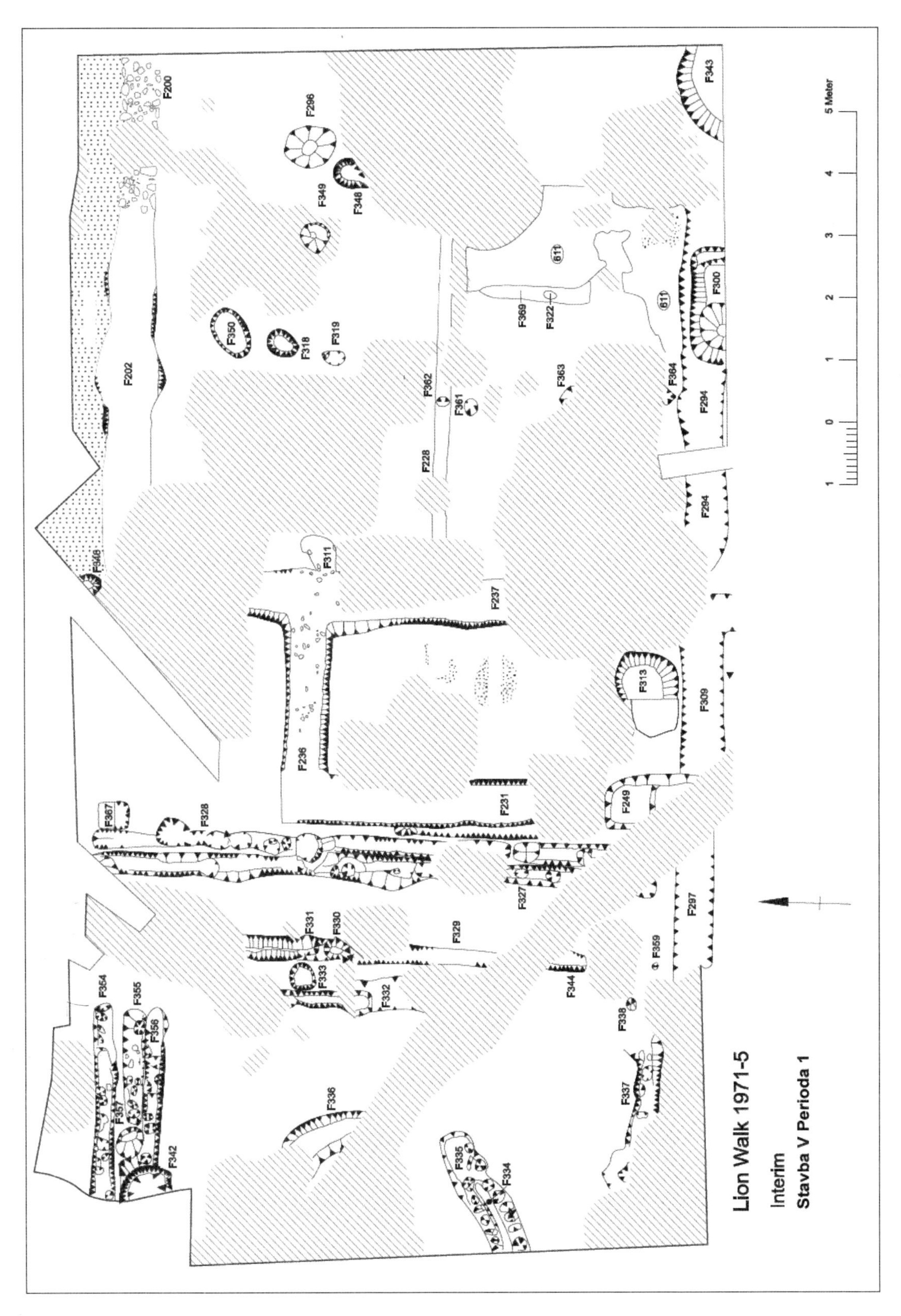

그림 36 이 복합평면도는 라이온워크(Lion Walk) 유적에서 〈그림 35〉 직전 시기의 모습을 보여준다. 예를 들어 F313 유구는 이후 층서형성 과정에서 묻혀버렸기 때문에 후대의 평면에서는 보이지 않는다(출전: Crummy 1977: fig. 4; 자료제공 저자).

게 변하는지 보여주는 한 줄의 필름과도 같이 볼 수 있기 때문이다. 이런 종류의 복합평면도를 유적에서 발견된 모든 경계면에 대해 만든다. 즉, 층서단위 하나하나마다 이런 도면을 한 장씩 만든다고 가정해보자. 그리고 그렇게 만들어진 엄청난 수의 평면도를 차곡차곡 쌓은 다음, 그 속을 차례로 하나씩 관통해 훑어볼 수 있다고 상상해보자. 그렇다면 우리는 유적 층서의 완벽한 동영상을 보게 될 것이다.

복합평면도는 발굴 보고서에서 각 시기의 평면을 보여주기 위해 채택되어야 하는 도면이다. 이런 도면은 선택된 특정 시기의 기록으로서만 제작되어서는 안 되는데, 왜냐하면 유적에 무슨 시기가 존재하는지는 퇴적층에서 발견된 유물의 분석을 참조하며 판정해야 하기 때문이다. 층서학적 관점에서 복합평면도는 많은 유적에서 쓸모없는 기록방식일 수 있는데, 왜냐하면 완성된 도면을 뒤에 다시 분석하거나 새로 그릴 수 없기 때문이다. 따라서 현대적인 층서학의 요구조건을 만족시키는 유일한 방법은 단일층평면도뿐이라고 보인다.

이러한 판단은 〈그림 37〉을 통해 더욱 강조할 수 있다. 그림에서 A와 B 선을 왼쪽에서 오른쪽으로 따라가 마지막에 다다르는 '층서기록종합'에서 양자는 결국 같아진다. 이것은 왜냐하면 발굴방식으로서 전면발굴과 격자법은 평면을 선택해 그리는 복합평면도를 채택하기 때문에 결과에 있어 별 차이가 없기 때문이다. 발굴이 끝난 다음 발굴자는 윗면과 옆면에 단면이나 복합평면이 그려진 일련의 '기록 육면체'를 갖게 된다. 각 육면체 내부에는 단면에 대한 정보는 기록될 수 있겠지만 평면에는 층서와 관련된 구체적 정보가 거의 아무것도 기록되지 않을 가능성이 높다. 이러한 비관적 정황을 개선할 수 있는 유일한 길은 단일층평면도를 채택하는 것인데, 왜냐하면 아무리 많은 단면도나 복합평면도를 그리더라도 자세한 층서 정보를 놓치지 않고 적절히 기록하는 것은 불가능하기 때문이다. '층서를 이해할 수 있는 열쇠'는 단면도

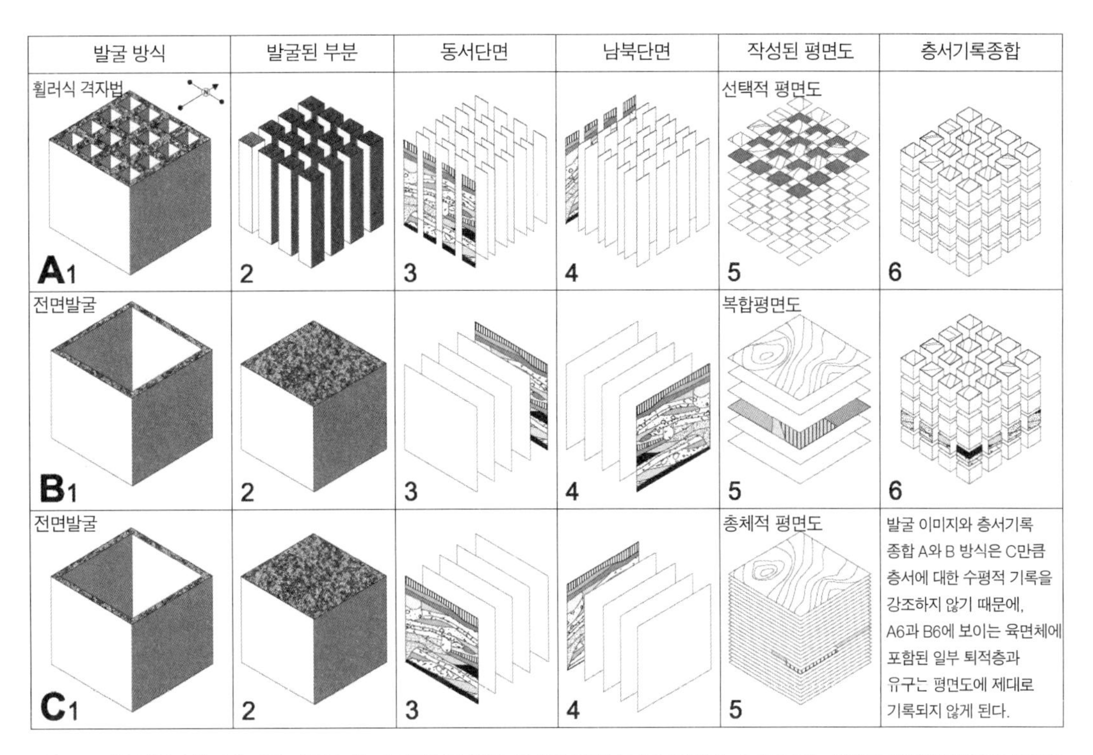

그림 37 발굴 방식의 차이에 따라 만들어지는 층서기록의 종류. 최상의 결과를 얻기 위해서는 C에서 보는 것처럼 전면발굴 방법을 단면도 및 단일층평면도 작성과 결합해 사용해야 한다.

나 복합평면도가 아니라 유적을 구성하는 층서단위 하나하나마다 그 평면의 여러 면모를 기록하는 데 있게 될 것이다.

단일층평면도 Single-layer plans

만약 유적에서 발견된 모든 층서단위가 동등한 가치가 있다면, 하나하나의 단위는 평면도로 기록되어야 하며 가능하다면 단면도에도 기록되어야 한다. 발굴이 완료된 다음에는 그렇게 만든 모든 층서단위의 평면도에서 유적의 어떤 시기에 대해서도 언제든지 일련의 복합평면도를 만들어볼 수 있을 것이다. 우리가 그렇게 함으로써 살아남은 층서 자료를 제대로 대접할 수 있을텐데, 이러한 작업에서 가장 중요한 요소는 단일층평면도이다.

단일층평면도는 각 층서단위의 지형적 흔적을 기록하기 위해서는 반드시 작성해야 하는 최소한의 도면이다. 이것을 만드는 방법은 매우 간단한데, 〈그림 38〉에서 보듯 조사자에게 인쇄된 양식을 나누어준 다음, 매 장마다 단 하나씩 층서단위를 기록하면 되는 것이다. 기록은 핵심적 사항만을 대상으로 하면 되고 구체적이며 자세한 내용을 기록할 필요는 없다. 핵심적 사항이란 위치 좌표, 층이나 유구의 외곽경계선 및 고도를 말한다. 고도는 편의를 위해 평면도에 직접 적으면 된다. 층서단위가 새롭게 확인될 때마다 동일한 방식으로 기록을 해나가는 것이다. 이러한 방법은 각 층서단위가 갖고 있는 반복적이며 보편적인 모든 몰역사적 측면을 기록할 수 있다.

이렇게 함으로써 〈그림 39〉에서 보는 바와 같은 일련의 평면도를 얻게 된다. 이러한 도면들을 갖고 유적의 층서에 맞추어 가장 이른 시기부터 시작해 일련의 복합평면도를 작성할 수 있다(그림 40)(그림 39의 유적에는 어떠한 구조물도 없었고 단지 퇴적층만이 있었으므로 발굴에서는 어떠한 주요한 표면도 인식할 수 없었는데, 만약 이러한 단일층평면도를 남기지 않았다면 유적 평면에 대한 기록은 오늘날 존재하지 않았을 것이다). 〈그림 39〉의 평면도를 만든 도랑의 단면도인 〈그림 41〉은 평면도를 그린 다음 시간이 지나 그린 것이다. 따라서 두 그림을 비교하면 평면도와 단면도 사이에 각 층서단위의 범위에 약간의 차이가 있음을 찾을 수 있는데, 이런 일은 많은 연구자들이 믿고 있는 것보다 더 흔하게 발생한다,

단일층평면도를 충분히 만들면 유적 전체의 단면도 역시 〈그림 42〉의 사례와 같이 꽤 정확하게 작성할 수 있다. 이때 단면도는 어느 축선으로도 제작할 수 있는데, 왜냐하면 평면도에는 각 층의 외곽경계선, 즉 그 수평적 분포범위와 더불어 그 수직적 범위를 말해주는 고도가 기록되어 있기 때문이다.

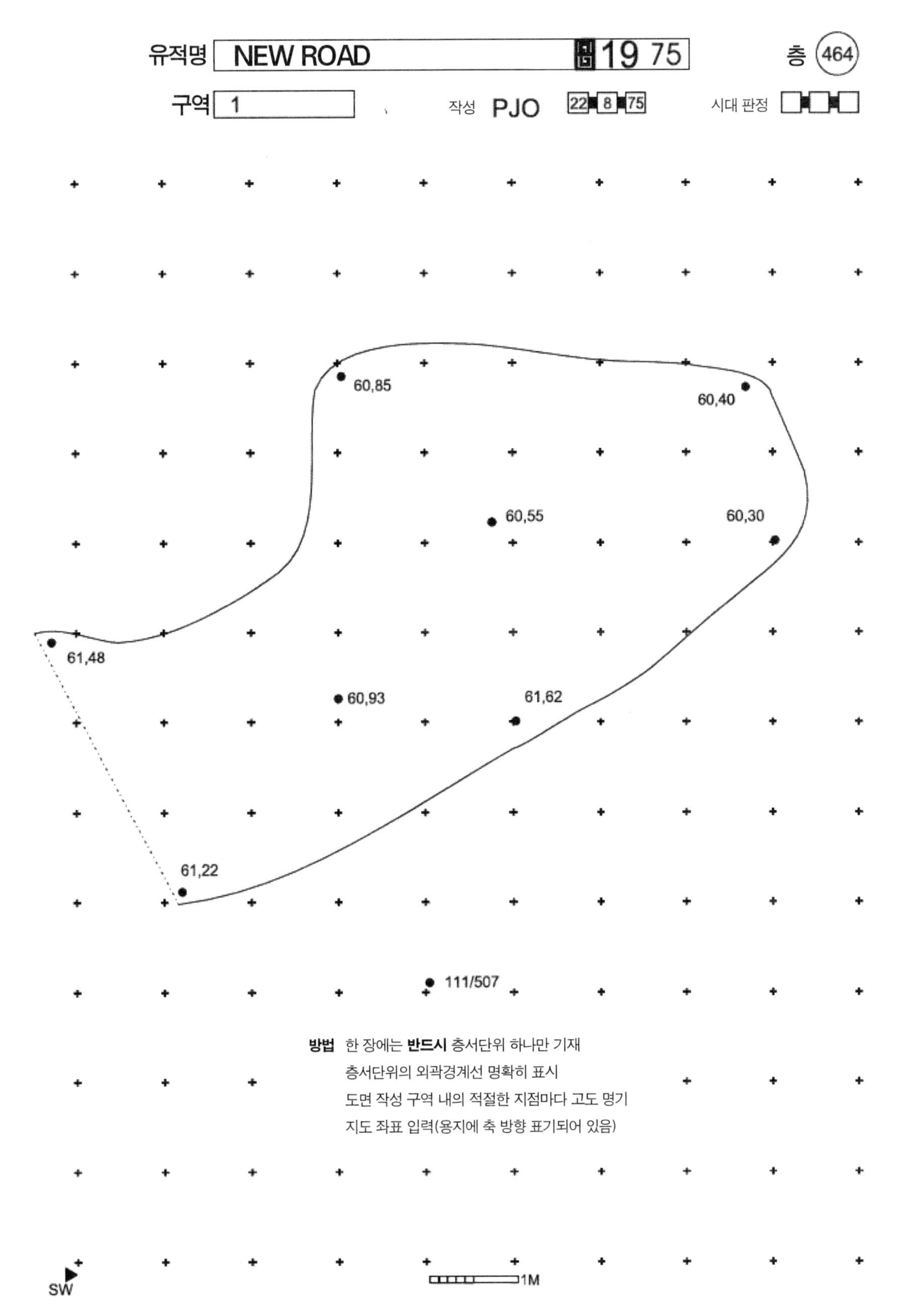

그림 38 단일층평면도는 미리 인쇄된 양식에 작성하며 유구경계면이나 퇴적층 하나하나에 대한 기본적인 층서 자료를 기록함으로써 작성하게 된다.

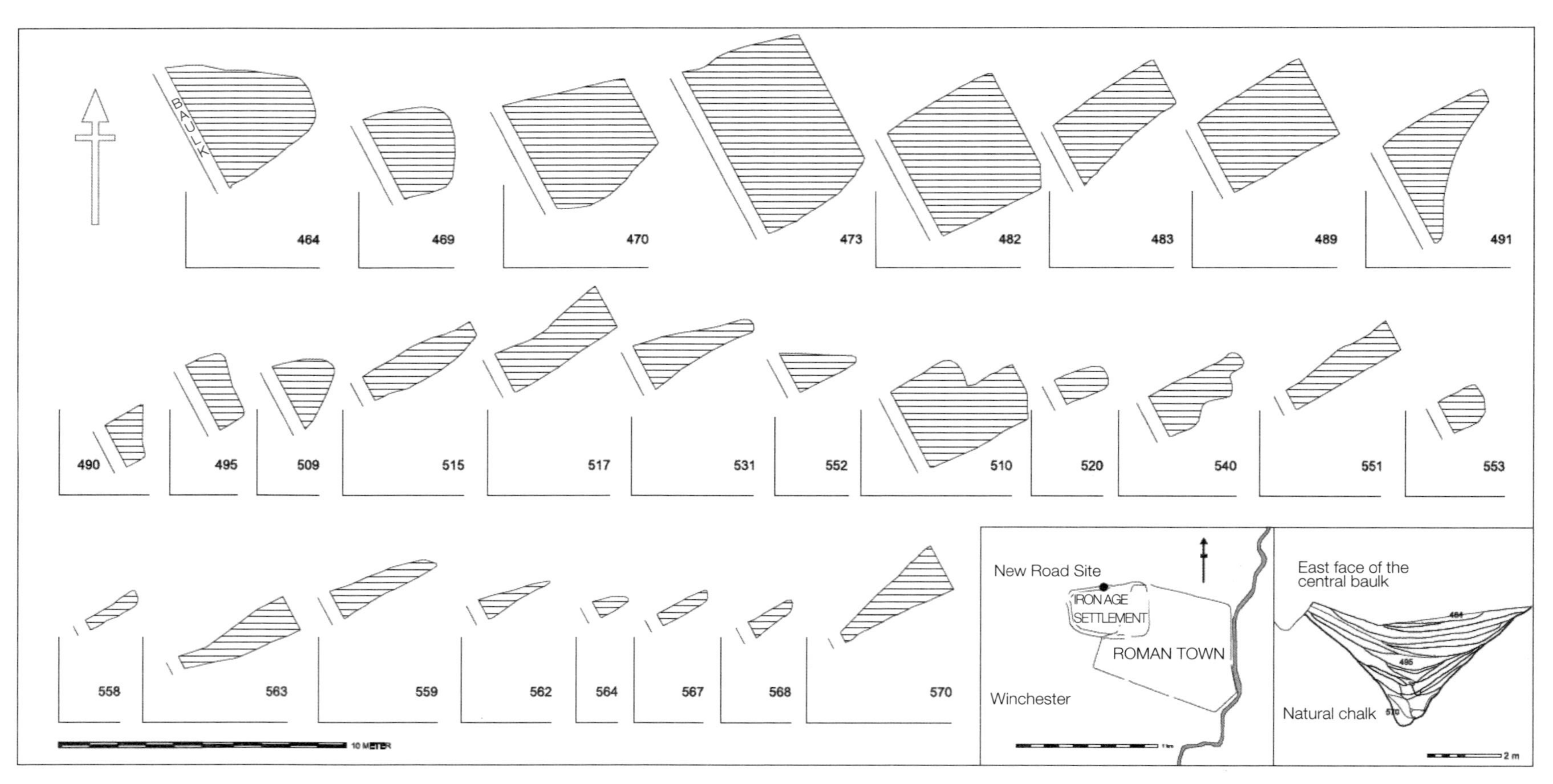

그림 39 여기 보이는 일련의 단일층평면도는 〈그림 41〉에 보이는 영국 햄프셔의 선사시대 도랑 발굴에서 중앙 발굴둑 한쪽에 나타난 층들을 그린 것이다.

단일층평면도 제작은 층서 기록을 위해 기본적으로 요구되는 사항이다. 단순하지만 긴요한 이러한 도면을 제작한다고 해서 정밀한 복합평면도를 비롯한 보다 자세한 내용의 평면도 작성이 필요하지 않은 것은 아니다. 발굴 중에 제작된 복합평면도는 무엇보다도 하나의 단위로 기록되어야만 하는 자료들을 함께 섞어 놓았기 때문에 고고층서학 연구자들이 싫어할 수밖에 없다. 그러한 평면도들은 개별적인 층서단위별 평면도로 나누어볼 수 없기 때문에 사후에 이루어지는 층서 분석에서는 거의 사용할 수 없다. 그런 도면을 투명종이에 그렸다고 해도, 시대경계면 사이에 놓여 있는 층서자료들은 도면에서 상당히 사라진 상태이기 때문에 도면을 겹쳐 봄으로써 층서를 검토하기도 쉽지 않다.

고고층서의 분석은 각 층서단위에 대한 완벽한 자료로부터 시작해야 한다. 분석은 층서단위라고 하는 최소의 실체로부터 시작해 문화단계와 시대와 같은 보다 일반적이며 복잡한 내용의 것으로 나아가야 한다. 일련의 복잡한 퇴적층으로 구성된 유적에서 작성된 복합평면도는 이러한 분석방법을 할 수 없게 해준다. 그 반면, 한 장의 단일층평면도는 하나의 층서단위를 대상으로 작성한 것이기 때문에, 층서학적 문제는 일련의 단일층평면도를 비교함으로써 쉽게 분석할 수 있다.

요크에 있는 제너럴액시던트(General Accident) 유적을 1984년에 발굴한 요크고고학재단(York Archaeological Trust)의 니콜라스 피어슨은 단일층평면도 방식을 일찍이 사용한 자신의 경험을 다음과 같이 요약하고 있다.

> 작은 범위를 발굴한 결과 층이 매우 두텁고 복잡하다는 사실 때문에, 전통적인 문화단계별 평면도 혹은 복합평면도는 적절한 기록방법이 아니라고 판단하였다. 나는 그렇게 유적을 발굴한 다음에는 층서관계 파악이 종종 불가능하다거나 기록 자료에 허점이 있는 등, 여러 복잡한 문제에 부닥친 경

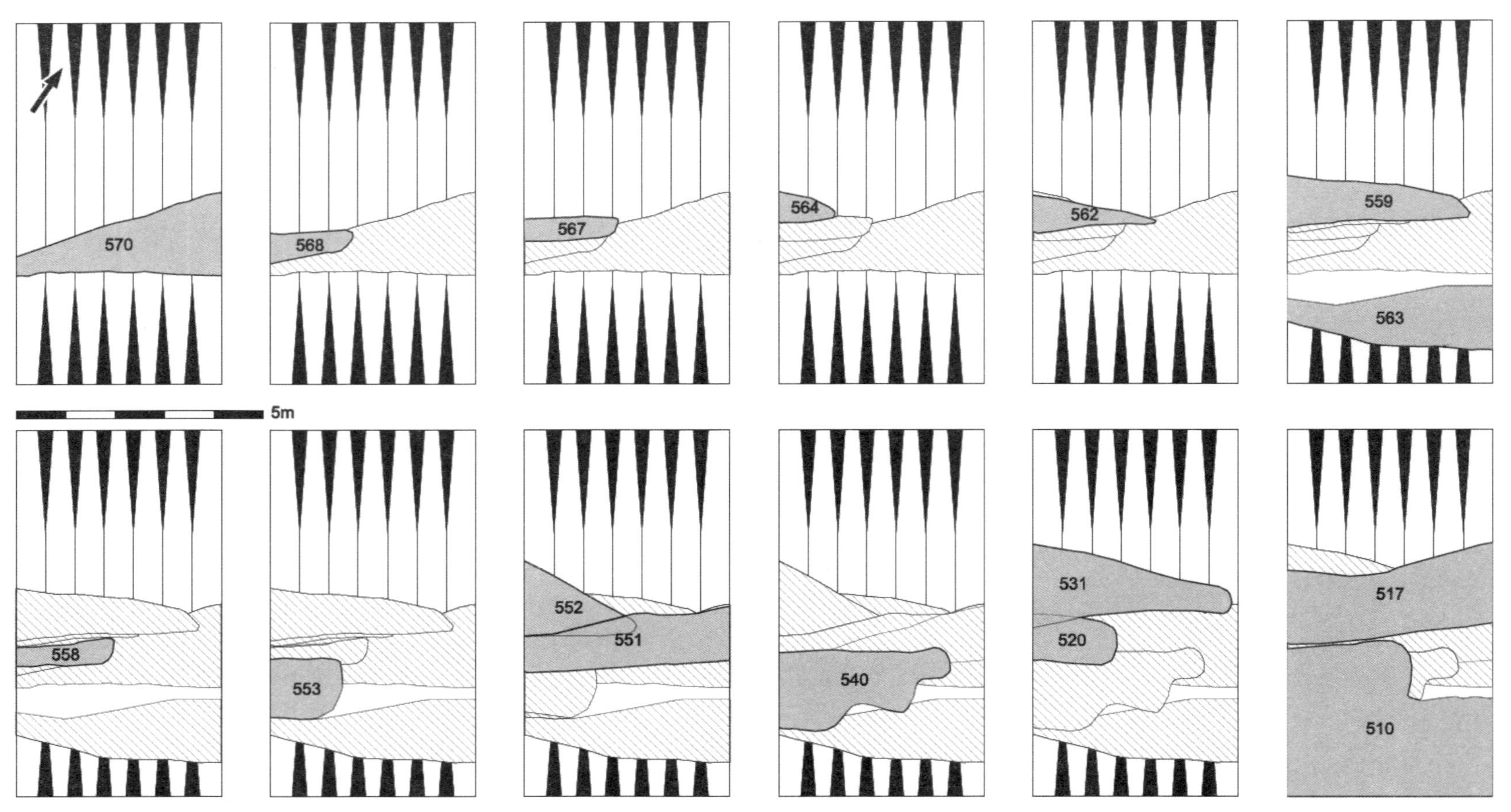
570
568
567
564
562
559
563
A
5m
558
553
552
551
540
531
520
517
510

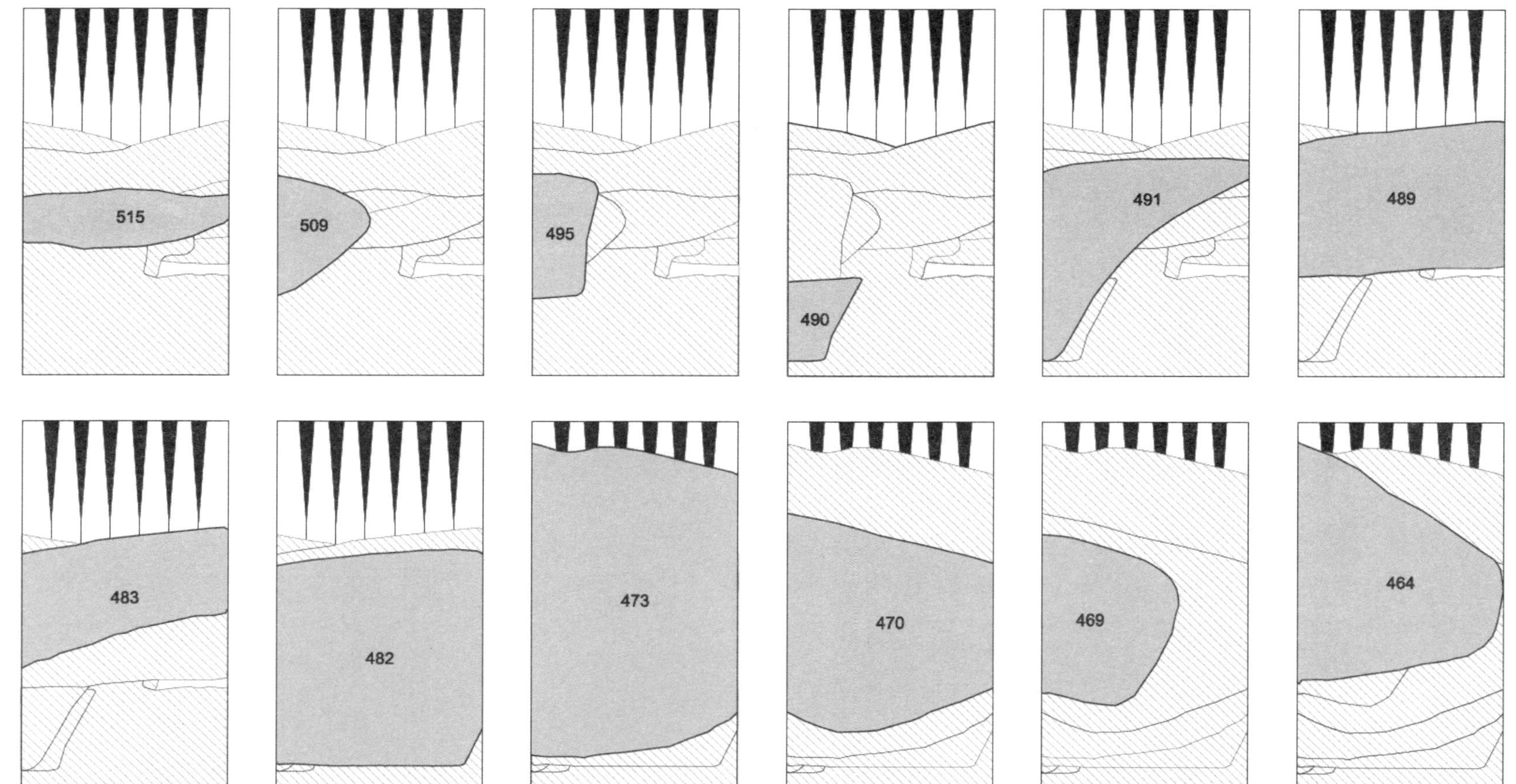

그림 40 〈그림 39〉의 평면도로부터 작성한 일련의 복합평면도. 위 왼쪽의 570번 단위는 이 도랑에 가장 이른 시기에 쌓인 퇴적층이며, 오른쪽 아래의 464번이 가장 늦은 시기의 것이다. 퇴적이 남쪽으로부터 강하게 이루어진 양상은 그쪽 벽이 침식받았음을 가리키는 것일 수 있다.

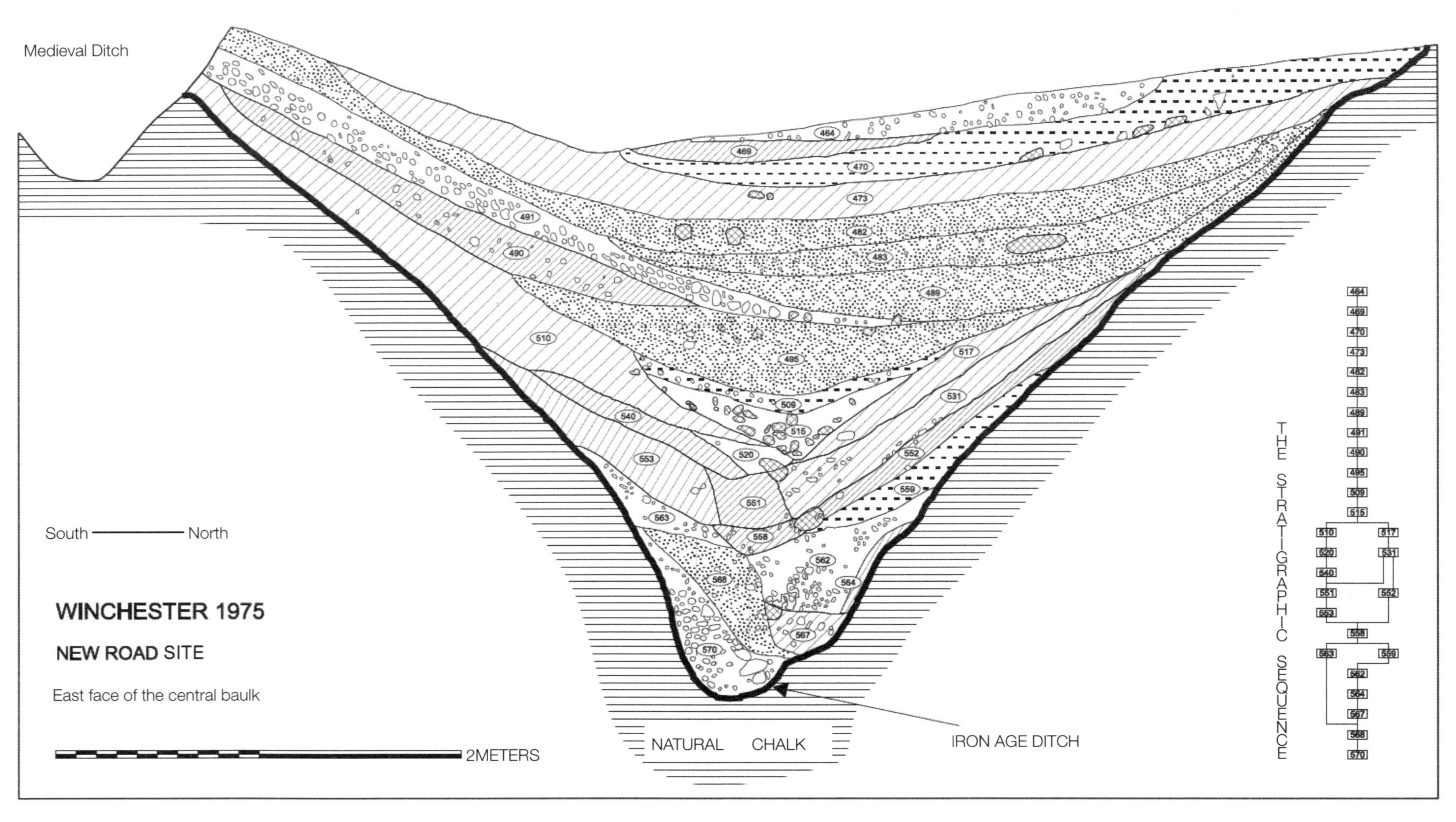

그림 41 발굴 완료 시에 작성된 발굴둑 단면도. 각 퇴적층들은 이 단면에서 보이는 모습과 〈그림 39〉의 평면도를 비교하면 약간의 차이를 보여줄 것인데, 이러한 차이는 평면도와 단면도가 발굴과정에서 상이한 시점에 작성될 때는 항상 발생한다.

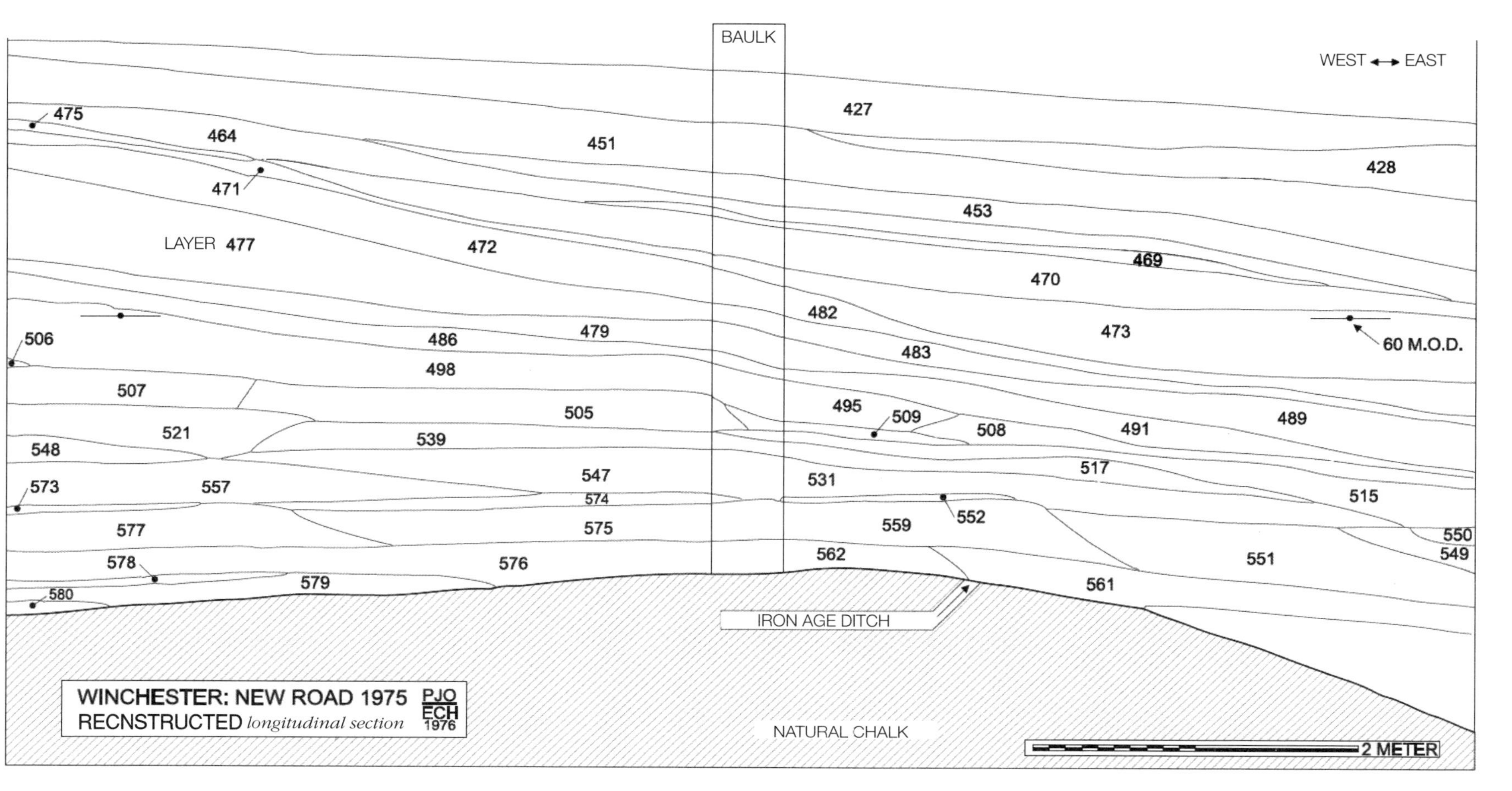

그림 42 이 철기시대 도랑의 종단면도는 〈그림 39〉의 단일층평면도들에 기록된 자료를 이용해 재구성한 것이다. 이 단면도는 도랑 중심을 관통하는 것이지만, 원하는 어떤 방향으로도 단면을 작성할 수 있다.

험이 매우 많았다. 이런 문제들은 유적의 층서 순서파악 작업을 어렵게 해 자주 판단을 바꾸게끔 만들었고 따라서 발굴 이후 작업을 연장하게끔 만드는 결과를 가져왔다.

그러므로 단일한 맥락을 다루는 평면도를 일차적인 기록방식으로 채택했으며, 장축 단면도를 이차적인 기록으로 삼았다. 발굴에서는 복합평면도나 문화단계별 평면도를 작성하지 않았다. 작성된 도면들은 발굴 종료 이후에 그래픽 스크린, 프린터와 PLANDATA 프로그램을 이용해 컴퓨터 작업으로 처리하였다.

평면도 작성을 위해 유적은 5미터 단위의 격자로 구획하였다. 두 단위 이상에 걸친 유구나 층은 별도 용지에 그 평면을 기록하였다. 이것은 각각의 평면도 작성 구획 내의 전체 층서를 함께 기록할 수 있고 그 구역의 해리스매트릭스와 비교해 볼 수 있도록 하기 위해서인데, 해리스매트릭스는 발굴 과정에서 층을 하나씩 제거하는 작업에서 가장 핵심적 사안으로 작성되었다.

발굴에서는 각 평면도 구역에 대해서뿐만 아니라 유적 전체에 대한 해리스매트릭스도 작성하였다. 평면도 작성 구역 사이나 발굴 구역 사이까지 걸쳐 있는 유구나 층은 발굴 이후 층서 순서파악의 근거가 되는 유용한 평면이 되었다.

이러한 기록절차를 채택하고 꼼꼼하게 실수를 걸러냄으로써, 발굴 이후 분석 작업을 시작하며 제대로 된 층서자료를 구비할 수 있었다. 따라서 발굴 이후 분석팀은 작업 착수 즉시 연대관련 자료를 종합하고 유적의 층서를 연대와 맞추며 순서대로 정리하기 시작했고, 그 결과 다양한 분야의 전문가들이 자신이 맡은 일에 착수할 수 있었다.

비록 이 유적에는 3,500개 이상의 분석을 요하는 층서단위들이 있었지만, 연구진은 유적 퇴적층의 순서파악 작업을 10주 이내에 끝낼 수 있었다. 피어슨은 단일층평면도 채택이 작업의 속도와 효율과 직결되며 따라서 발굴과 발굴 이후 작업에서 많은 것을 절약할 수 있다고 보고 있다. 런던대 고고학연구소의 브라이안 올비는 수년 동안 단일층평면도와 층서의 컴퓨터 분석을 발전시키려 노력해 왔는데, 매우 희망적인 결과를 얻었다(Alvey and Moffett 1986).

앞에서 고고학자들이 몇 가지 종류의 평면도를 사용하고 있음을 살펴보았는데, 주로 복합적 성격의 평면도를 사용하고 있다. 이러한 복합평면도는 여러 층서단위와 관련된 표면을 보여주는 도면이다. 복합평면도의 사용은 유적의 성격과 어떤 종류의 도면을 작성하고 있는가에 달려 있는데, 만약 층서가 단순하다면 복합평면도가 최초이자 동시에 아마도 최후의 선택일 것이다. 그러나 성격이 복잡한 복합유적에서는 기본적으로 단일층평면도가 필요할 것이며 이것을 바탕으로 복합평면도를 나중에 작성할 수 있을 것이다.

층서와 지형 분석에서는 자료를 기록함에 있어 기둥구멍이나 구덩이, 벽체의 평면이 '평범한 땅 표면'이나 다른 어떤 층의 평면보다 더욱 중요하다고 할 수 없다. 층서 연구의 일차적 임무가 유적의 층서를 확립하는 것이라면, 두 번째 임무는 유적을 구성하는 모든 시기에 대해 각각 그 지형을 복원하는 것이어야 한다. 만약 층서단위 하나하나가 유적의 역사를 구성하는 하나의 새로운 문화단계를 의미한다고 무리 없이 판단할 수 있다면, 연구의 목적을 달성하는 유일한 방법은 각 층서단위와 관련된 지형 정보는 단면도에 기록할 수 없는 만큼 평면도로써 남기는 것이다. 복합유적을 조사하며 그러한 기록을 하지 않는 것은 층서 기록에서 매우 무책임한 행태이다.

10

층서대비, 시기구분 및 층서

Correlation, phasing and stratigraphic sequences

고고층서학은 세 분야로 나누어진다고 생각할 수 있다. 그 하나는 이론적인 문제로서 층서의 법칙과 단위에 대한 관심이며, 두 번째는 단면도, 평면도와 글을 통해 층서를 기록하는 문제이고, 세 번째는 발굴 이후의 분석과 관계되는 분야이다. 세 번째 분야는 다시 두 가지 영역으로 나누어 볼 수 있다. 즉, 하나는 주로 층서만을 다루는 것으로서 발굴자가 해야만 하는 연구로서, 층서대비와 확정 및 분기를 다루는 문제이다. 두 번째 영역은 발굴에서 발견된 나무, 토기, 유리, 뼈 조각이나 환경자료 등 다양한 자료와 관련된 층서학적 분석의 문제이다. 이 장에서는 앞의 영역에 대한 문제를 다루겠으며, 11장에서는 발견물과 층서 사이의 관계에 대해 생각해볼 것이다.

지질학자들은 층서대비에 대해 다음과 같이 말하고 있다.

> 층서학적 의미에서 대비를 한다는 것은 층의 특징과 위치가 서로 상응함을 보여주는 것이다. 강조하고자 하는 특징이 무엇인가에 따라 층서대비에는

상이한 종류가 있다(ISSC 1976: 14).

이 장에서는 고고학적 층과 유구경계면의 층서대비를 전적으로 층서학적 관점에서 생각해보겠다. 다시 말해 층 속에 들어있는 물건을 이용한 층의 대비가 아니라, 고고학적으로 바라본 층의 특징과 층서상의 위치에 의해 층서를 연관시키는 문제에 관심을 기울이겠다.

층서대비와 층서 Correlation and stratification

고고학에서 생각하고 있는 층서대비에 대한 의견은 단지 소수의 출판물에서만 찾을 수 있다. 가장 중요한 생각은 케슬린 케년이 1952년에 제시한 것인데, 개정판에서도 볼 수 있다(Kenyon 1961: 123-32). 그의 층서대비 방법은 층서의 '순서파악(phasing)'에 대한 글에서 더욱 다듬어졌는데, 이 어휘는 발굴 이후의 고고층서 분석의 설명과 관련해 널리 쓰이고 있다(Kenyon 1971). 순서파악과 관련된 또 다른 방법은 존 알렉산더가 제시하였다(Alexander 1970: 71-4). 층서대비와 순서파악이라는 개념은 층서 연구에서 빼놓을 수 없지만 자신의 층서 연구방법을 스스로 밝히는 고고학자가 극소수라는 사실은 이 두 사람의 책임은 아닐 것이다.

케년은 두 가지 유형의 층서대비에 대해 말하고 있다. 우선 한 가지 층서대비는 한때는 온전했으나 후대에 일부분이 파괴된 층들을 대비하는 것이다. 즉, '만약 생활면이 허공에서 사라진다면, 도굴갱이나 침식 혹은 기둥구멍 설치 등 무슨 이유 때문인지 밝혀야만 한다'(Kenyon 1961: 128). 예를 들어 만약 그런 생활면이 도굴갱 건너편에서 이어진다면, 그 두 부분은 〈그림 9〉의 C에서 보듯 반드시 대비되어야 한다. 이러한 층서대비는 원래 한 층에서 유래한 둘 이상의 부분이 동일한 토양 구성을 하고 있고 층서 단면에서 대체로 동일한 위치에서 나타날 때 할 수 있는 것으로서, 발굴과 유적 내용을 기록하는 과정에서 반드시 이루어져야 한다.

이 첫 번째 종류의 대비가 층의 부분적 파괴 때문에 필요하다면, 두 번째 층서대비 방식은 층서의 상관관계가 휠러식의 격자법 발굴에서 둑 내부에 숨겨져 있기 때문에 직접 파악할 수 없을 때 적용하게 된다. 많은 발굴에서 발굴둑은 제거되는 법이 없었는데, 설령 제거되는 경우에도 그 속에 들어있는 것들은 기록되지 않았다. 그 결과 둑 속에 있던 자세한 층서 증거는 사라지게 되었다. 그러므로 발굴자는 둑이 서 있던 곳에 해당하는 빈 부분을 채울 수 있도록 층서대비를 해야만 한다. 이런 과정은 〈그림 43〉에서 볼 수 있다, 이 도면에서는 예를 들어 P3 발굴갱의 4번 단위는 P3과 P1 사이의 둑을 넘어 P1의 6번 단위와 연결되고 있다. 이러한 형태의 층서대비란 단지 상이한 발굴갱에서 상이한 번호가 붙여졌지만 사실은 동일한 층이나 유구를 연결하는 작업이다.

그런데 P1의 5번 단위와 P2의 4번 단위의 연결은 첫 번째 종류의 층서대비, 즉 원래 동일한 한 층이 나누어진 부분들 사이의 층서대비이다. 〈그림 9〉의 C에서 보듯, 그런 것들은 많은 경우에 동일한 층임이 확실한데, 따라서 그렇다면 해리스매트릭스 방법으로 서로 달리 매겨진 층 번호들을 적절히 처리할 수 있을 것이다. 발굴둑 양쪽 밖에서 발견된 층들이 동일한 단위임이 절대적으로 확실하지 않는 한, 그것들을 층서대비로써 연결하거나 혹은 층서에서 그런 식으로 나타나도록 하는 일은 없어야 한다. 상호관계가 불확실하다면, 발굴갱마다 확인된 사항을 별도의 층서로 기록해두는 것이 좋을 것이다. 이후에 층 내부에서 발견된 자료가 동시성을 잘 말해준다면 별도로 기록된 층들이 하나의 문화단계나 시대로 묶여질 수 있겠는데, 그렇다고 해당 층의 층서에서의 위치가 바뀌는 것은 아니겠다.

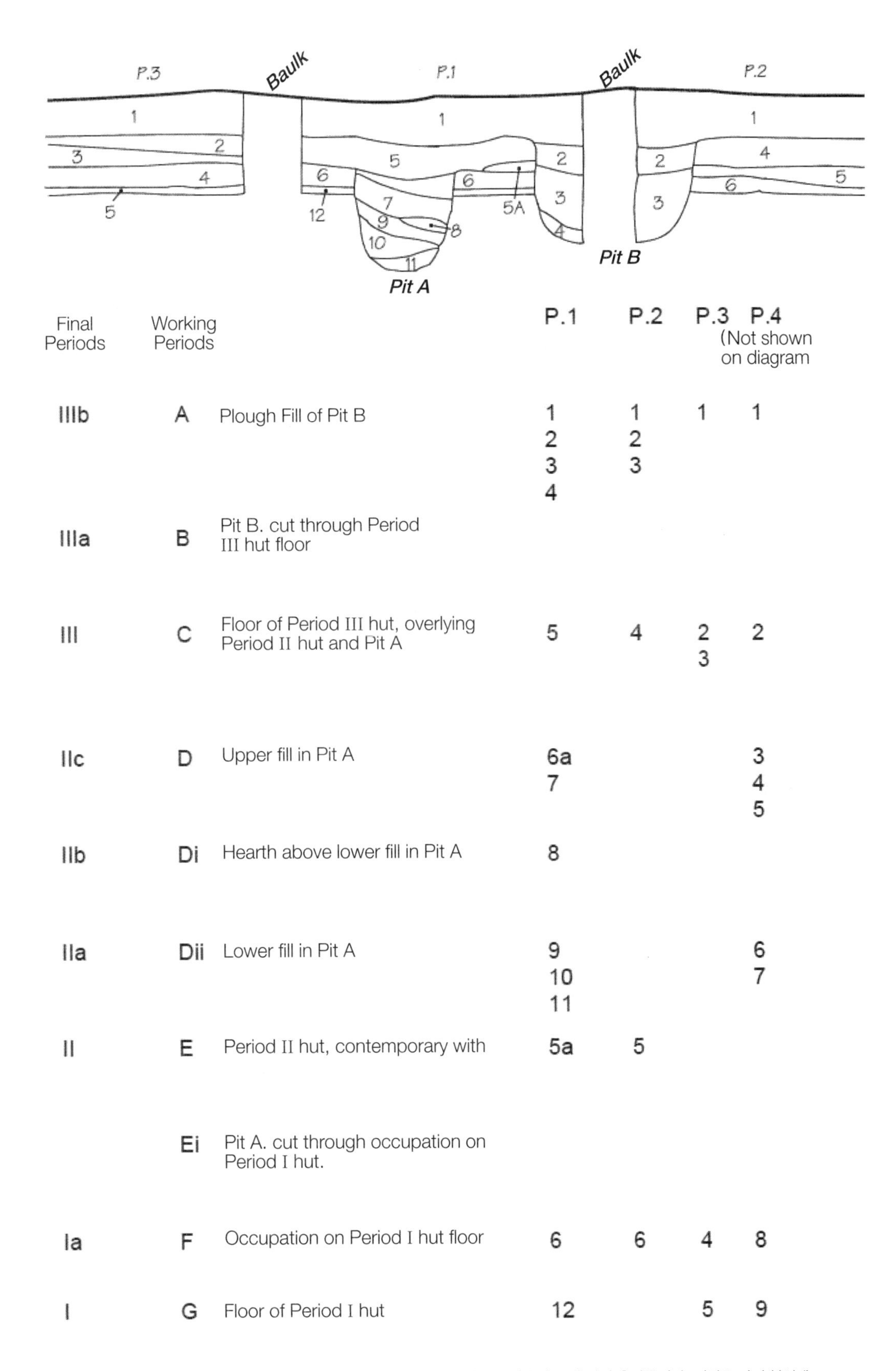

Final Periods	Working Periods		P.1	P.2	P.3	P.4 (Not shown on diagram
IIIb	A	Plough Fill of Pit B	1 2 3 4	1 2 3	1	1
IIIa	B	Pit B. cut through Period III hut floor				
III	C	Floor of Period III hut, overlying Period II hut and Pit A	5	4	2 3	2
IIc	D	Upper fill in Pit A	6a 7			3 4 5
IIb	Di	Hearth above lower fill in Pit A	8			
IIa	Dii	Lower fill in Pit A	9 10 11			6 7
II	E	Period II hut, contemporary with	5a	5		
	Ei	Pit A. cut through occupation on Period I hut.				
Ia	F	Occupation on Period I hut floor	6	6	4	8
I	G	Floor of Period I hut	12		5	9

그림 43 이 도표는 영국 고고학에서 층서대비와 시대구분 방법을 보여주는 최초의 도해 설명 출판물이다. 이것은 단면 분석에 기초하고 있으며, '층서'는 글로 쓴 표의 형태로 제시되었다(Kenyon 1961 : fig. 13; 자료제공 J. M. Dent and Sons Ltd).

층서 '순서파악' 'Stratigraphic 'phasing'

〈그림 43〉은 또한 발굴 보고 작성에 앞서 수행해야 하는 작업인 층서 순서파악 과정의 일부를 보여주고 있다. 이에 대해 케년은 다음과 같이 말하고 있다.

> 첫 번째 단계를 나는 순서파악이라고 부르는데, 이것은 여러 퇴적층과 구조의 순서를 확립하는 것이다. 이 작업은 아래에서 위로 가며 단면과 구조를 해석하면서 무엇보다도 완전히 객관적으로 실시해야만 한다. 단면도는 어떤 층들이 서로 연결되는지 보여준다. … 이것은 고도로 세밀한 연구인데, 왜냐하면 모든 층들의 위치를 확인해야 하며 모든 벽체는 평면에서 잘 맞아떨어져야 하기 때문이다(Kenyon 1971: 274).

〈그림 43〉에서 보이는 층의 순서는 간단하며 단선적이다. 케년의 순서파악 방법은 이런 단순한 유적에서는 매우 잘 적용할 수 있을 것이나, 층서가 복잡한 퇴적층에서는 사용하기 어렵다. 이 방법은 퇴적층과 벽 이외의 층서단위는 고려하지 않고 있으며, 층서자료는 단면에만 의존하고 있다. 또 이 방법은 층서대비와 순서파악은 발굴 도중에는 할 수 없다고 여기고 있다(Kenyon 1971: 272). 따라서 이 작업은 발굴이 끝나고 발굴책임자가 해야할 몫이라고 여겨졌는데, 그런데 이때가 되면 발굴에서 기록을 맡았던 이들은 더 이상 곁에 없어 도움을 받을 수 없었던 것이다.

알렉산더는 층서 연구에 대해 다음과 같이 주장하였다.

> 층서연구는 누구에게 맡길 수 있는 것이 아닌데, 왜냐하면 아무리 기록을 잘 남긴다고 해도 그것은 많은 발굴책임자가 발굴 과정에서 관찰한 바와 자신이 만든 기록에 달려 있기 때문이다. 유적에 포함된 편년별 시대는 대개의 경우 발굴 중에 그 주요한 내용을 인식하게 된다. … 발굴책임자는 여러 발굴갱에서 그러한 사건들의 흔적을 추적할 것이며 그럼으로써 넓은 지역

에 걸친 층서대비를 스스로 내리게 된다(Alexander 1970: 71-2).

이러한 식으로 얻은 층서대비와 현장기록뭉치, 평면도와 단면도 및 발굴책임자의 '개인적 기록'을 갖고서는 다음과 같이 층서 연구를 실시할 수 있다는 것이다(Alexander 1970: 70).

> (일단 불확실한 것들은 모두 제쳐둔 다음) 주요한 시대별로 그에 속하는 층들을 어떤 문화적 자료도 참조하지 않고 골라낼 수 있으며, 그런 자료로 만든 층서만으로 층의 구성을 보여주는 표를 만들 수 있다(Alexander 1970: 72).

알렉산더는 이어 층 구성표가 완성되면, 이 표에 들어맞지 않는 '어정쩡한' 몇몇 층들이 항상 있기 마련이라고 하였다(Alexander 1970: 74).

알렉산더는 단지 층 구성표 작성과 관련된 층서 자료에 대해서만 말하고 있기 때문에, '어정쩡한'이란 표현은 기록된 층서단위가 다른 층과 연결될 수 없는 경우를 뜻한다고 여겨진다. 자료를 기록하며 실수로 사라질 수 있는 층서 자료의 양에 관심을 가지는 발굴자는 거의 없기 때문에, 얼마나 되는 자료가 어정쩡한 층으로 파악되는지 직접 답하기는 어렵다. 그러나 과거의 발굴자료를 검토해보면 기록의 부실함으로 층을 따지기 불가능한 경우가 많이 있다. 예를 들어 수천 개의 층으로 구성된 어느 유적의 경우에 잃어버린 층서자료는 전체의 40%에 달한다고 판단되었는데, 그중에서 수백 개의 층들이 '어정쩡한' 상태로 자료로서 방치되었다는 것이다. 이런 비율은 단지 실제 기록된 층서단위만을 따진 것인데, 유구경계면 같은 새로운 종류의 층서단위도 감안한다면 그 비율은 훨씬 더 높아질 것이다.

층서분석을 마친 다음, 케년과 알렉산더는 모두 '층 구성표'라고 알렉산더가 말한 결과물을 제시하였다. 그러한 표의 일부는 〈그림 43〉과 〈그림 44〉에서 볼 수 있다. 전자의 경우에는 가장 이른 시기가 아래에 있고 후자는 왼

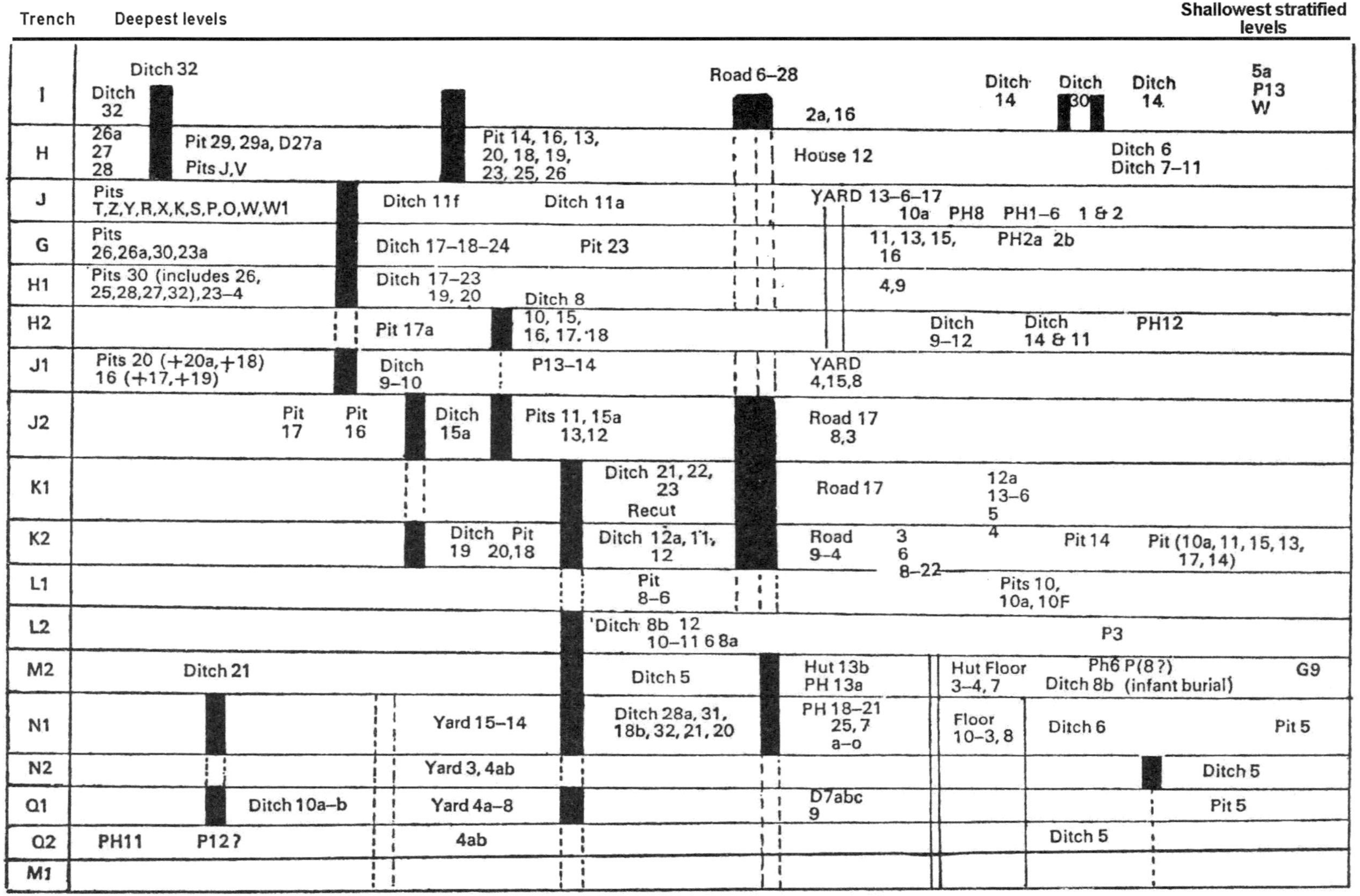

Trench	Deepest levels → Shallowest stratified levels
I	Ditch 32 · Ditch 32 · Road 6–28 · 2a, 16 · Ditch 14 · Ditch 30 · Ditch 14 · 5a P13 W
H	26a 27 28 · Pit 29, 29a, D27a · Pits J,V · Pit 14, 16, 13, 20, 18, 19, 23, 25, 26 · House 12 · Ditch 6 Ditch 7–11
J	Pits T,Z,Y,R,X,K,S,P,O,W,W1 · Ditch 11f · Ditch 11a · YARD 13–6–17 · 10a · PH8 · PH1–6 · 1 & 2
G	Pits 26,26a,30,23a · Ditch 17–18–24 · Pit 23 · 11, 13, 15, 16 · PH2a · 2b
H1	Pits 30 (includes 26, 25,28,27,32),23–4 · Ditch 17–23 19, 20 · 4,9
H2	Pit 17a · Ditch 8 10, 15, 16, 17. 18 · Ditch 9–12 · Ditch 14 & 11 · PH12
J1	Pits 20 (+20a,+18) 16 (+17,+19) · Ditch 9–10 · P13–14 · YARD 4,15,8
J2	Pit 17 · Pit 16 · Ditch 15a · Pits 11, 15a 13,12 · Road 17 8,3
K1	Ditch 21, 22, 23 Recut · Road 17 · 12a 13–6 5 4
K2	Ditch 19 · Pit 20,18 · Ditch 12a, 11, 12 · Road 9–4 · 3 6 8–22 · Pit 14 · Pit (10a, 11, 15, 13, 17, 14)
L1	Pit 8–6 · Pits 10, 10a, 10F
L2	'Ditch 8b 12 10–11 6 8a · P3
M2	Ditch 21 · Ditch 5 · Hut 13b PH 13a · Hut Floor 3–4, 7 · Ph6 P(8?) Ditch 8b (infant burial) · G9
N1	Yard 15–14 · Ditch 28a, 31, 18b, 32, 21, 20 · PH 18–21 25, 7 a–o · Floor 10–3, 8 · Ditch 6 · Pit 5
N2	Yard 3, 4ab · Ditch 5
Q1	Ditch 10a–b · Yard 4a–8 · D7abc 9 · Pit 5
Q2	PH11 · P12? · 4ab · Ditch 5
M1	

44 이 그림은 시대구분 방법의 또 다른 사례로서, 〈그림 43〉과 달리 왼쪽(이른 시기)에서 오른쪽(늦은 시기)으로 읽어야 하며 보다 도식적으로 '층서'를 보여준다(출전: Alexander 1970: fig. 11; 자료제공 저자).

쪽에 있으므로, 각각 아래에서 위로, 또 왼쪽에서 오른쪽으로 읽어야 한다. 두 사례에서는 모두 다양한 단위 사이의 층서관계가 언급되지 않고 있다. 케년의 예(그림 43)에서는 표와 함께 제시된 단면도에서 추정해볼 수 있지만, 보다 복잡한 유적을 다룬 알렉산더의 예(그림 44)에서 층서 관계는 단지 편년순으로 배치된 층의 군집으로 나타나고 있을 뿐이다.

이 두 표는 유적 층서를 보여주는 것이라고 하지만, 실제로는 층서의 시대구분도 나타내주고 있다. 층서를 정리하는 것과 정리된 층서를 문화단계와 시대로 나누는 것은 순서파악 작업의 일부이다. 그러나 양자는 별도의 연구절차로서, 층서 정리를 먼저 한 다음 시대 구분이 이루어져야 한다. 케년과 알렉산더의 연구방법은 이 둘을 하나로 뭉뚱그려 문자로 제시하는 방식이다. 케년의 방법에서 단면과 층서는 동등한 의미로 여겨지고 있는 듯하다.

층서의 의미 Stratigraphic sequences

유적의 층이 어떻게 구성되었는가를 연구하는 일차적 목적은 층서를 완성하는 데 있다. **층서**는 시간의 흐름에 따라 유적에 층이 퇴적되거나 유구경계면이 형성된 순서라고 정의할 수 있다. 대부분의 지질학적 주상 층서도와 달리, 대부분의 고고학적 유적에서 층서는 단면에 보이는 바와 같은 층의 물리적 순서와 동일시할 수 없다. 그러한 물리적 순서는 추상적인 순서적 관계로 번역해 읽어야만 한다.

이러한 번역의 규칙에 대해서는 〈그림 9-12〉에서 본 것처럼 이미 말한 바 있다. 그것은 첫째 주어진 층 사이의 중첩관계를 결정해야만 한다는 것이다. 서로 직접 물리적으로 맞닿지 않는 층의 중첩관계는 판단이 어려울 수 있다. 그러나 대비할 수 있는 층서단위들은 원래 하나의 단위를 이루었던 것들이다. 〈그림 12〉에 소개된 방법은 서로 이웃한 발굴구덩이에서 보이는 퇴적층들의 동질성이 절대적으로 확실한 경우 이외에는 발굴둑에 나타난 바 그대로를 기준으로 한 층서대비를 인정하지 않고 있다.

층서가 추상적 요약이기 때문에 층서는 글로써 표현할 수도 있고 모식도로 그릴 수도 있다. 최근까지는 글로 쓰거나(그림 43) 간단한 도면 혹은 표(그림 44)를 사용하는 것이 유행이었다. 이런 것들에 비해, 해리스매트릭스 방법은 층서의 모든 세부사항을 보여줄 수 있는 모식도를 만들어준다. 그 과정은 〈그림 12〉에서 보는 바와 같다. 그림에서는 A단계에서 유적 단면에 나타난 모든 층들의 중첩과 상관관계를 그리고 있다. 예를 들어 3번 단위는 5, 6, 7, 9번 위에 놓여 있으며, 7과 8은 중간에 건물 기초공사 구덩이인 6번 단위가 파괴한 부분을 건너뛰어 같은 층으로 대비되었다. 그림의 B는 A에 보이는 단면을 도식화한 것으로서, 이러한 모든 물리적 관계를 보여주고 있다. B에 보이는 층서관계에서 불필요한 것들을 5장에서 설명한 층서 연속성의 법칙을 적용해 제거함으로써 C라는 층서로 정리된다. D에서는 많은 경우 '층 번호'를 부여하지 않는 층서단위 두 가지가 인지되고 있음을 주목할 수 있을 것이다. 그러한 두 단위인 2번은 수평적 유구경계면이며 6번은 수직적 유구경계면이다. 다른 모든 표면들은 서 있는 층 경계면인 5번을 제외하면 모두 수평적 층 경계면인데, 그러나 이것들에는 보통 번호를 부여하지 않는다.

이런 과정은 존 트릭스(John Triggs)가 캐나다 온타리오 주 킹스턴에 있는 포트 프론테낙(Fort Frontenac) 유적에서 작성한 〈그림 45〉에 나타나 있다. 이 도면은 발굴이 끝나고 그린 것으로서, 층서단위는 가장 아래를 가장 이른 시기로 시작해 위로 가며 번호가 붙여졌다. 그는 그림 왼쪽 도면인 '물리적, 누중적 관계를 보여주는 매트릭스'를 이용해 각 층에 가해진 교란의 원인을 잘 추적할 수 있었는데, 이 매트릭스를 만든 목적은 원 층을 침습하고 남아 있는 것이 무엇인지 확인함에 있었다(제11장 참조). 그림 오른쪽 도면은 유

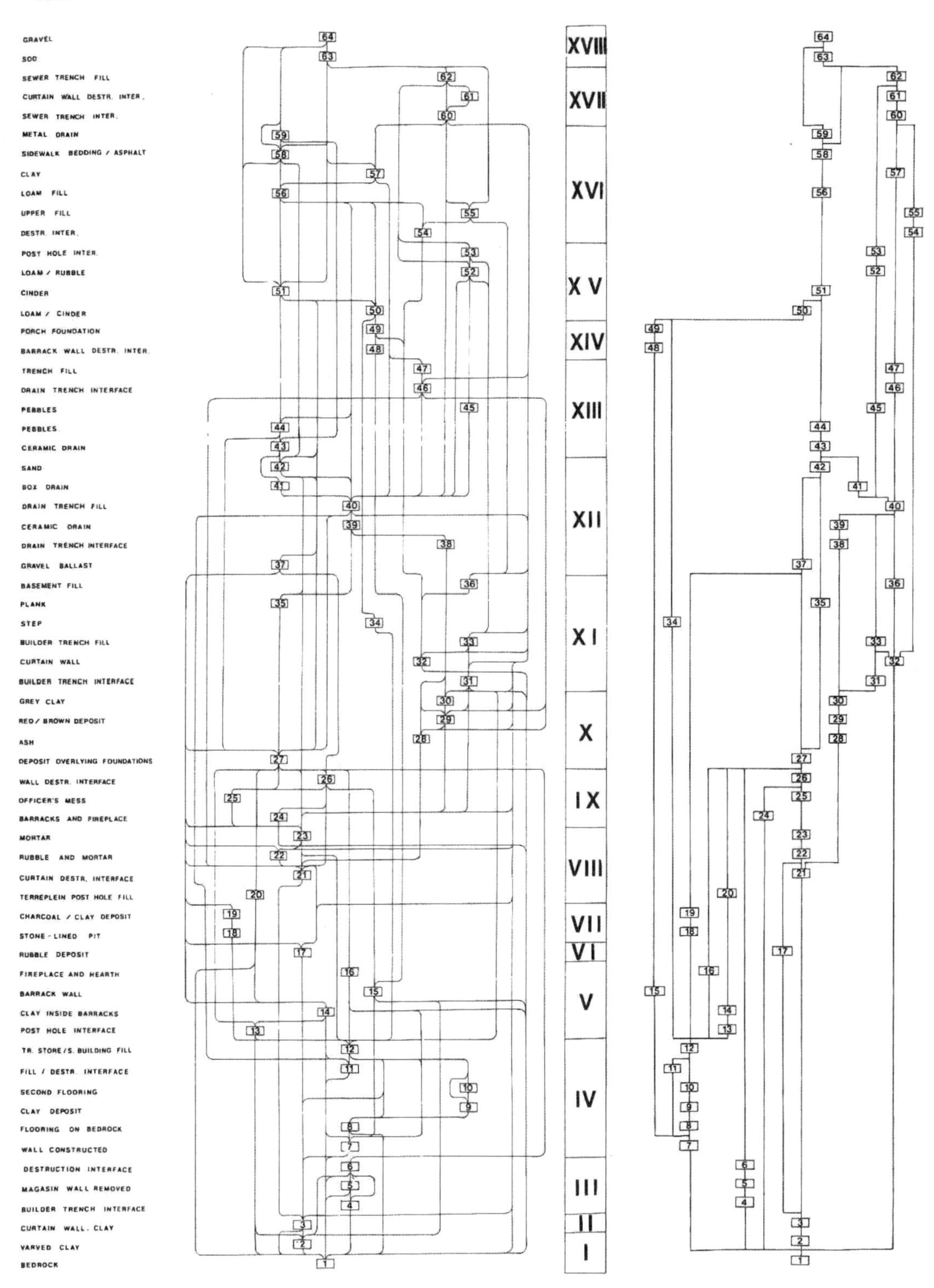

그림 45 왼쪽: 과거 실시된 발굴 자료를 이용해 작성한 포트 프론테낙에서 확인된 미정리 층서; 오른쪽: 모든 수평축이 각각 하나의 시기를 보여주도록 층서단위를 수직으로 배치해 정리한 층서(출전 Triggs 1987; 자료제공 저자).

적의 층서도로서 층서 연속성의 법칙을 적용해 정리한 것이다. 층서는 동일한 시기의 층서단위가 수평적으로 동일선상에 나타나도록 배치하였다.

이제까지 층서란 시간의 흐름에 따라 층이 퇴적되고 유구경계면이 형성된 순서라고 정의해왔다. 유구경계면은 발굴할 수 없다는 자명한 사실과 함께, 층서는 층서 발굴 과정에 그대로 반영되어야 한다. 층서 발굴 과정에서는 층들이 쌓인 순서의 역순으로 층을 제거해나간다. 따라서 해리스매트릭스 식으로 작성되는 층서는 발굴의 진행과 더불어 만들어져 나가게 된다.

층이 하나씩 층서 발굴로 제거됨에 따라 현장 사무실 벽에 붙인 매트릭스 도표 상에는 해당 층의 위치에 맞추어 그 번호를 적어넣는다. 도표는 층서 발굴의 진행을 본떠 위에서 아래로 혹은 늦은 시기에서 이른 시기로 만들어지게 된다. 발굴은 흙을 손으로 파나가는 느린 과정이기 때문에, 하루 중에 발굴을 끝낼 수 있는 층은 얼마 되지 않을 것이다. 발굴이 완료된 층이 층서 도표에서 제 위치에 표시될 수 있도록 하는 것은 발굴 감독자의 능력 문제라고 하겠다.

이러한 방법은 콜로니얼 윌리엄스버그 재단(Colonial Williamsburg Foundation)을 위해 1978년과 1982에 말리 브라운 3세(Marley Brown III)가 버지니아 주 윌리엄스버그의 페이튼 랜돌프(Peyton Randolph) 소유지에서 실시한 발굴에 사용되었다. 이 유적의 층서는〈그림 46〉에 보이고 있다. 브라운은 다음과 같이 말하고 있다.

> 페이튼 랜돌프 소유지 발굴에서 해리스매트릭스는 연접하지 않은 유구, 구조물과 층들의 층서대비를 수월하게 해주었으며 그것들을 전체적인 편년틀 속에 순서대로 자리잡게 해주었다. 이 과정은 재산 소유 가족의 변화에 대한 기록과 연관될 수 있는 11개의 단계를 확인할 수 있게 해주었다. 이후 윌리엄스버그의 식민지 시기 유적에 대한 주요한 발굴들에서 이 매트릭스

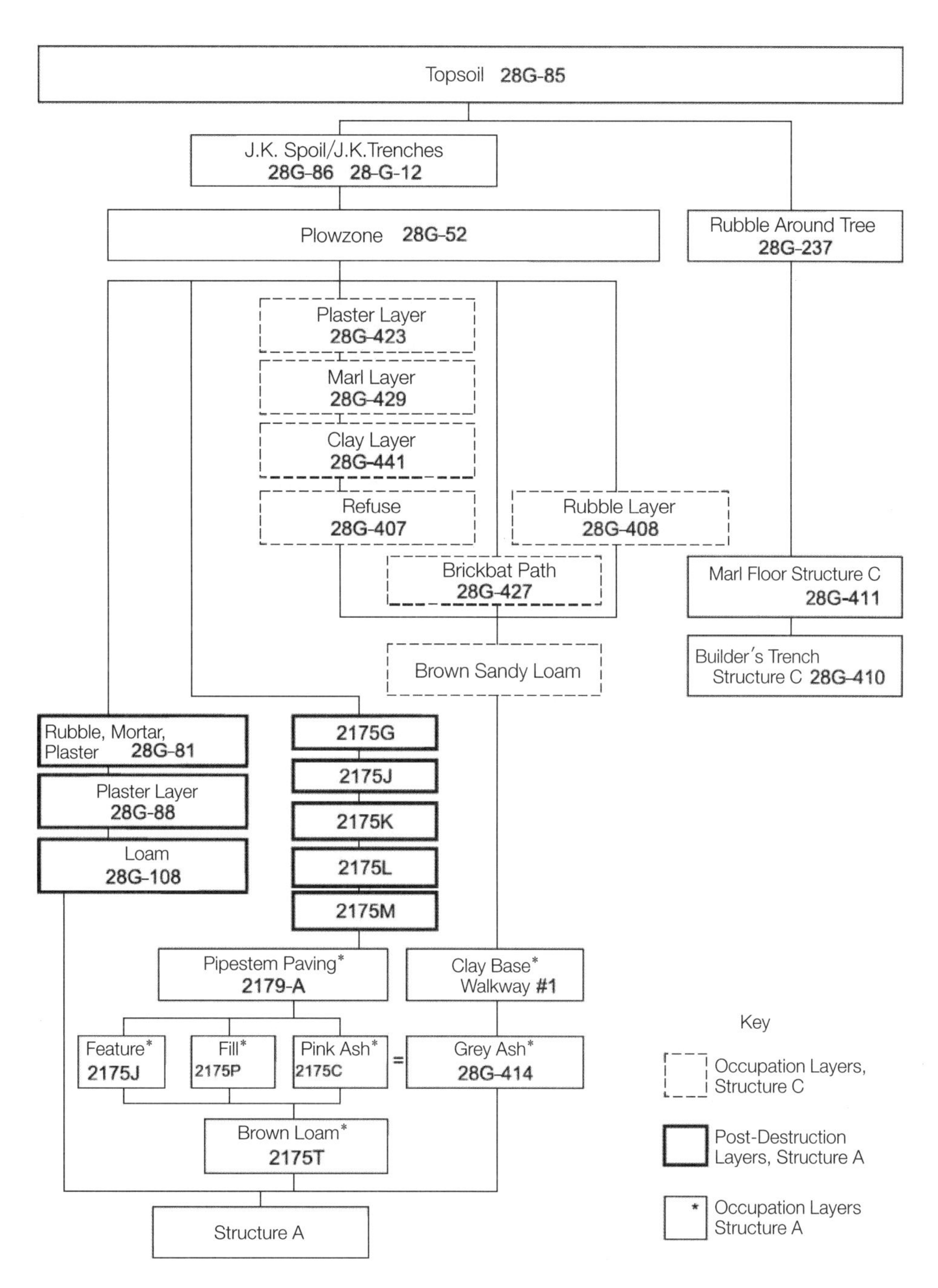

그림 46 콜로니얼 윌리엄스버그 페이튼 랜돌프 유적의 층서, 1978-82(자료제공 말리 브라운 3세).

를 사용한 결과, 이것은 수직적으로는 복잡하지 않지만 수평적으로는 매우 다양한 양상을 보여주고 있는 층서 기록을 이해할 수 있게 해주는 강력한 도구임이 밝혀졌다.

층서 시대구분 Periodization of stratigraphic sequences

캐넌이나 알렉산더는 모두 자세한 층서를 어떻게 만들 수 있는지에 대해서 언급하지 않았다. 후자에게 이것은 '대체로 동일한 시기일 것 같은 유구와 층'을 묶어버리면 되는 그저 단순한 사안이었다(Alexander 1970: 72). 고고학에서 층서를 연구함에 있어서 이토록 중요한 과제와 관계된 지침을 그렇게 찾아볼 수 없는 상황에서, 다음과 같은 말이 영국에서 가장 명성 높은 고고학자에게서 나왔다는 것도 놀랍지 않다.

> 연구에서 가장 힘들고 따분한 작업이 "순서파악"이라고 하는 것인데, 이를 통해 모든 층과 유구가 유적의 편년에 따라 순서대로 분류되어야만 한다(Webster 1974: 122).

또 다른 고고학 방법론 안내서에 따르자면, 다음과 같이 해야 한다는 것이다.

> 모든 단면에서 "순서파악"은 발굴기간 중에 하는 것이 필요한데, 왜냐하면 이 작업은 유적에서 발굴책임자와 현장감독자 사이의 협력이 필요하기 때문이다. 각 격자에 노출된 단면들을 이웃한 격자들의 단면과 분리시켜 순서파악을 실시하는 것은 충분하지 않은데, 이것은 왜냐하면 그런 작업의 총체적 결과는 유적 역사의 각 단계마다 유적 전체의 모습을 일관적으로 보여주어야 하기 때문이다. 성격이 복잡한 유적에서 발굴책임자는 건축이 이루어진 각 시기에 대한 평면도를 만들기 원할 것이며, 아마도 또한 주요 시기의

각 단계에 대해서도 그런 것을 원할 것이다. 이것은 단면들에 대한 순서파 악 작업이 이루어질 때에만 할 수 있다(Newlands and Breede 1976: 95).

순서파악 작업은 두 부분으로 이루어진 과정이다. 첫째는 층서를 만드는 것이고 두 번째는 그 층서를 문화단계와 시대로 나누는 것이다. 작업의 첫 부분은 전적으로 층서 증거, 즉 경계면과 관련된 증거의 분석에 기초하고 있다. 발견된 자료의 문화적, 역사적 의미에 대해서는 어떤 고려도 할 필요가 없으며, 이 첫 부분의 모든 작업은 발굴과정에 실시할 수 있다.

층서의 문화단계별, 시대별 구분은 발굴과정에도 실시할 수 있지만 유물 분석 결과에 따라 달라질 수 있다. 층과 경계면은 층서에서의 위치에 따라 '문화단계'라고 부르는 단위로 묶여 구획된다(예: 그림 47). 만약 건물의 기초공사나 도랑을 판 흔적과 같은 명확한 구조적 지표가 없다면 층서를 문화단계로 나누는 것은 유물과 연대자료의 분석결과를 기다려야만 할지도 모른다.

다음으로는 문화단계를 묶는 작업이 이루어져야 한다. 이를 통해 〈그림 48〉과 같은 상당한 층서적 의미를 지니는 '문화단계 순서'를 만들 수 있다. 이 문화단계 순서는 다시 또 보다 더 큰 단위인 '시대'로 묶여진다. 시대도 또한 '시대 순서'라는 도표로서 표시할 수 있다(그림 48). 〈그림 47〉과 〈그림 48〉은 이런 과정이 일반적으로 어떻게 진행되는지를 보여주는 도표이다. 그러나 이 두 도표는 이 책에서 제시하고 있는 생각에 비추어볼 때 더 이상 옳다고 할 수 없는데, 아래 설명의 일부 내용에서 그 이유를 알 수 있을 것이다.

고고학적 층서는 층서와 경계면의 문제, 퇴적과 비퇴적(즉, 침식)의 문제이다. 층서의 시대구분에서는 퇴적이 이루어진 시대와 이루어지지 않은 시대가 구분되어야만 한다. 쉽게 말해, 어떤 때에는 유적에서 도랑을 파거나 건물을 짓는 행위가 있었지만, 또 어떤 때에는 지표면이 그대로 일상생활에 사용되었을 것이다. 대부분의 고고학자들은 후자와 같은 경계면의 시기에 대해 단

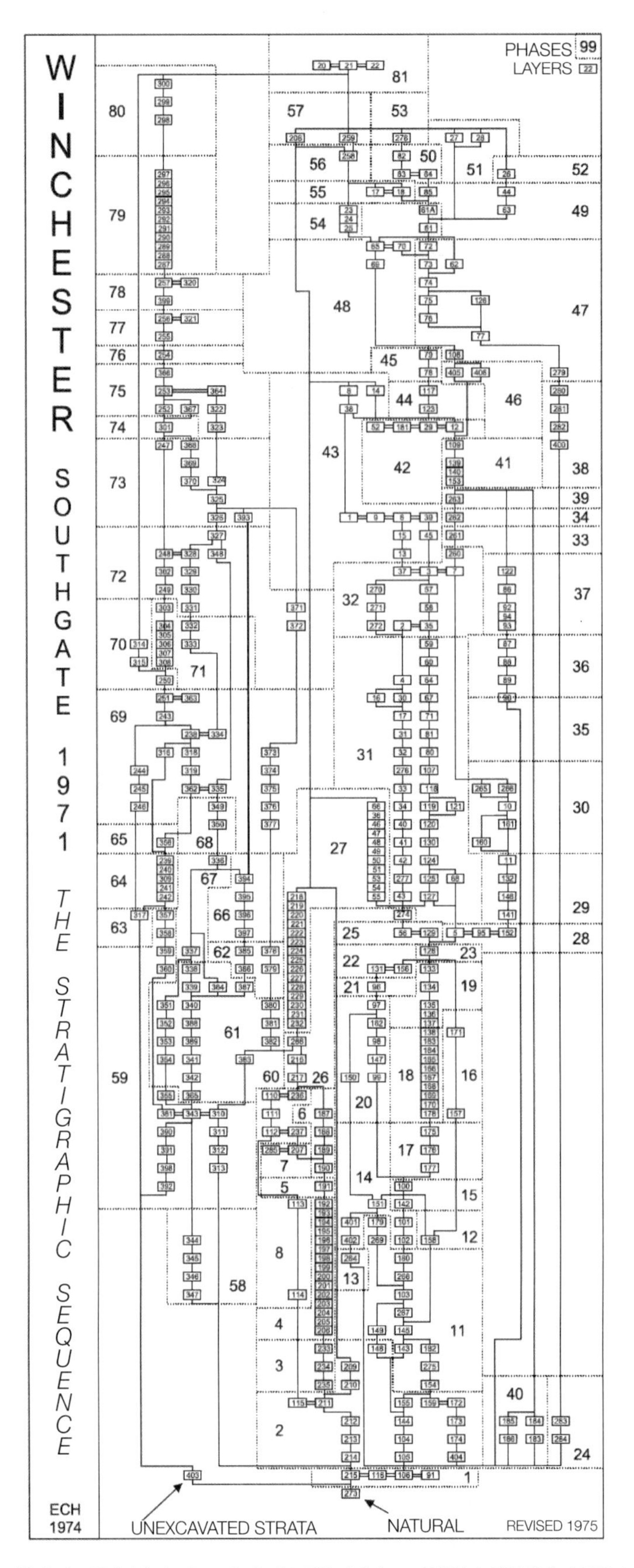

그림 47 영국의 어느 유적의 층서. 이 도표는 층서를 퇴적 단계만으로 구분한바, 잘못된 층서 구분의 사례이다.

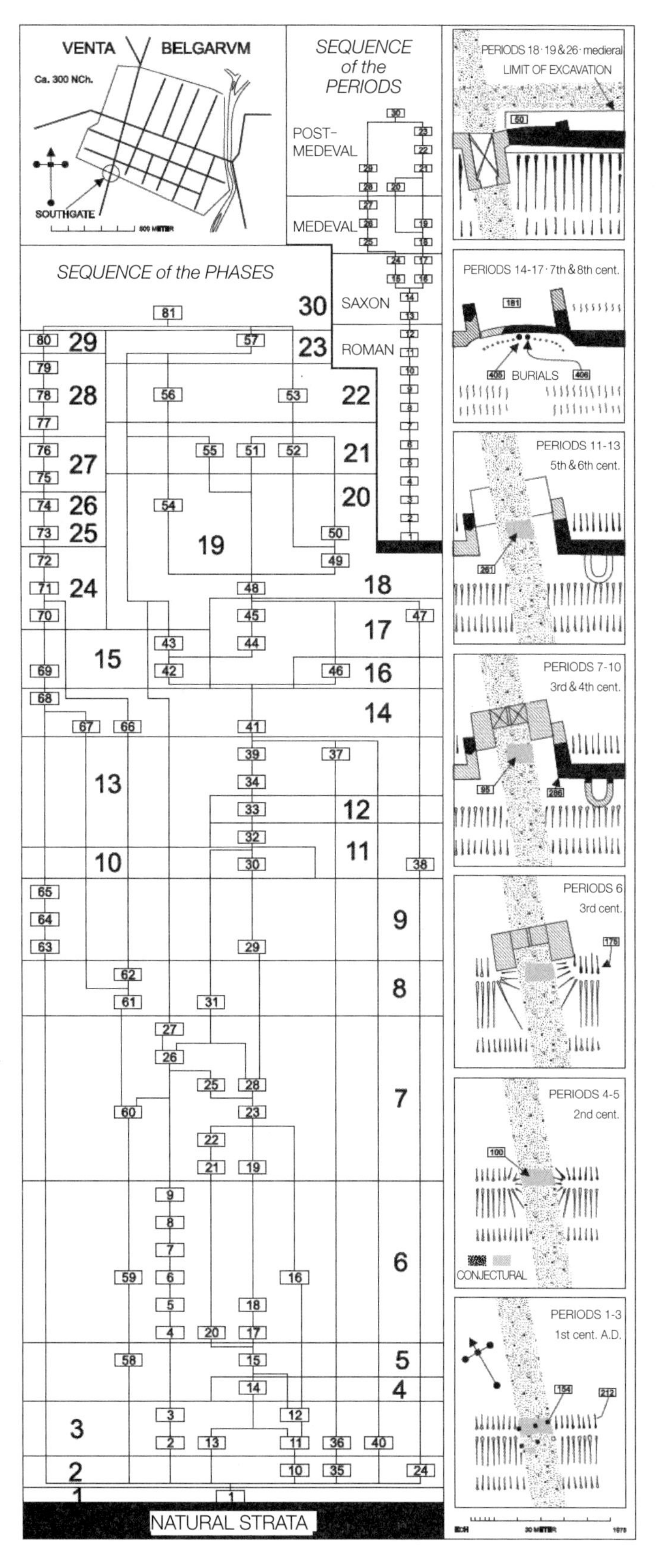

그림 48 〈그림 47〉에 소개한 유적의 문화단계와 시대의 순서는 일반적으로 층서를 단위별로 묶는 방법이 무엇인지 알게 해주나, 도표들은 단지 퇴적이 이루어진 문화단계와 시대만을 기록하고 있기 때문에 정확하지 않다.

지 암묵적으로만 인정하고 있지만, 그러나 이것이야말로 모든 유적을 구성하는 중요한 요소인 것이다. 고고학자들이 설정하는 '시대'는 주로 퇴적이 이루어진 시대, 층의 내부와 움직일 수 있는 고고자료가 쌓인 시대로서, 〈그림 47〉과 〈그림 48〉은 그러한 단계와 시대만을 보여주고 있다. 이 도표들은 유물 분석이 완료되기 서너 해 전에 작성된 것으로서, 따라서 최후로 이루어진 시대구분을 보여준다고는 할 수 없겠다.

〈그림 29〉의 단면을 나누어본 도면인 〈그림 25〉는 층서 구분에서 사용되어야 하는 문화단계 혹은 시대에는 두 가지 종류가 있음을 시사해준다. 즉, 도면에서 홀수는 퇴적, 짝수는 비퇴적의 시기를 가리킨다. 단면도는 퇴적의 시기를 가장 잘 보여주는 데 비해, 비퇴적의 시기는 평면도에서 가장 잘 알 수 있다. 따라서 〈그림 25〉의 경우, 유적의 기본적 층서 자료를 제시하기 위해 필요한 단면은 단 하나면 되지만 평면도는 12개가 필요하다.

층서를 발굴과정에서 문화단계와 시대로 구분하는 것이 가능할 수 있지만, 그러한 구분이 최종적이라고 여겨서는 안 될 것이다. 그것은 유적에서 실시한 다른 모든 조사 결과에 비추어 검증되어야만 하며, 필요하다면 수정되어야 한다. 그러나 수정이 어떻게 이루어지건 층의 순서 그 자체는 결코 바뀔 수 없는데, 왜냐하면 층서는 층과 층의 관계 그 자체만을 기초로 해 만들어진 것이기 때문이다. 시대구분은 편하다면 언제든지 시작할 수 있지만, 모든 발굴자료 분석이 끝나기 전까지는 완료할 수 없다.

〈그림 45〉에서 〈그림 48〉에 보이는 층서의 사례를 생각하며, 인공층위 발굴에 대해 언급할 순서가 되었다. 유적을 인공층위로 나누어 발굴한다면 다른 유적에서 얻는 것과 구별할 수 없는 층서를 얻게 될 것이다. 예를 들어, 우리가 길게 줄을 이어 연접한 9개의 격자를 각각 10cm 단위로 파내려가며 격자별 단위마다 번호를 붙여나간다고 했을 때, 퇴적층이 50cm 두께라면, 발굴에서 얻어질 층서는 〈그림 49〉와 같을 것이다.

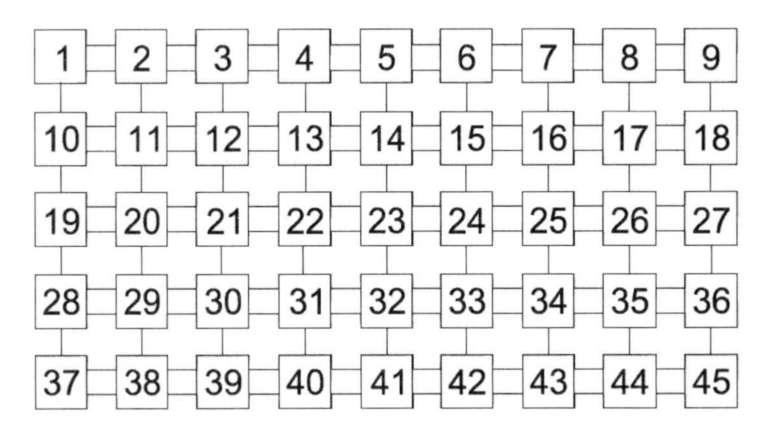

그림 49 인공층위로 발굴된 유적이라면 **그 어느 것에서건** 이와 같은 형태의 층서가 만들어질 것이다.

수평방향으로 동일한 깊이에 놓인 발굴단위는 실제로는 동일한 '층'이기 때문에, 일정한 깊이에 있는 모든 숫자의 단위들은 모두 '상호대비'되어야만 한다. 위에서 아래로 이어지는 다섯 개의 단위들은 서로서로 '누중' 상태에 있으며, 그림은 그런 모습을 보여준다. 따라서 이 층서는 별도로 검증할 하등의 가치가 없는 인위적 배열에 불과하다. 고고학 유적의 층서는 비록 그를 구성하는 단위가 반복적이며 몰역사적 형태임에도 불구하고 하나하나 독특한 성격인데, 왜냐하면 각 유적은 역사에서 고유한 순간을 대변하기 때문이다. 인공층위발굴에 의해 유적에 부여된 층서의 순서는 유적이 갖고 있는 고유한 층서를 파괴해버린다. '인공층서'는 모든 유적에서 동일한 모습으로서, 문화단계나 시대로 구분할 수 없다. 마찬가지로 그것들은 정상적인 층서가 갖고 있는 분석적 가치를 갖지 못하는데, 왜냐하면 층서는 **과거의 사건들을 무심코 기억하고** 있기 때문이다. 인위적 발굴로 만들어진 인공층서는 모든 경우에 있어 획일적으로서, 층서를 볼 수 있는 어떤 유적에서건 조사를 실시하는 고고학자라면 그가 누구든 이런 식의 것을 만드는 일은 수치이다. 그런데 사실 세계 어디에서도 유적은 거의 모두 층서를 갖고 있다.

층서의 확정과 시대구분은 발굴자가 수행해야만 하는 가장 중요한 과제이지만, 그것의 성격은 가장 잘 알려져 있지 않은 형편이다. 이런 과제들이 발굴 이후로 미루어짐으로써 많은 고고학자들은 발굴 도중에 층서와 관련된 문제들을 무시하게끔 되었으며, 그 결과 잘못된 층서기록을 만들었다. 그로 인한 즉각적인 결과로서 발굴보고가 오랫동안 지연되거나 전혀 발간되지 않는 일이 생기게 되었다. 또 이것은 새로운 문제의식과 조사목적에서 시도되는 유적의 재평가에 별 도움이 되지 않는 층서자료가 쌓이는 결과를 가져왔다. 층서를 작성한다는 것이 무엇인지 잘 이해하지 못한다면, 그러한 층서와의 관계 속에서 유물을 분석한다는 것이 무엇인지도 고고학에서는 제대로 이해하지 못하고 있다고 할 수 있을 것이다.

11

층서와 발굴자료 분석

Stratigraphic sequences and post-excavation analyses

이 책을 통해 계속 강조되었던 것은 고고층서의 분석은 층서를 구성하는 경계면의 성격을 연구하는 것이라는 점이다. 이러한 연구에서는 유적의 층서 확정과 시간의 흐름에 따른 유적의 지형적 변화 복원이라는 두 가지 성과를 즉각적으로 얻을 수 있다. 많은 경계면이 층의 표면인데, 층에는 상당히 다양한 내용의 움직일 수 있는 물건들이 포함되어 있다. 그 기원이 자연적일 수도 인공적일 수도 있는 이러한 유물들의 분석은 유적의 층서 발달과 관련된 시간순서와 지형의 특징에 환경적, 편년적 가치를 부여해준다. 달리 말하자면, 몰역사적 층서단위에 포함된 내용물이나 구조물의 배치에 대한 연구는 그러한 층서단위들에 역사적 의미를 부여해준다. 그러나 유물 그 자체는 몰역사적이며 반복적 특성을 갖고 있는데, 이제 이 점에 대해 생각해보자.

층에 포함된 유물의 몰역사적 특성 Non-historical aspects of contained remains

층에 포함된 유물의 분석은 그것들이 발견된 상대적 위치를 보여주는 층서에 기초해 이루어져야 한다. 층서는 유물과 상관없이 결정된다. 유물 연구는 그러한 층서에서 확인된 층의 상호관계를 바꿀 수 없다. 층서상의 사건과 유물을 구별해 다루는 자세를 유지하지 못했기 때문에 몇 가지 종류의 사실이 아닌 층서가 받아들여지게 되었는데, 이것들은 조금 뒤에 다룰 것이다. 여기서는 먼저 층에 포함된 유물이 지닌 몰역사적 속성들을 검토해보겠다.

지질학자들은 세 가지 유형의 화석이 지질층에 반복적으로 등장한다고 인식한다.

> 어느 한 시기의 암석에서 유래한 화석은 종종 침식되고 운반되어 보다 후대의 흙 속에 재퇴적된다. 따라서 이렇게 움직여진 화석은 원래 있던 화석과 뒤섞일 수 있다. … 상황에 따라 암석은 주위를 감싸고 있는 물질보다 늦은 시기에 속하는 어떤 화석을 포함하고 있을 수 있다(ISSC 1976: 47).

이러한 늦은 시기의 화석은 액체의 하방운동 혹은 동물의 굴 파기 때문에 보다 오래전의 층에 침입할 수 있다(ISSC 1976: 47).

지질학과 마찬가지로 고고학에서도 서너 종류의 몰역사적, 즉 반복적 유형의 화석을 정의할 수 있다.

1. 원 유물(indigenous remains; 동시기의 유물). 그것이 속에서 발견된 층이 형성될 무렵 만들어진 것으로서, 층과 동시기라고 여겨지는 유물.

2. 전래 유물(residual remains; 과거의 유물). 그것이 속에서 발견된 층의 형성보다 훨씬 이른 시기에 만들어진 것으로서, 이른 시기의 층 속에 있다가 이후 새로운 층을 만드는 흙을 얻기 위해 파헤쳐져 묻혔거나 혹은 전세품처

럼 오랫동안 세간에 전해 내려온 물건.

3. 침입 유물(infiltrated remains; 후대의 유물). 그것이 속에서 발견된 층이 만들어진 때보다 후대에 만들어진 것으로서, 다양한 방식으로 층 속에 들어오게 된 물건. 그런 것들이 층 속에 들어오게 된 방법은 층서 연구에 의해 밝혀질 수도 밝혀지지 않을 수도 있다.

1번 유형의 유물은 그것들이 발견된 층의 연대를 말해주기 때문에 말할 것 없이 가장 중요하다. 사람이 만든 물건을 제외할 때, 나무나 조개껍질도 연대측정을 할 수 있다(방사성탄소연대에 대해서는 〈그림 51〉 참조). 유물 분석에서 중요한 문제는 주어진 층에서 발견된 것 중에서 이런 것을 판정하는 일이다. 이런 분석에서는 층서를 검증하는 패턴이 매우 중요하다.

고고학자들은 '움직어진'이라는 지질학 용어 대신 '전래된'이라는 단어를 사용하고 있다. 이 파생어는 그 의미가 좀 모호한데, 아마도 이 단어는 어떤 물건이나 덩어리에서 떨어져 살아남은 일정량의 무엇을 가리킨다는 일반적 의미로부터 고고학에 채택되었다고 보인다. 전래 유물은 보다 이른 시기 층에 있던 원 유물 혹은 해당 시기의 층이 형성되고 한참 시간이 흐르도록 계속 사용된 물건이라고 여겨진다. 이 어휘는 '움직여진' 만큼 정확하지 않다고 생각되지만, 그러나 꽤 널리 사용되고 있기 때문에 받아들여도 좋겠다.

필립 바커는 전래 유물에 대한 흥미로운 사례연구를 제시하고 있는데(Barker 1977: 177), 원 유물이 '층에 도입된 시점'과 일련의 층에서 전래 유물이 나타나는 양상을 보여주는 도표를 싣고 있다. 여기서는 침입 유물에 대해서는 거의 언급하지 않고 있지만, 이론상 이것들은 아마도 보다 보편적으로 발견된 것이다. 후대에 파헤쳐진 일이 거의 없던 유적에서는 지상에 노출되어 후대 층에 전래 유물로 남게 될 유물은 거의 없을 것이다. 그러나 중력은 모든 물건을 땅속에서 아래로 움직이게끔 작용하는데, 물론 하방운동의 정도는 층이 어떻게 구성되었는가에 달려 있다.

전래 유물은 종종 퇴적층에서 발견되는 유물에서 가장 많은 부분을 차지한다. 특히 도시 환경에서 사람들의 굴착행위로 유물이 표면으로 노출되는 비율은 그 자체로서 층서에 혁명을 가져올 정도라고 할 만하다. 자연조건에서 전래 유물은 침식으로 층에서 벗어나 중력과 기타 영력의 작용으로 아래쪽으로 움직여 새로운 위치에 자리를 잡게 되지만, 그런데 대부분의 전래 유물은 중력에 거슬러 위로 움직여진 것이다.

침입 유물은 마치 순수한 화학적, 생물학적 시료가 흙에 오염된 것처럼 고고학에서 흔히 '오염물'이라고 일컬어진다. 이 말은 발굴을 제대로 하지 못해 층에서 얻은 유물들에 후대 물건이 포함되도록 하는 오염을 발생시켰다고 발굴현장 감독자를 은근히 비난하는 뜻을 지니고 있다. 발굴과정이나 유물의 분류와 세척에서의 실수를 논외로 할 때, 침입 유물은 언제 어디서나 있는 것으로서 많은 층에 그런 것들이 들어 있다. 오염 유물로는 동전이나 잘 알려진 토기와도 같이 눈에 잘 들어오는 종류의 것들만이 인식되는 것이 대체로 일반적이다. 지질학자가 제시할지 모르는 의견이지만(ISSC 1976: 47), 지질층에서는 여러 종류의 환경 자료들이 한 층에서 다음 층으로 쉽게 옮겨진다. 고화되지 않은 고고 퇴적층에서는 꽃가루처럼 미세한 크기의 것들이 더욱 잘 움직이게 된다(Dimbleby 1985; Schiffer 1987).

'역전층' 'Reversed stratigraphy'

고고학에서는 유물의 재퇴적 현상을 두고 '층이 역전되었다'고 잘못 정의해왔다(Hawley 1937). 이런 주장은 다음과 같은 식으로 제시되었다. 즉, 구덩이가 고고층서를 파고 들어왔을 때, 그 속의 물건들은 파낸 순서의 역순으로 구덩이 가까이에 쌓이게 되어, 가장 낮은 쪽의 흙이 흙더미 가장 위에 놓이게 된다(그림 14 참조). 그 결과, 가장 상층에 있던 유물이 흙더미 속에서는 그 아래쪽의 보다 이른 시기의 것들보다 아래쪽에 놓일 수 있다. 그러므로 층서는 위아래가 뒤집혔다, 즉 역전되었다는 것이다.

> 그러므로 불행히도 교란되지 않은 쓰레기 퇴적층 맨 아래쪽에 있는 유물들이 꼭대기의 것들보다 더 오래 전의 것임이 틀림없다고 분명하게 말하기 매우 힘든 것이다(Hawley 1937: 298-9).

몇몇 고고학자는 이 역전층의 개념을 받아들였는데(예: Heizer 1959: 329; Browne 1975: 99), 그런데 이것은 고화된 암석층이 뒤집힌 경우와 관련된 지질학적 생각에 기초하고 있다.

지질층이 덩어리째 뒤집히는 경우, 즉 '역전되는' 경우에도, 비록 층서에 약간의 변화는 오겠지만 층들은 원래의 성격을 거의 잃지 않으며 또 새로운 층이 만들어지지도 않는다. 따라서 한때 지질학에서는 역전이 일어나더라도 단지 층서를 위에서 아래로 읽기만 하면 된다고 여기기도 했다. 그러나 고고학에서 다루는 층은 고화되지 않은 것들로서, 그런 과정에서는 그 이전의 층이 파괴됨으로써 새 층이 생기는 일이 예외 없이 일어난다. 고고학의 '역전된 층서'에서 편년상 '역전된 것은 물건'이지 층이 아닌데, 왜냐하면 층은 파괴되었기 때문이다. 그러한 역전 현상은 발굴자가 유물을 확인하고 연대를 확정지을 수 있을 때에만 인식할 수 있는 것이다. 위의 사례에서 고고학자가 말할 수 있는 것은 단지 모든 유물들은 새로 만들어진 층에서 모순되는 위치를 차지하며 전래 유물로 남게 되었다는 것뿐이다. 역전층의 개념을 지지하는 이들의 주장이 논리적이 되기 위해서는 모든 발견 유물을 층에 고유한 원 유물인양 다루어야 한다. 역전층의 개념은 고고학에 가치가 없으며, 이것은 흙을 연구한 결과 제시된 것이 아니라 그 속에 들어있는 물건들의 층서 맥락을 제대로 생각하지 않은 채 주장된 것이다. 역전층이란 말은 단지 원 유물, 침입 유물과 전래 유물을 고고학 퇴적층에서 어떻게 구분할 것인가 하는 오래된 문제를 다시 언급한 것에 불과하다. 이것은 의미 있는 층서학적 원칙이 아니며 따라서 고고학에서 더 이상 사용되지 않아야 한다.

유물의 기록 Recording of artefacts

유물이 원 유물이건, 침입 유물이건, 혹은 전래 유물이건, 그 종류가 발굴에서 유물에 대한 기록에 영향을 끼치는 것은 아니다. 유물의 성격을 후에 구분하려면, 유물은 종류와 상관없이 모두 동일한 방식으로 기록되어야만 한다, 휠러가 주장하였듯(Wheeler 1954: 70), 유물 발견지점을 기록하는 주요한 방법은 3차원으로 기록하는 것이다. 3차원 기록에서는 유물의 평면 위치를 두 개의 축으로써 측정하고 해수면 같은 고정된 기준점과의 고도 차이를 측정함으로써, 발견지점의 위치를 공간 속에 고정시키게 된다. 유물의 시간적 상대순서는 유물을 그것이 발견된 층에 배치하는 층서학적 방법으로 결정한다. 유물이 그 정체를 알 수 있는 층에서 발견되었다면 유물에 층의 번호를 부여한다는 것은 어디서나 볼 수 있는 보편적 관행이 되었다. 시간적으로 유물이 어떤 차원에 놓여 있는지에 대한 판단은 유적의 층서에서 해당 층의 위치에 의해 결정된다.

몇몇 연구자들은 유물 발견지점의 고도를 측정하는 세 번째 축이 바로 유물의 시간적 위치를 말해준다고 여겨왔다. 동일한 높이에서 발견된 모든 유물은 동일한 연대 내지 동일한 때에 퇴적되었다고 여겼던 것이다. 잘 알려진 한 도면을 통해, 휠러는 이러한 관행이 고고층서학의 원칙에 어긋난다고 부정적인 판단을 내렸다(Wheeler 1954: fig. 11). 그런데 미리 정해진 단위만

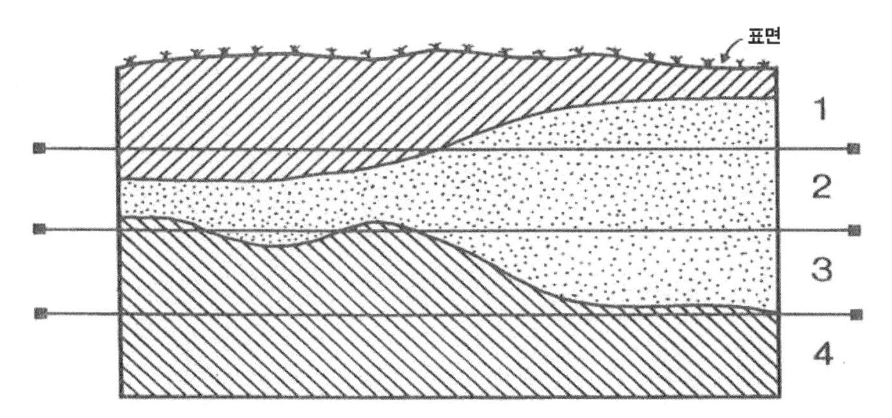

그림 50 유적이 인위적 단위로 발굴될 경우 상이한 층에 속하는 유물이 어떻게 섞이는지 보여주는 도면(출전: Deetz 1967: fig. 2; 자료제공 Doubleday and Co.).

큼씩 땅을 파나가는 인공층위 발굴을 사용하는 사람들은 이 생각을 계속 버리지 못하고 있다. 그렇게 만들어진 일정 두께의 '계량된 층'이 매장된 물건들의 시간적 위치를 말해주며, 주어진 높이에서 발견된 모든 유물들은 동시대의 것이라고 여기고 있는 것이다. 이러한 방식은 '계량적 발굴'이라고 일컬어져 왔으며(Hole and Heizer 1969: 103-112), 이 책 제10장에서는 '인위적 발굴'이라고 하였다. 계량적 발굴이란 용어는 잘못된 명칭인데, 왜냐하면 이것은 층서가 아니라 땅을 파는 방식과 관련된 문제이기 때문이다. 발굴을 위해 인공적으로 설정한 단위가 고고퇴적층에서 발견된 유물의 시간적 위치를 뜻한다고 생각할 때 발생하는 어려움은 〈그림 50〉에서 볼 수 있다. 인위적 발굴은 상이한 층에 속하는 유물을 서로 섞어버려 유물의 층서와 편년 관계를 어떻게 해볼 수 없이 뒤섞고 마는 것이다. 인위적 발굴은 어떤 것이 원 유물인지, 전래 유물인지 혹은 침투 유물인지에 대한 판단을 불가능하게 만든다. 이것은 서로 다른 층을 섞어버림으로써 모든 유물을 전래 유물로 만들어버리는데, 왜냐하면 발굴자가 하는 일이란 인위적 형태의 새로운 층을 만드는 것에 다름 아니기 때문이다.

층서 발굴에서는 모든 유물이 층 번호에 맞추어 기록되지만, 3차원 기록은 대개 특별한 발견품에 대해서만 한정적으로 이루어진다. 기록을 마친 다음에는 유물의 연대와 궁극적으로는 유물이 발견된 층의 연대가 판정되어야만 한다.

유물과 층의 연대측정 Dating of artefacts and strata

고고층서 그 자체는 그 속에 포함된 자료를 검토하지 않고는 연대를 측정할 수 없다. 층들은 단지 순서적으로 배치될 수 있을 뿐으로서, 층서라 불리는 이 순서를 완성하는 것이 발굴자의 가장 중요한 책임이다. 일단 층서 판정이 이루어지면(예: 그림 51), 층 속에서 발견된 유물의 연대 및 그로부터 추정되는 층의 형성 연대를 판단할 수 있다.

고고 퇴적층에서 발견되는 유물 혹은 자연물은 서너 종류의 연대를 갖고 있다.

> 발견된 자료는 그것이 만들어진 때를 뜻하는 기원 연대를 갖고 있다. 그것은 또한 그것이 주로 사용되었던 시기에 해당하는 시간적 폭을 갖고 있다. 마지막으로 그것은 고의적이건 우연 때문이건 그것이 땅 속에 들어간 때를 의미하는 퇴적 연대를 갖고 있다(Dymond 1974: 31).

유물은 그것이 놓인 층 속에 언제 들어갔는가에 따라 원 유물이거나 침입 유물이거나 전래 유물이 된다. 층의 연대측정과 관련해, 고고학자는 아래 지침을 가장 자주 사용하고 있다.

> 유물이 발견된 층의 연대 그 자체에 가장 가까운 연대임에 틀림없는 것은

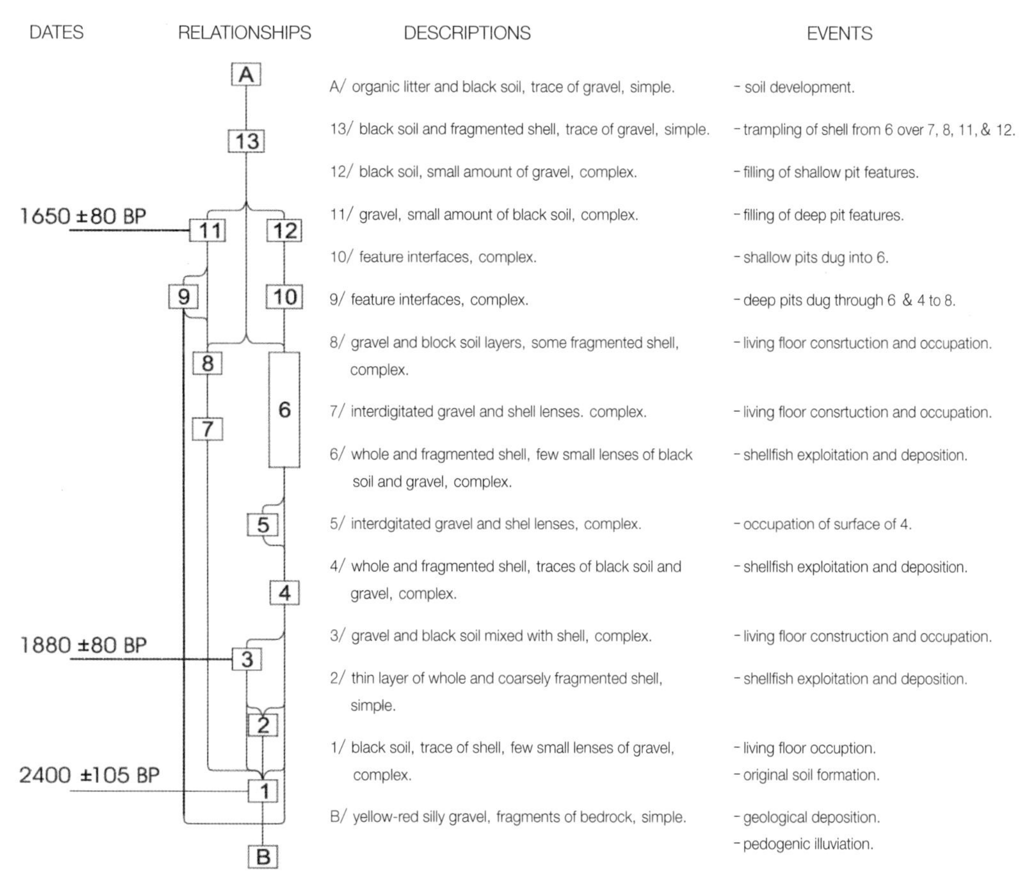

DATES
RELATIONSHIPS
DESCRIPTIONS
EVENTS
A
13
12
11
10
9
8
7
6
5
4
3
2
1
B
1650 ±80 BP
1880 ±80 BP
2400 ±105 BP
A/ organic litter and black soil, trace of gravel, simple.
- soil development.
13/ black soil and fragmented shell, trace of gravel, simple.
- trampling of shell from 6 over 7, 8, 11, & 12.
12/ black soil, small amount of gravel, complex.
- filling of shallow pit features.
11/ gravel, small amount of black soil, complex.
- filling of deep pit features.
10/ feature interfaces, complex.
- shallow pits dug into 6.
9/ feature interfaces, complex.
- deep pits dug through 6 & 4 to 8.
8/ gravel and block soil layers, some fragmented shell, complex.
- living floor consrtuction and occupation.
7/ interdigitated gravel and shell lenses. complex.
- living floor consrtuction and occupation.
6/ whole and fragmented shell, few small lenses of black soil and gravel, complex.
- shellfish exploitation and deposition.
5/ interdgitated gravel and shel lenses, complex.
- occupation of surface of 4.
4/ whole and fragmented shell, traces of black soil and gravel, complex.
- shellfish exploitation and deposition.
3/ gravel and black soil mixed with shell, complex.
- living floor construction and occupation.
2/ thin layer of whole and coarsely fragmented shell, simple.
- shellfish exploitation and deposition.
1/ black soil, trace of shell, few small lenses of gravel, complex.
- living floor occuption.
- original soil formation.
B/ yellow-red silly gravel, fragments of bedrock, simple.
- geological deposition.
- pedogenic illuviation.

그림 51 뉴브런즈윅의 패트리지 섬(Partridge Island)에 있는 어느 패총 층서의 일부. 방사성탄소연대는 퇴적이 이루어진 순서에 잠정적인 시간적 의미를 부여해주고 있다. 퇴적층들은 또 해리스매트릭스로 설명되고 해석되어 이 방법이 종래에는 층서학적 방법을 적용할 수 없다고 많은 고고학자들이 생각하던 유적에 대해 유용하게 사용될 수 있음을 과시해주고 있다(자료제공 David Black).

> 가장 오래되지 않은 유물 내지 유물들이다. 다시 말해 그런 것은 상한연대를 제공해주는바, 층의 연대는 해당 물건이 제작된 연대 **이후**임에 틀림없다는 뜻이다(Dymond 1974: 30).

이 공리적 지침은 층이 완전히 밀폐되어 후대에 어떤 침입도 없었다는 것을 전제로 한다(Barker 1977: 175).

층의 연대 판정을 위해서는 발견 유물 가운데에서 원 유물을 가려내는 것이 중요하다. 왜냐하면 원 유물은 층이 형성된 연대에 가장 가깝겠지만 전래 유물과 침입 유물은 그보다 훨씬 빠르거나 늦을 것이기 때문이다. 이러한 판별작업의 어려움은 과소평가할 수 없는데, 바커는 이 문제를 잘 설명하고 있다(Barker 1977: 171-8).

하나의 층에서 발견된 유물을 정리하고 나면, 층서에서 발견된 다른 것들과 비교해야만 한다. 원 유물이라고 생각되던 유물도 위, 아래층과 비교해 보니 사실은 전래 유물이거나 침입 유물이라고 판정될 수도 있다. 층에서 연속적인 단계로 발견된 동전의 연대 문제를 보여주는 〈그림 52〉는 이 문제와 관련된 한 사례이다. 그림에서 제6단계의 565년이 층의 연대를 제대로 말해주는 연대라면, 제7, 9, 15 및 27단계의 동전들은 모두 전래 유물이 된다. 만약 각 단계를 하나씩 별도로 본다면 발견된 동전의 연대가 층의 연대를 말해준다고 생각할 수 있을 것이다. 한 층에서 발견된 유물을 유적의 다른 층에서 발견된 것들과 비교연구하지 않음으로써 잘못된 결과를 얻게 되는 사례는 매우 흔하다.

유물을 비롯해 층에 포함된 여러 종류의 자료 및 그것들이 발견된 층의 연대는 측정이 가능할 수 있다. 또한 층 사이의 경계면의 연대도 추정할 수 있다. 예를 들어, 구덩이의 연대는 그것이 자르고 들어간 층 가운데 가장 늦은 시기의 층보다는 뒤지지만 그 내부를 채우고 있는 층 가운데에서 가장 이른 시기의 층보다는 앞서는 시기가 될 것이다. 이런 식으로 유적의 퇴적층을 분석해 나감으로써, 층과 경계면의 연대측정은 발굴자로 하여금 층서와 관련된 다른 자료만으로 추정할 수 없는 문화단계와 시대를 인식하게끔 도움을 준다.

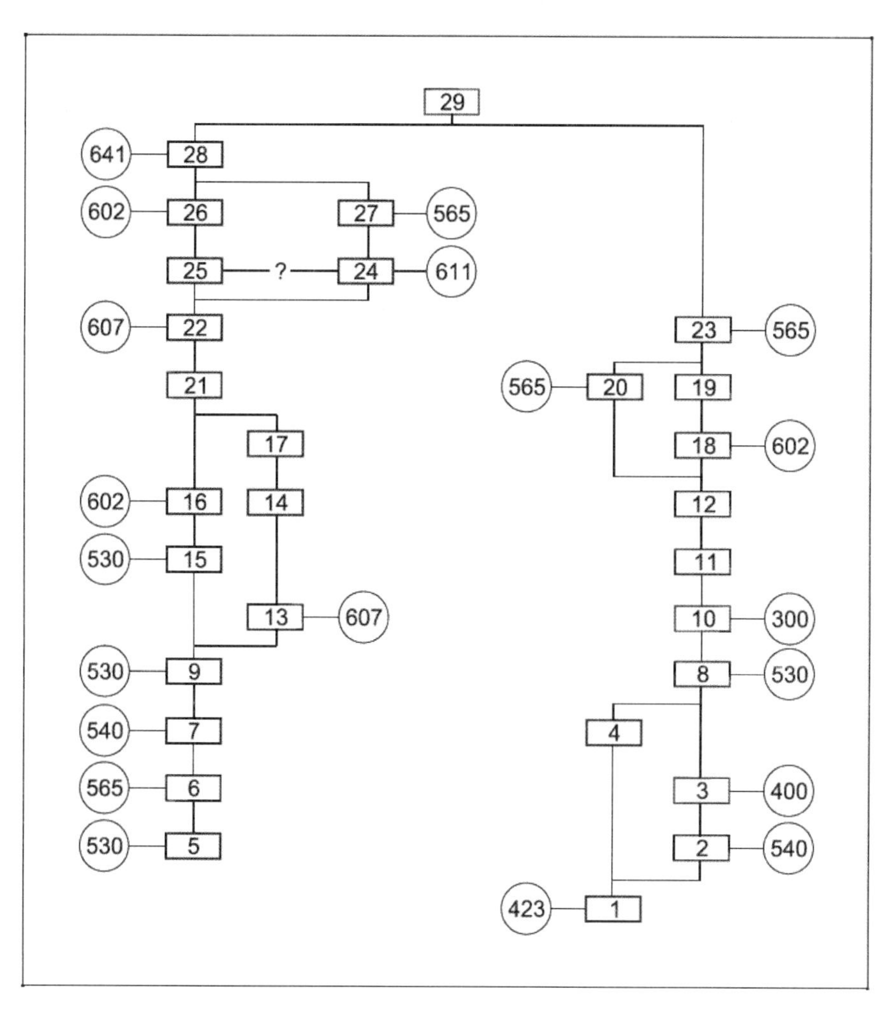

그림 52 도표의 그림의 동전 분석 사례는 유물 분석에 사용되는 '문화단계 순서법'의 사례이다. 동그라미 속의 숫자는 특정 단계에 속하는 가장 늦은 시기 동전의 연대이다(출전: Harris and Reece 1979: fig. 4).

'수평층서' 'Horizontal stratigraphy'

유물이라는 증거의 연대측정과 관련된 문제는 고고학에서 층서에 대해 다음과 같은 또 다른 종류의 잘못된 생각을 하도록 만들었다.

상대적으로 유물이 풍부한 청동기시대 매장유적과 후기청동기시대 옹관 묘지에서 문화단계는 수평층서를 바탕으로 설정할 수 있다(Thomas and Ehrich 1969: 145).

층서 연구는 층과 경계면의 누중관계에 기초하고 있다. 바로 이 층의 누중관계는 어떤 유적에서 부분적으로 존재하지 않을 수 있는데, 그런 곳에서 문화단계와 시대는 층 속에 들어 있는 내용물을 바탕으로 구분할 수밖에 없다. 유물을 바탕으로 한 이러한 분석에서 고고학자는 중첩된 층이 없는 유적에서 사용구역이 변화해나간 양상을 파악할 수도 있다(예: Eggers 1959: fig. 5). 이런 분석은 '수평층서'라고 잘못 부를 것이 아닌데, 이러한 종류의 유물의 상호대비는 종종 발굴 이후의 분석에서 이루어진다. 많은 발굴에서, 구덩이와 유구는 서로 직접 누중관계를 보여주며 연결되는 것이 아니라 얼마간 거리를 두고 수평적으로 떨어져 분포한다. 이것들은 각각 유적의 층서에서 상이한 위치를 점하고 있다. 이것들을 동일하거나 상이한 시대로 배정하는 시대구분은 유구 내부를 채우고 있거나 자르고 지나간 층에 들어있는 내용물을 바탕으로 이루어져야 한다. 다시 말하지만 수평층서란 정상적인 유물 분석 행위를 가리키는 잘못된 명칭이다. 이것은 층서학적 분석방법이 아니며 그렇게 말해서는 안 될 것이다.

모든 유물 연구는 개별 층과 경계면의 연대 파악을 그 주요 목적으로 한다. 이를 통해 우리는 상대적 층서를 절대시간의 단위인 연으로 표시되는 인류사의 편년과 대응시킬 수 있다. 유물이라는 편년 기준이 없다면 고고유적의 층서는 역사나 문화적 가치가 없어진다.

주어진 유적에서 고고층서의 발달상황은 발굴자에게 층서, 구조 및 지형에 대한 정보를 제공해준다. 층에서 발견되는 인공 유물과 자연물은 그러한 정보들이 역사, 환경, 문화 및 편년에 있어 어떤 배경에 놓여 있는지 말해준다. 유적의 층서 증거와 유물 자료를 대응한 결과 알게 된 유적의 역사는 다른 유적과 비교할 수 있을 것이다. 그러한 광역적 연구에서 한 유적의 층 하나하나는 흙이 쌓여 만들어진 퇴적물로서 매우 국지적 성격을 지니기 때문에 층 자체의 구성물이나 특성을 다른 유적의 것들과 비교할 가치가 없다. 여러 유적의 역사를 연결시켜주는 것은 층 그 자체가 아니라 유물인 것이다. 그런데 유물 비교의 가치는 층서 자료의 질에 달려 있다. 고고층서학의 관점에서 층서가 발달한 유적의 유물을 연구하는 이들은 그 동안 발굴자들의 도움을 잘 받았다고 말하기 어렵다. 지난 수십 년 동안 고고층서학이 제대로 발달하지 못함으로써 유물에 대한 연구의 발전도 지장을 받았는데, 왜냐하면 유물을 분석하는 이들이 자신의 연구결과를 검증할 수 있는 완벽한 층서자료를 받는 경우가 거의 없기 때문이다. 그러한 검증에서 결여되어 왔던 주요한 내용은 유적의 층서에 의해 제공되어야만 하는 층서의 양상인데, 1970년대 이전까지는 유적에서 시간의 흐름에 따른 층서 발달의 4차원적 모델을 도식화해주는 간단한 방법이 전혀 없었던 것이다.

유물과 층서 Artefacts and stratigraphic sequences

고고학 유적에서 발견되는 층서는 단선적일 수도 다원적일 수도 있다. 단선적 층서를 갖고 있는 유적은 마치 카드가 하나씩 겹쳐 쌓여 있듯 층서단위가 차곡차곡 중첩하고 있어 단 한 줄의 편년적 사건으로 구성되어 있다. 사람이 만든 층서는 매우 다양하기 때문에, 고고학 유적이 단선적 층서를 갖고 있는 것은 예외적인 경우라고 단정할 수 있을 것이며, 일반적으로 유적은 다원적 층서를 갖고 있다. 모든 다원적 층서는 예를 들어 서로 관계가 없는 여러 구덩이 속의 퇴적층의 층서와도 같이 서로 독립적인 일련의 단선적 층서로 구성되어 있다. 유물에 대한 연구를 통해 그러한 단선적 층서와 그 층서단위를 다른 단선적 층서와 비교하면, 다양한 다원적 층서를 조합할 수 있다. 층서의 다양한 조합이 고고학에 던지는 몇 가지 문제를 해명하기 위해서는 이러한 개념들의 정의를 생각해보아야 할 것이다.

1. 단선적 층서. 이것은 그에 속하는 층서단위의 중첩 순서에 따라 전적으로 그 순서를 결정할 수 있는 층서이다. 일단 결정된 층서단위의 상대적 순서는 바뀔 수 없으며, 다만 층서 관찰이나 기록에서 잘못을 저질러 오로지 층서 그 자체와 관련된 정당한 이유가 있을 때에만 정정할 수 있다.

2. 다원적 층서. 이것은 유적을 구성하는 층서단위 일부가 중첩관계에 기초한 위치 판단이 불가능할 때 발생하는 층서이다. 따라서 유적의 층서는 상대적 시간의 틀 속에서 여러 방향으로 독립적으로 전개되는 여러 축으로 구성된다. 이러한 독립적인 시간적 변화의 축들은 특정한 층서적 사건이 이것들을 덮어버려 개별적 변화 과정이 중단될 때까지 독자적인 단선적 층서로서 발달할 수 있다. 그러므로 다원적 층서는 대개의 경우 서로 간에 중첩관계로 연결되지 않는 여러 개의 단선적 층서로 구성되어 있다. 다원적 층서를 구성하는 이러한 독자적 부분들 사이의 편년적 관계는 층서가 아닌 다른 자료의 분석으로 결정되어야만 한다. 그렇게 할 때 만들어지는 다원적 층서는 단 하나가 아니며, 편년에서 상이한 양상을 보이는 층서의 조합이 나타나게 된다.

3. 다원적 층서의 조합. 여기서 조합이란 층서를 구성하는 층서단위의 편년 순서에 있어서의 변화라고 정의하고자 한다. 각 조합은 만들 수 있는 상이한 층서단위의 배치로서 기록된 층서관계와 모순되지 않는 것을 말한다.

층서의 조합이라는 개념은 다원적 층서의 분석과 연계되어 있다. 하나의 다원적 층서를 구성하는 부분들, 즉 독립된 단선적 층서들 사이에서는 이리저리 분석을 달리할 수 있고 층서의 조합이 다양하게 나타날 여지가 많이 있다. 달란드도 층서 조합의 개념을 독자적으로 발견했는데(Dalland 1984), 그의 글과 필자의 답변을 읽기를 권하는 바이다(Harris 1984).

이 문제와 관련한 설명을 위해, 〈그림 53〉의 A는 어느 상상의 분구를 가로지르는 단면을 정상적인 방법으로 기록한 것으로서, 유적의 층서는 F에 도시되었다. 도시된 층서는 다원적 층서로서, 4개의 가지를 치고 있다. 이 가지들은 몇 개의 단선적 층서를 보여준다. 즉, 늦은 시기부터 이른 시기로 거슬러 올라가 살펴보면, 〈A: 1, 2, 3, 4, 7, 13〉, 〈B: 1, 2, 3, 4, 10, 11, 12, 13〉, 〈C: 1, 2, 3, 4, 10, 9, 8, 13〉, 〈D: 1, 2, 3, 5, 6, 8, 13〉이라는 네 개의 순서를 찾을 수 있다. 이것들 중에서 1, 2, 3, 13번 단위는 고정된 것으로서 층서 조합에서 그 위치는 변하지 않는데, 다시 말해 그 속에서 발견된 것들은 정의에 의해 다른 것들보다 늦거나 이른 시기에 속한다. 층서 증거에서 이에 대한 이론의 여지는 있을 수 없다. 다른 층서단위 사이에서는 단순한 조합을 만들 수도 있고 복합적으로 조합을 만들 수도 있다. 전자는 〈그림 53〉의 G에서 보는 바와 같은 것들로서, 이 도면에서 상자들은 절대적 시간에서 가능한 위치를 보여주도록 배치되었는데, 다시 말해 3번 단위는 4번보다 늦으며 4번은 5번보다 늦은 시기임을 보여준다. 유물 분석이 이러한 배치를 지지해줄 수 있을 것인가를 살펴야 할 것이다.

〈그림 53〉의 G는 4에서 12번에 이르는 층서단위들 사이에서는 모두 231개의 조합을 찾을 수 있음을 보여주고 있는데, 각각은 유물에 의해 지지될 수도 그렇지 못할 수도 있다. 이러한 조합은 각 단위에서 발견된 유물은 서로 비교할 수 있으며 유물의 연대측정은 어떤 조합이 편년적으로 가장 그럴 듯한 해답이 되는지 말해줄 수 있다는 생각을 바탕에 깔고 만들어졌다. 이 가상의 예에서, G에 보이는 한 조합은 11번이 5번보다 후대이고 5번은 다시 12번보다 후대라고 설정되어 있으나. 유물 분석 결과에서 11, 12, 5번의 순서가 가장 그럴 듯하다고 결론내릴 수도 있겠다.

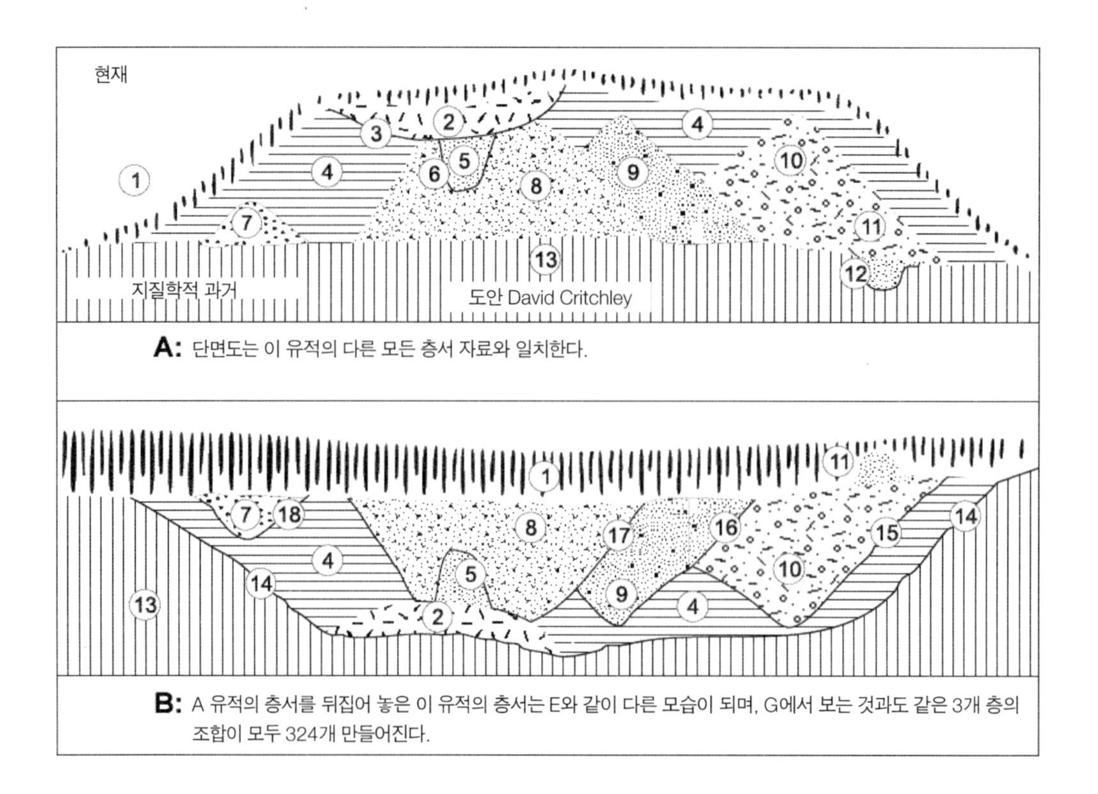

A: 단면도는 이 유적의 다른 모든 층서 자료와 일치한다.

B: A 유적의 층서를 뒤집어 놓은 이 유적의 층서는 E와 같이 다른 모습이 되며, G에서 보는 것과도 같은 3개 층의 조합이 모두 324개 만들어진다.

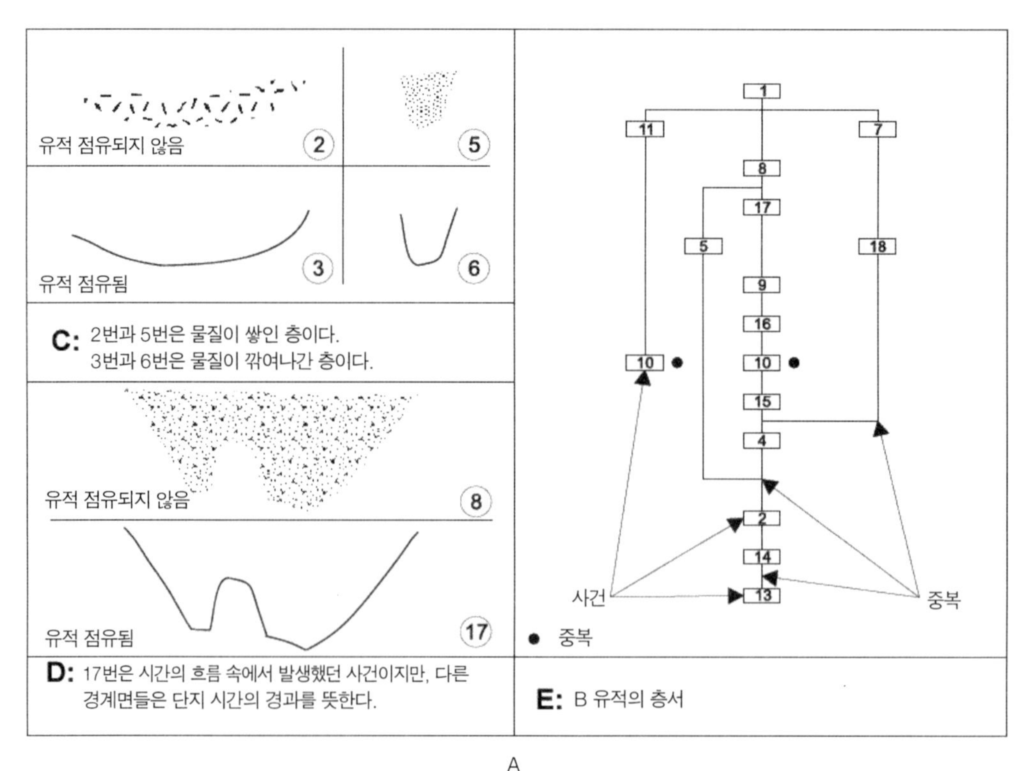

C: 2번과 5번은 물질이 쌓인 층이다.
3번과 6번은 물질이 깎여나간 층이다.

D: 17번은 시간의 흐름 속에서 발생했던 사건이지만, 다른 경계면들은 단지 시간의 경과를 뜻한다.

E: B 유적의 층서

A

그림 53 A에 보이는 분구의 층서는 오른쪽 페이지의 F에서 볼 수 있다. 9개의 층서단위는 모두 231개의 조합으로, 다시 말해 절대적인 시간과 관련된 층서단위 관계의 변화로 읽힐 수 있다. 층서 자체의 한계는 만들어지는 조합의 수를 제한한다.

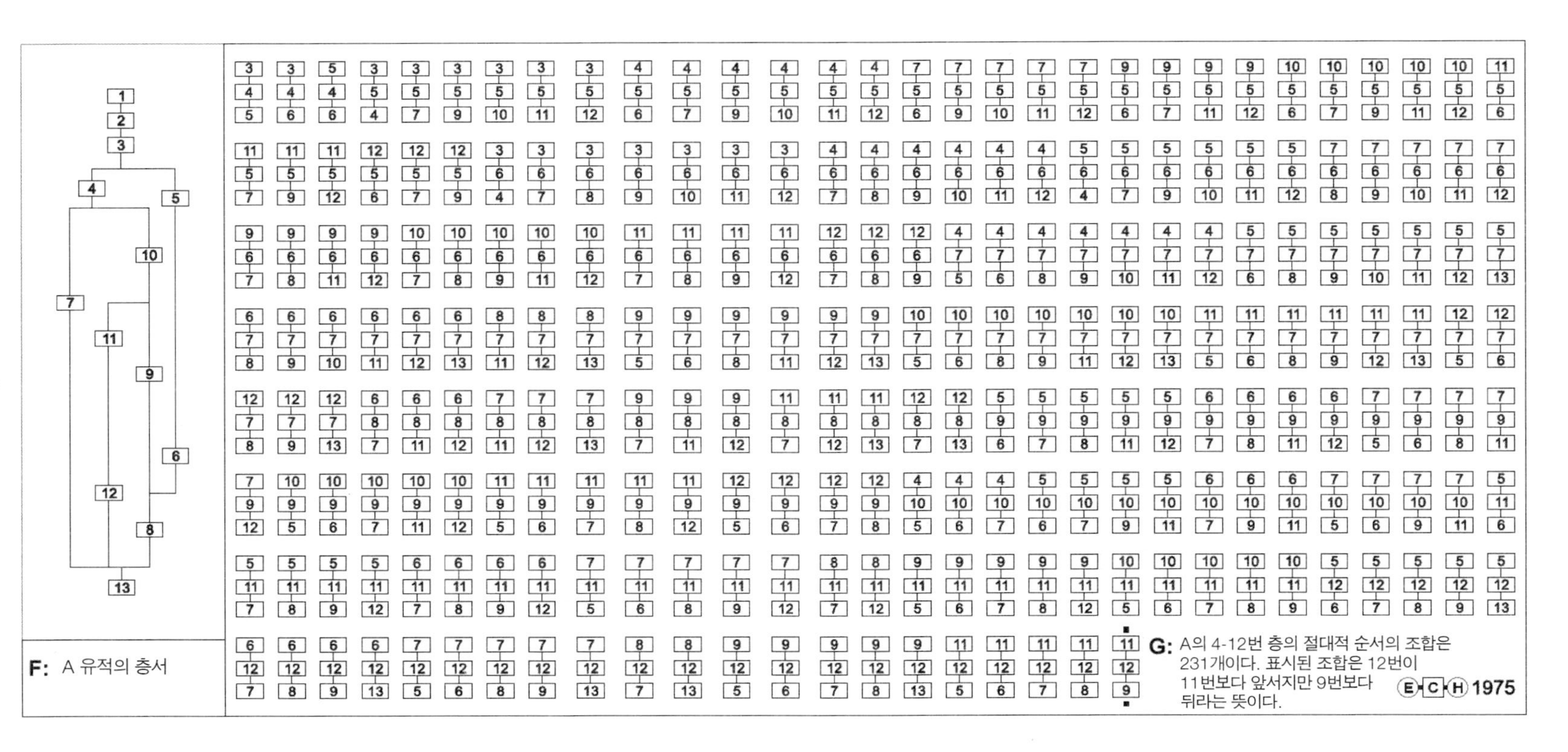

F: A 유적의 층서

G: A의 4-12번 층의 절대적 순서의 조합은 231개이다. 표시된 조합은 12번이 11번보다 앞서지만 9번보다 뒤라는 뜻이다.

E-C-H 1975

B

〈그림 5〉의 F에서는 복합적인 조합을 만들 수도 있음을 확실히 알 수 있다. 예를 들어, 5번과 10번은 9번 단위보다 후대이며 9번은 6번과 7번보다 후대라고 할 수도 있다. 조합의 수는 물론 분석 대상의 층서적 연결이 무엇인가에 의해 제약받게 된다. 그렇긴 해도 모든 다원적 층서에서는 매우 많은 수의 조합이 존재하며 또 찾을 수 있다.

이러한 층서 조합은 유적에서 수습한 유물의 연구로부터 유래하게 된다. 층서 조합은 층서적으로 연결되지 않는 층서단위들의 상대적 위치를 더 이르다거나, 더 늦다거나, 같은 시기라거나 하는 식으로 판단함으로써 절대적 시간단위의 연대와 관련시키며 고정시켜 준다. 이러한 조합은 유적 층서에서 층서단위 사이의 층서학적 관계에 변화를 가져오지는 않는데, 그러한 관계란 발굴자가 고고층서학의 법칙에 따라 결정하는 것이다. 그러나 층서단위는 자신이 속한 층서 속에서 그 위치가 위로 올라가거나 내려갈 수 있으며, 따라서 같은 시기의 층이나 유구가 도표에서는 수직적으로 같은 위치에 나타날 수 있다. 층서의 조합은 따라서 그것들이 결정해줄 수 있는 시대와 관련해 도표가 길게 늘어나는 결과를 가져올 수 있다.

유물 분석을 통한 층서 조합의 연구 결과는 〈그림 45〉에 보이는 트릭스의 작업과 같이 고고학자가 층서를 문화단계와 시대로 구분함에 필요한 증거를 줄 것이다. 유물에서 얻은 정보는 유적에 대한 문헌기록 같은 다른 종류의 자료와 유적에 남은 구조물의 성격과 비교되어야만 한다. 또한 층서는 바로 문화단계로 구분될 수도 있는데, 그러한 문화단계가 유물에서 보이는 시간적 변화의 순서를 말해주더라도 변화의 순서 그 자체는 유적의 구조적 역사에서 보이는 문화단계와 관계가 없거나 뛰어넘는 것일 수 있다.

이러한 방식에 따라 리처드 제라드는 토론토의 포트 요크(Fort York) 유적에서 수습한 유물을 발굴에서 알려진 층서에 연관시키며 흥미로운 연구를 하였다(Gerrard 1988). 〈그림 54〉에서 보듯, 그는 층서 자료를 각 층에서 발견

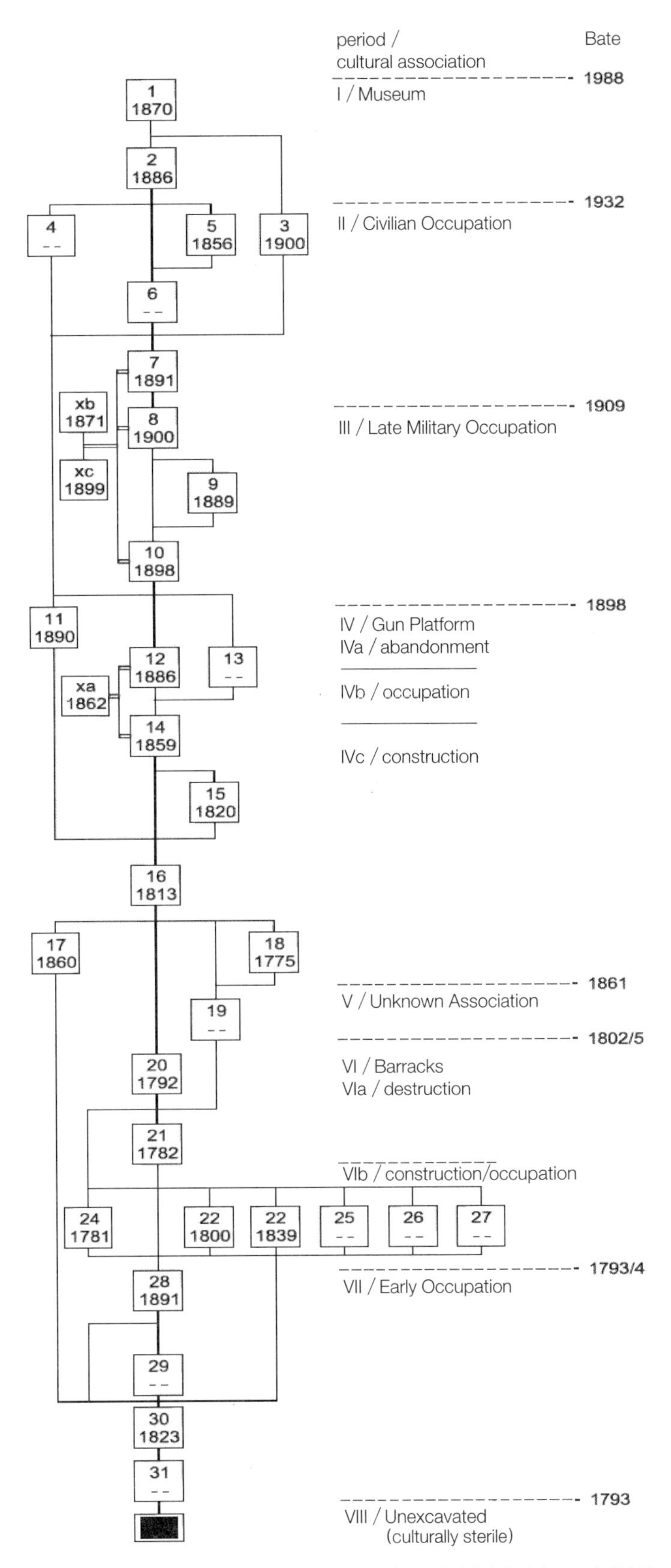

그림 54 토론토의 포트 요크 유적의 층서. 각 단위에 해당하는 평균토기연대가 추가된 도표이다(출전 Gerrard 1988: 자료제공 저자).

된 토기군의 평균토기연대와 결합시켜 보았다. 〈그림 55〉는 다시 토기 자료의 다양성 지표를 도입한 도표로서, 이를 통해 주어진 퇴적층에 포함된 침입유물이나 전래 유물을 확인하려 하였다. 이와 유사하게 트릭스(Triggs 1987) 역시 유물군에서 유물 제작과 퇴적 사이의 시간차(Adams and Gaw 1977; Rowe 1970) 검토를 위해 층서를 이용하였다. 이상과 같은 연구는 층서와 유물 사이의 분석이 앞으로 이루어져야 할 방향을 가리켜준다.

일단 유적의 층서와 유물 연구가 완료되면, 유사한 시기의 다른 유적의 자료와 비교하는 것이 필요하다. 한 유적을 대상으로 층서단위 관계 분석에 사용된 방법들은 넓은 의미에서 유적과 유적의 비교연구를 위해서도 적용될 수 있다. 〈그림 56〉을 예로 들자면, 하나의 유적을 다른 유적과 비교하면 보다 많은 층서의 조합이 나타나게 될 것이다. 층서학적 분석방법이 보편적으로 그리고 동질적으로 사용되지 않기 때문에 이런 문제는 실제로 일어날 수 있다. 그림에서, 1960년대 후반에 A, B, C 유적이 발굴되었지만 C는 층서도의 모습도 납작하고 많은 층이 대비되었다는 점에서 기록이 부실하게 이루어졌을 것이라고 여겨진다. D와 F도 도표에서 드러나는 중앙 발굴둑을 사이로 많은 층이 대비된 모습이다. 이러한 종류의 층서대비는 둑 부분을 발굴했는지 또 했다면 어떻게 했는지에 따라 층서 판단에서 상당히 많은 실수를 저질렀을 수 있다. E는 층서를 가장 잘 보여주고 있는 도표이지만, 이를 포함해 모든 도표가 지금은 그 필요성이 널리 인정되는 방식으로 유구경계면을 기록하지 않은 듯하다.

여기서 정의한 층서와 연관된 유물 연구는 아직 걸음마 단계에 있다. 이 11장의 내용 일부에서 그러한 연구에서 발전을 가져올 수 있는 약간의 방법과 앞으로 마주칠 약간의 문제를 보여주려 했다. 층서와 연관된 유물 연구의 질은 층서자료의 질과 직접적으로 비례하며, 층서 기록의 작성은 고고학자의 가장 중요한 임무이다. 우리가 전문가로서 여겨지기를 원한다면 우리는 바로

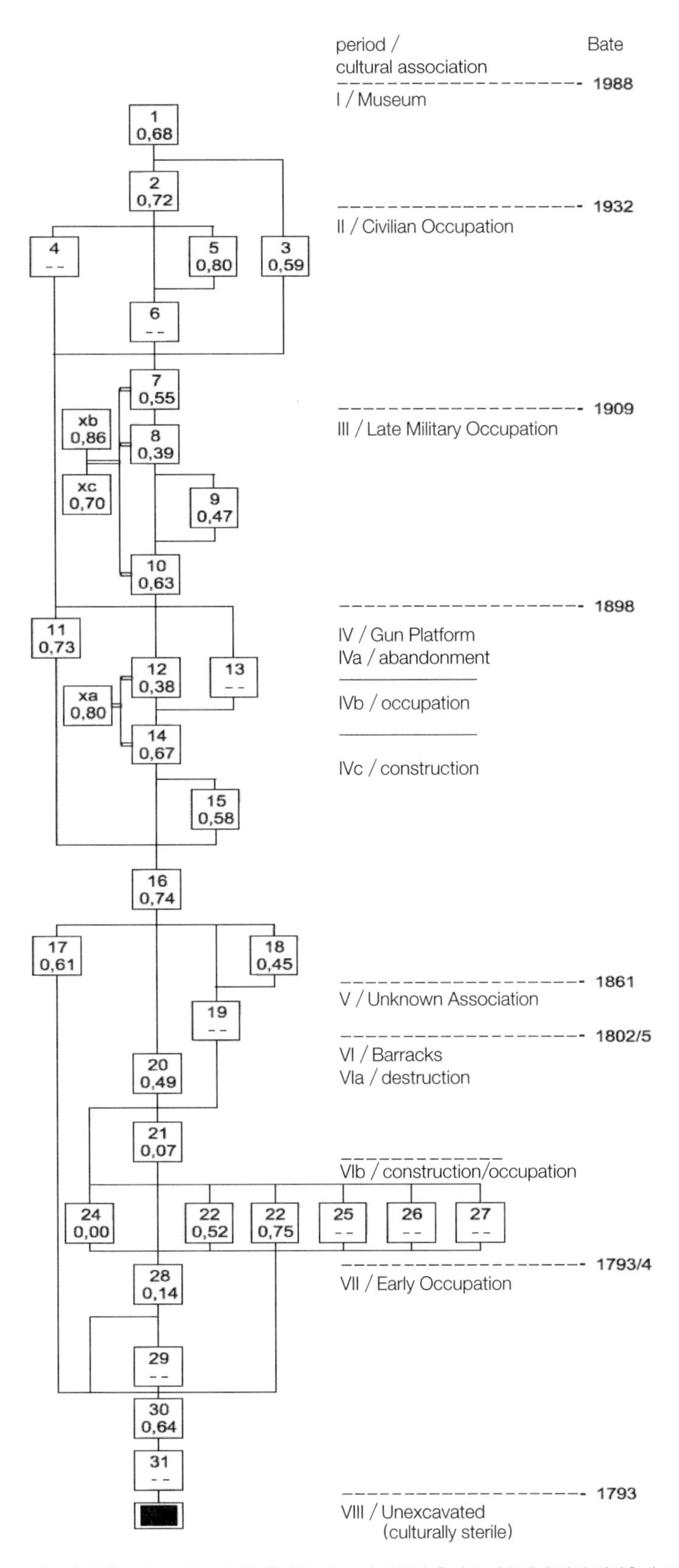

그림 55 〈그림 54〉의 층서에 다양성 지표를 추가한 도표. 이 자료와 층서를 이용해 유적의 퇴적층에 포함된 침입 유물과 전래 유물에 대한 연구가 이루어졌다(출전 Gerrad 1988; 자료제공 저자).

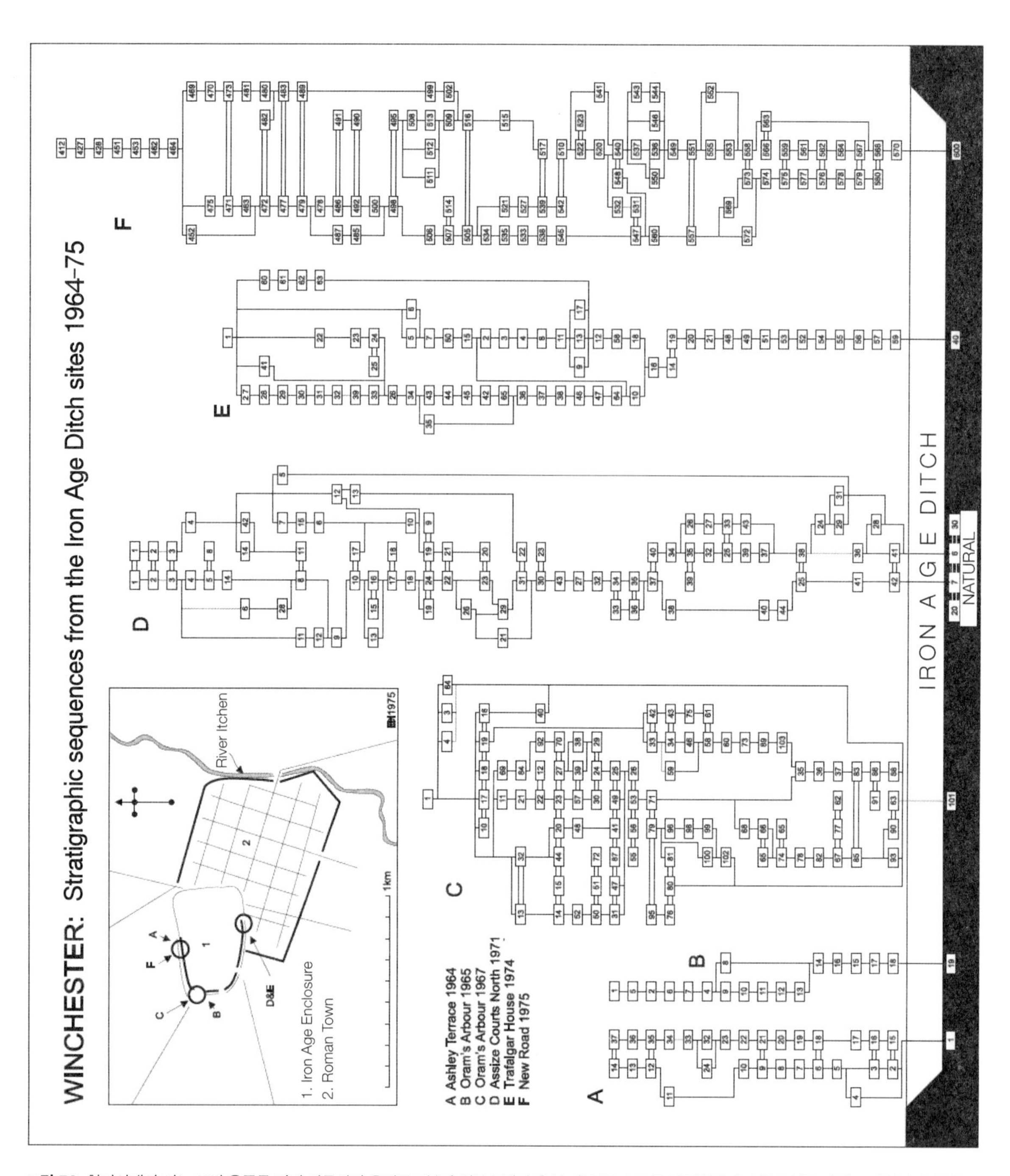

그림 56 철기시대의 어느 도랑 유구를 따라 만들어진 유적들로부터 얻은 5개의 층서. 층서도가 모두 유구경계면의 중요성을 제대로 인식하지 못해 층서에 나타나지 않은 상태로 작성되었기 때문에 조금 부정확하다.

이 임무를 뛰어나게 완수해야 한다. 다음 마지막 장에서는 이제까지의 논의에서 제시한 약간의 층서학적 방법을 요약하겠는데, 그러한 방법들은 고고학 발굴에서 보다 나은 층서 연구를 위한 지침을 제공할 것이다.

12

층서 기록 방법 요약

An outline for stratigraphic recording on excavations

이제까지 고고층서학이라는 분야가 발달한 역사를 검토하였으며, 개별적 주제들과 층서 기록 방법 및 발굴 이후의 층서 자료 분석에 대해서도 논의하였다. 또한 고고층서학에서 제기된 몇몇 생각이나 발굴과 기록의 방법들에 대해서 찬반 평가도 해보았다. 고고학에 매우 중요한 주제에 걸맞게 그러한 주장과 논의는 검토와 수정을 거쳐야 할 것이다. 이 마지막 장에서는 현대적 고고층서학의 기준이 요구하는 바에 따라 발굴자가 기본적인 층서 자료를 수집할 수 있게 해주는 기록 방법을 요약해 제시하고자 한다.

발굴에서 유적 보고의 출판에 이르기까지 과정은 〈그림 57〉과 같이 요약할 수 있다. 발굴이 시작되면 층서 발굴을 택할지 인공층위로 발굴할지 그 방법을 결정해야만 한다. 많은 유적에서는 두 가지 방법을 모두 사용할 수도 있을 것이나, 층서가 잘 발달해 있다면 층서 발굴 방법을 사용해야만 한다.

땅을 파는 작업에 들어가면 층서를 구성하는 여러 종류의 단위를 확인해야겠다. 그러한 층서단위로는 자연퇴적층(그림 21의 7 및 8번), 인공퇴적층(그림

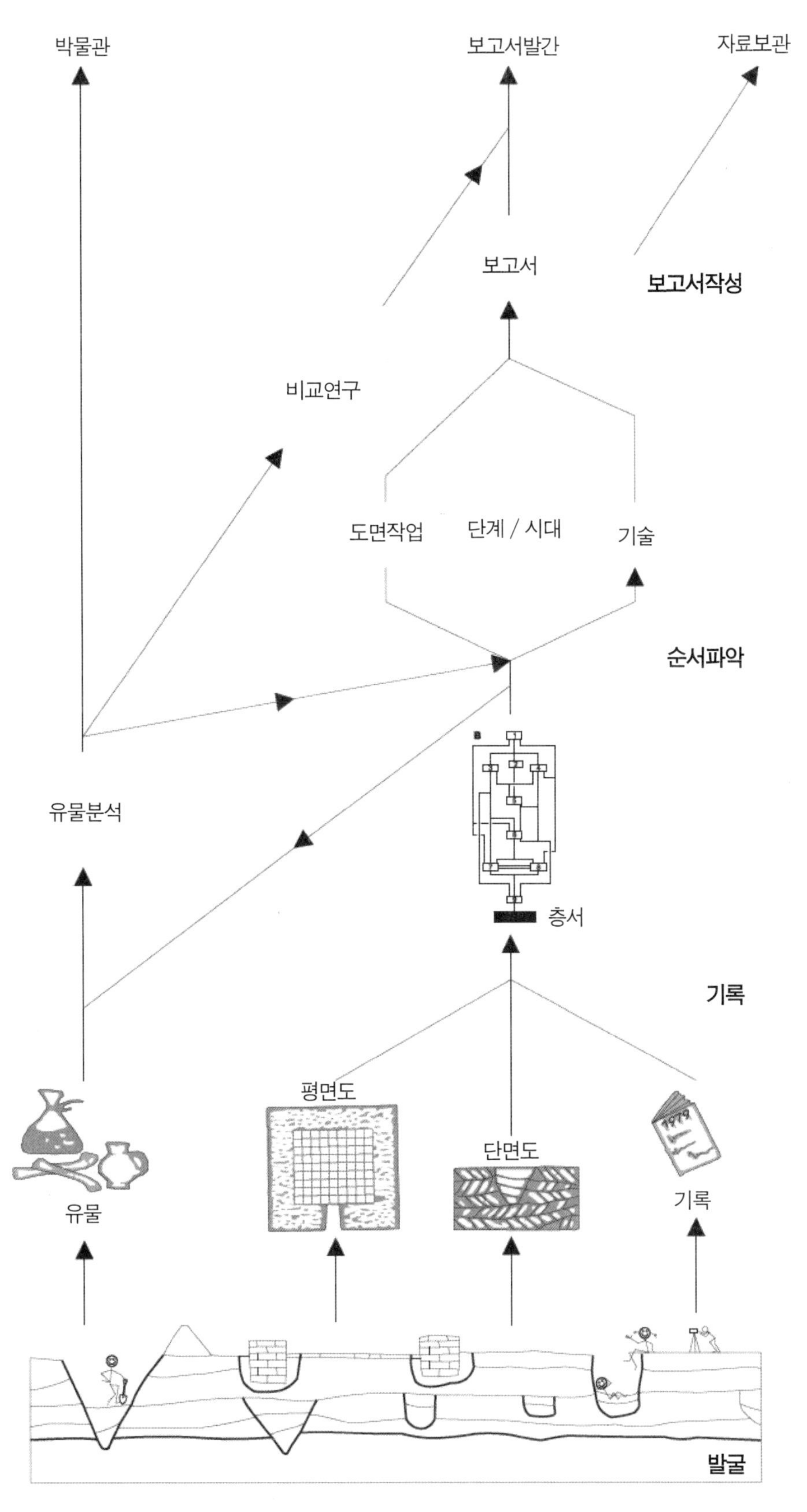

그림 57 발굴에서 얻은 층서와 관련된 모든 자료는 유적의 층서 결정에 사용되며, 결정된 층서는 발굴 이후의 유물 분석과 유적 보고서 작성에 사용된다.

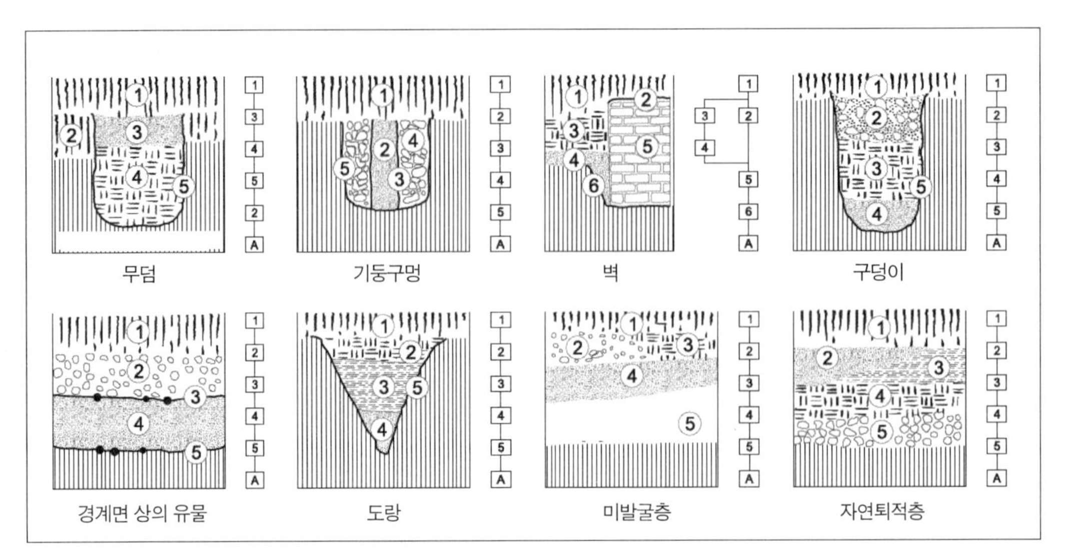

그림 58 상이한 종류의 층서단위에 대한 번호 부여 방식. 층 사이의 경계면에서 발견된 중요 사항을 기록한다거나 하는 경우에는 특별히 번호를 부여할 수 있다.

21의 4, 14, 15번), 서 있는 층(그림 21의 5, 10번), 수평적 유구경계면(그림 21의 3, 19번) 및 수직적 유구경계면(그림 21의 20, 30번)이 있다.

층서에서 가장 늦은 시기의 단위에서 시작해 가장 이른 시기의 단위까지 아래로 작업을 해 내려가며 모든 단위에는 번호를 부여해야만 한다. 〈그림 58〉에서 보듯, 표면에서 발견된 유물을 기록하는 것과 같은 경우에는 특별 번호를 부여할 필요도 있다. 기록에서는 일련번호를 단지 하나의 계열로 부여해나가면 충분할 것이다. 기능을 기준으로 특정 발굴단위를 식별하고자 한다면 새로운 종류의 일련번호를 붙이느니보다 번호 앞이나 뒤에 예를 들어 '저장구덩이' 같은 식으로 설명을 달면 될 것이다. 일련번호를 하나의 계열로 부여하는 것은 발굴과 사후 분석에서 시간과 노력을 절약할 수 있게 해준다.

누중의 법칙, 수평퇴적의 법칙 및 연속의 법칙을 충분히 이해한 다음(제5장 참조), 발굴단원은 각 층서단위의 층서관계를 찾아야만 한다. 그러한 관계는 인쇄된 양식에 기록하는 것이 가장 손쉬운 방법이다(예: 그림 59). 층서관

SITE: *UPPER HIGH STREET, NORTHTOWN*

AREA: *TRENCH 4*

UNIT OF STRATIFICATION [ ]

DESCRIPTION: *A layer of very mixed soil spreading southwards for several feet from Unit 50 (southern wall of Building C); it contains many lumps of black soil, chunks of mortar (similar to that of Unit 50), many broken roof tiles and stones (both flint and chalk); part of its surface was destroyed by Unit 10 (pit for Victorian well).*

PHYSICALLY UNDER	10	14	23	29	36
PHYSICALLY ABOVE	48	50	57	61	
CORRELATED WITH					

STRATIGRAPHIC SEQUENCE: *Under 23 and 36; above 48*

FINDS: *As seen during excavation, there were a few sherds of third-century pottery, but these were very abraded or worn and seem to be residual.*

INTERPRETATIONS: *This deposit would appear to be rubble resulting from the natural decay and destruction of Unit 50; fourth-century date probable on basis of finds from 23 and 36.*

PHASING: PHASE *Thirteen* PERIOD *Three*

This Unit assigned to Phase 13 along with Units 23 and 36, representing the destruction of Building C.

RECORDED/DATE *ECH 8-8-78* PHASED/DATE *ECH 6-79*

그림 59 층서단위별 층서자료 기록에 사용할 수 있는 표준양식의 예

계를 확인함에 있어서는 무엇이 위에 놓여 있고, 무엇이 아래에 놓여 있으며, 무엇이 층서대비되는 단위인가라는 세 가지를 확인해야 한다. 동시에 토양의 구성과 층서단위에 포함된 내용도 기록해야 한다.

층서단위를 실제로 파 들어가기 전에, 그 표면을 기록하는 평면도가 작성되어야 한다. 이런 평면도로는 단일층평면도(그림 60) 아니면 복합평면도(그림 61) 둘 중에서 하나를 택해 그리게 된다. 층의 중복이 심한 복잡한 유적에서는 단일층평면도로써 모든 단위의 평면도를 작성해야 한다. 복합평면도는 나중에 모든 단위들의 단일층평면도를 종합해 만들 수 있으며, 만약 시간이 충분하다면 발굴 도중에 복합평면도를 만들어 볼 수도 있겠다.

발굴에 앞서, 퇴적층 표면을 측량한 다음 단일층평면도 상에 표면의 고도를 적절한 지점들에 표시해야 한다. 발굴단위 제거작업이 시작되면, 유물이 발견된 위치도 해당 단위의 단일층평면도 위에 기록해야 한다(그림 60, 유물발견지점 1-8). 이때에는 발굴단위의 단면도도 작성하는 것이 좋을 것이다. 층서단위가 유적의 주요 단면 내에 들어가 있다면, 누적단면도 방법을 이용해 주단면도를 그릴 수도 있을 것이다. 평면도에는 〈그림 60〉에서와 같이 발굴단위의 모든 외곽경계선을 그려야만 한다. 유구경계면의 분포는 층서에서 중요한 의미를 지니고 있기 때문에 약간 진하게 외곽경계선을 그려(그림 21의 3, 19, 20, 30번 단위) 층과 층 사이의 경계면과 구분할 수 있도록 해야 한다.

단면도와 평면도에서 토양을 부호로써 표시하는 방식은 유적마다 흙의 성격과 건축물이나 퇴적물의 여부 등에 따라 달라질 것이다. 그러나 모든 유적에서 기본적인 층서 표기방법은 동일해야 하는데, 층서단위는 원 속에 숫자를 써서, 외곽경계선은 실선으로써, 파괴경계면의 윤곽은 점선으로써, 유물발견지점은 점과 숫자로써 표시해야만 하며, 고도는 측정지점의 위치와 측정된 높이를 평면도에 표기해야 한다.

파괴경계면은 또한 〈그림 61〉에서와 같이 음영으로써 보여줄 수도 있다.

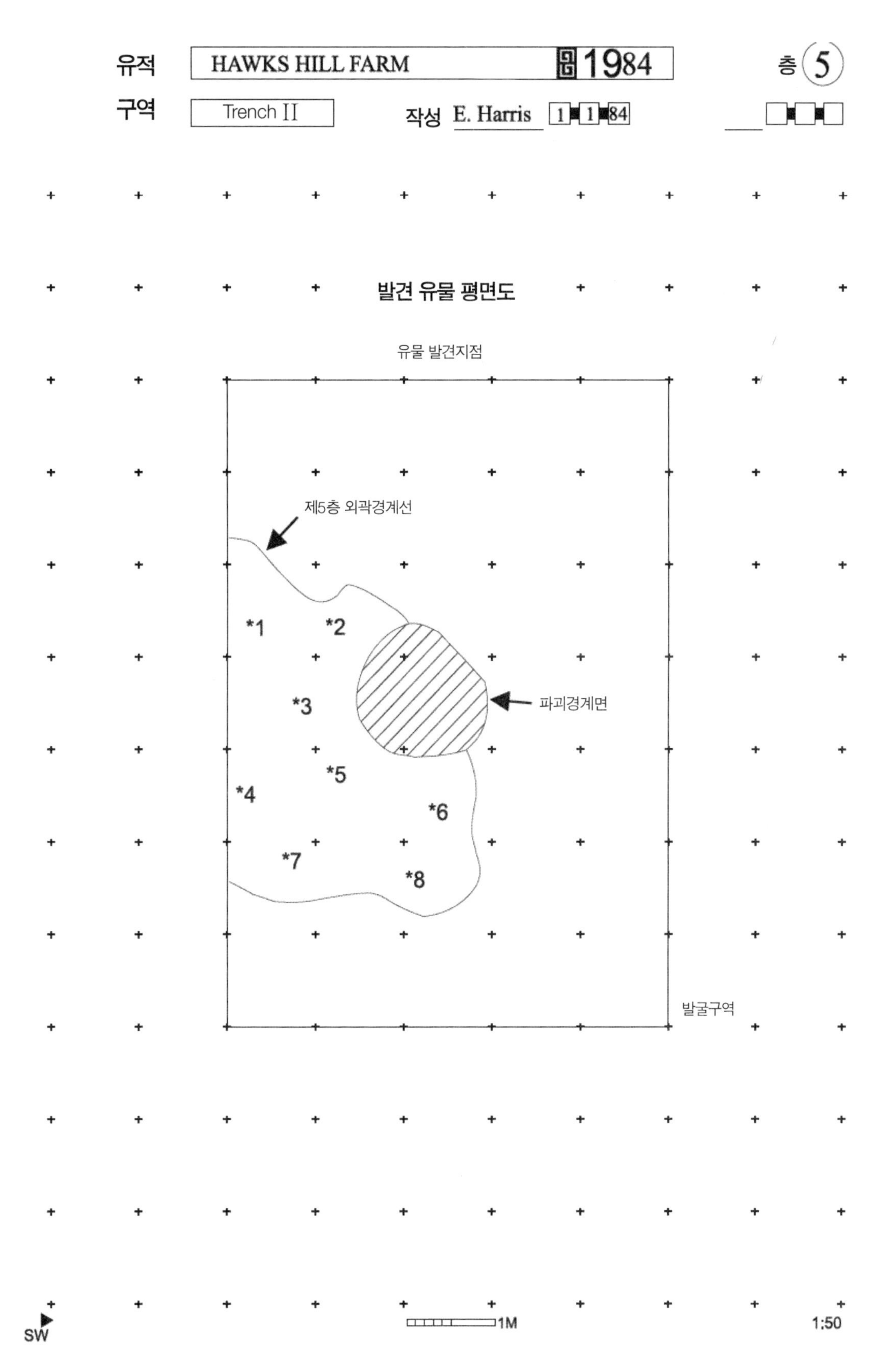

그림 60 각 층서단위의 단일층평면도에는 유물 발견지점도 기록할 수 있다. 유물 출토위치는 층서단위번호의 하부단위로 쉽게 표시할 수 있겠는데, 예를 들어 HH5.6은 Hawks Hill유적의 5번 단위에서 6번째 발견 유물을 가리킨다.

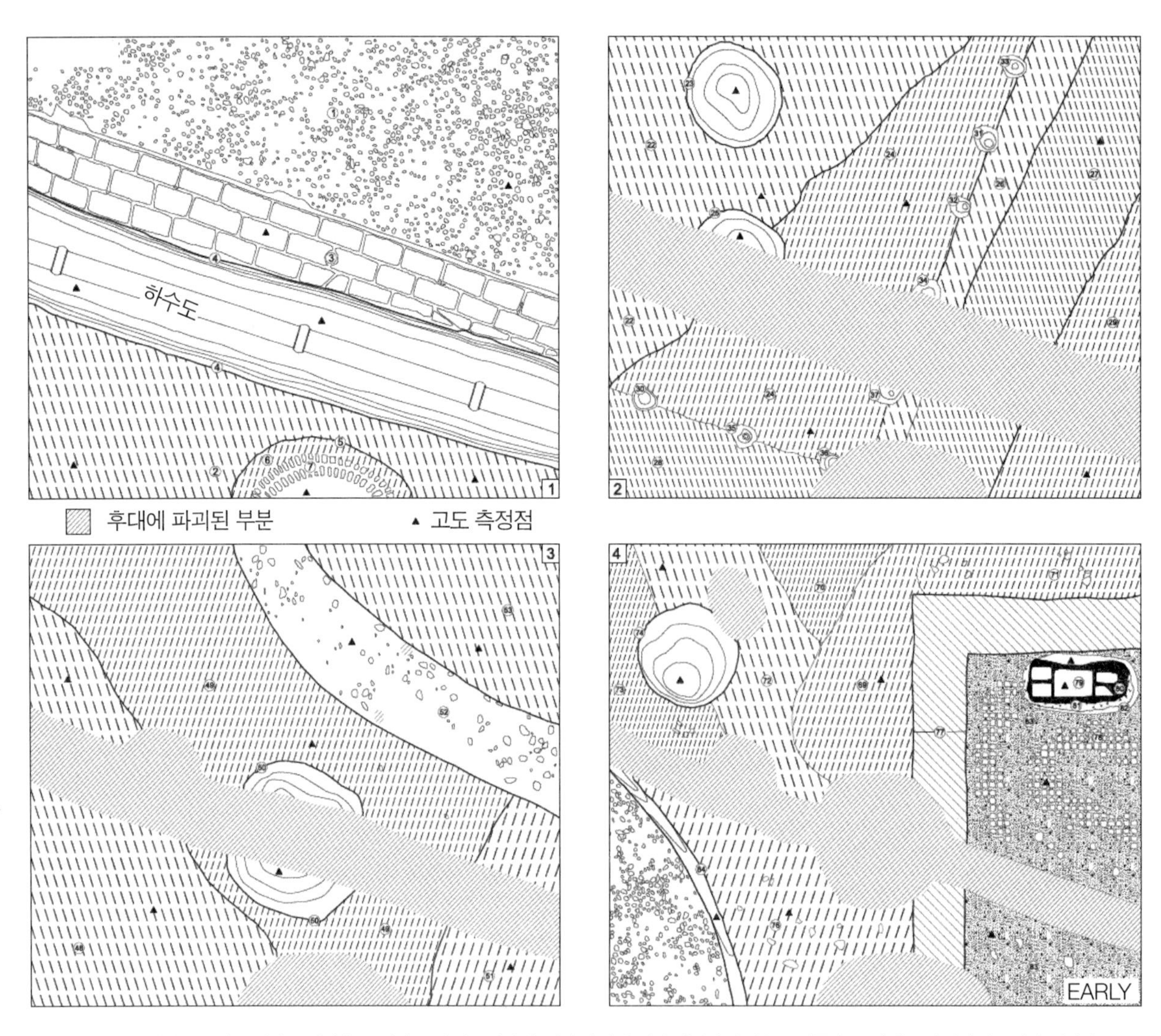

그림 61 네 복합평면도는 이른 시기(4)에서 늦은 시기(1)에 이르기까지, 상상의 한 유적이 형성된 과정을 보여준다. 도면에는 퇴적이 이루어진 시기의 증거와 더불어 음영으로써 파괴경계면이라는 기록에서 사라진 증거를 표시하였다.

모든 유구경계면은 외곽선을 그려 기록해야 하는 반면, 모든 퇴적층들은 토양 부호표시와 고도로써 보여줄 수 있다. 위의 두 문장은 평면도에 대해서만 적용되는 것인데, 왜냐하면 단면도는 구덩이나 파괴경계면의 존재로 생기는 '빈 공간'이 당연히 없기 때문이다.

각 층서단위에 대해서는 층서학의 요구사항을 충족하기 위해서 기본적으로 다음과 같은 기록들을 기본적으로 남겨야 한다.

1. 층서단위의 구성에 대한 기술과 다른 단위와의 모든 물리적 관계의 표시
2. 층서단위의 외곽경계선과 고도 혹은 지형적 요철 및 후대의 유구로 파괴된 부분을 보여주는 단일층평면도
3. 층서단위의 범위 내지 외곽경계선과 그 토양 구성을 말해주는 층서단위 단면도
4. 층서단위에서 발견된 물건들의 분포에 대한 평면도

새로운 층서단위가 발견될 때마다, 발견된 단위를 동일한 방식으로 기록할 수 있을 것이다. 이러한 기초자료의 편찬이 적절하다고 생각되는 자세한 평면도 작성이나 주요 단면의 도면화를 하지 않아도 된다거나 할 필요가 없다는 뜻은 아니다. 그런 자료는 유적의 모든 층서단위에 대해 현대 층서학의 원칙에 부합하는 기본적 수준의 자료가 확실히 남도록 보장하는 일차기록에 불과하다. 이러한 기본적인 기록으로부터 유적의 층서를 확정할 수 있으며, 그렇게 확정된 층서로부터 모든 다른 분석이 시작될 수 있어야만 한다.

층서를 결정하는 방법은 〈그림 12〉를 통해 설명하였고, 그 자세한 내용은 〈그림 21〉과 〈그림 47〉에 도해되어 있다. 〈그림 62〉는 1974년에 런던에서 발굴한 유적의 층서의 일부를 보여주는데, 그 전체는 700이 넘는 층서단위로 구성되어 있다. 유적의 층서가 결정된 다음에는 예를 들어 〈그림 62〉의 32번 문화단계라고 부르는 단위로 층서단위를 묶어 나눌 수 있다. 이러한 문화단계는 또 문화단계의 순서 도표로 엮여질 수 있고, 문화단계는 시대로 묶여질 수 있다(그림 62의 오른쪽 시대 5). 도시 유적에서 이러한 도표는 극히 복잡한 양상일 수 있는데, 〈그림 63〉이 보여주는 층서는 1만 개 이상의 층서단위로 구성되어 있다.

이러한 순서들이 정리된 다음에는 유물 분석을 시작할 수 있다. 발굴과정 중에 발견된 것의 일부에 대해 예비적인 검토를 할 수도 있을 것이다. 그런

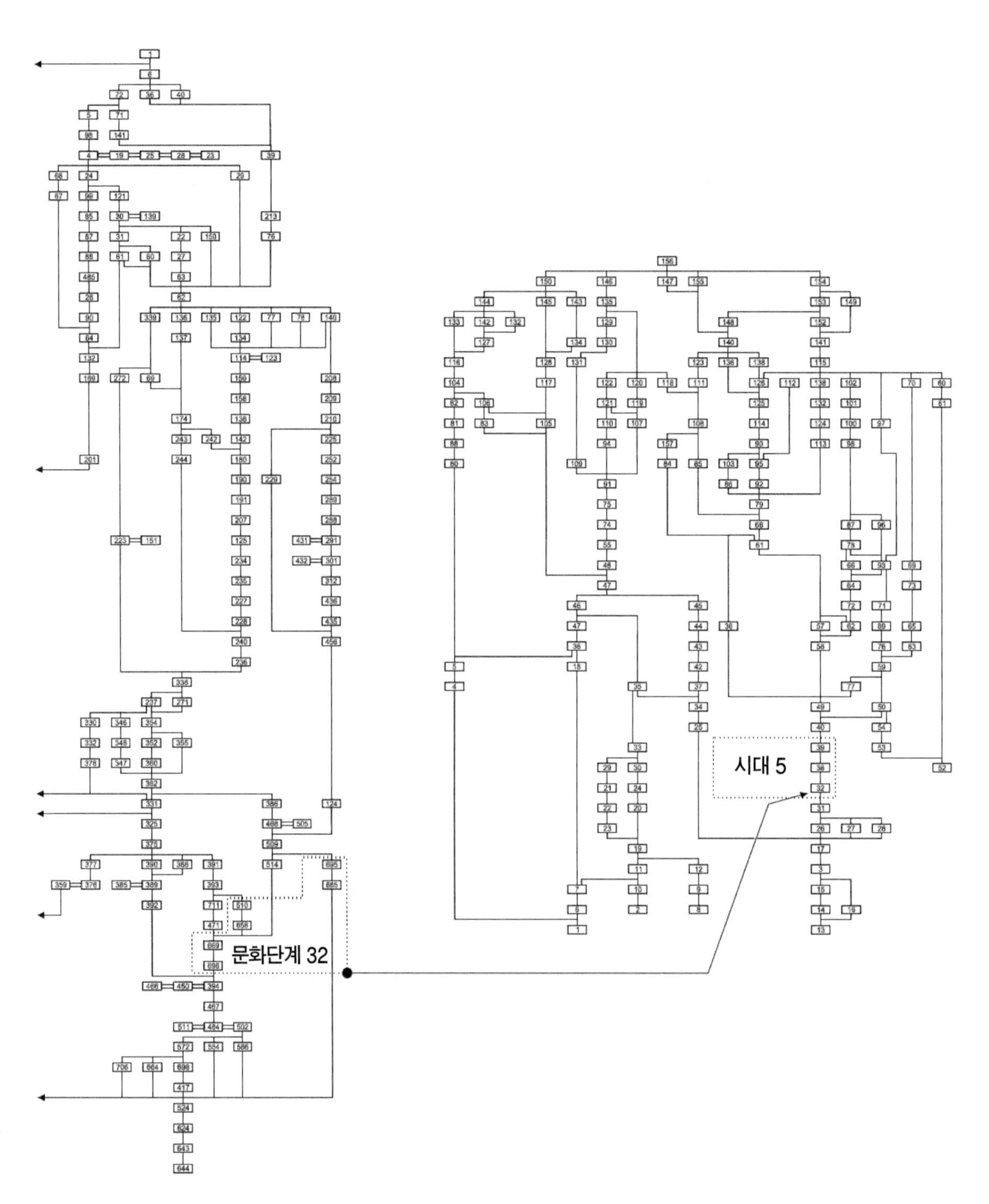

그림 62 왼쪽: 런던 소재 어느 유적의 부분 층서. 오른쪽: 모든 문화단계의 순서를 보여주는 도표로서, 세 문화단계(32, 38, 39번)가 〈5번 시대〉로 묶여졌다. 이 복잡한 도표는 발굴이 진행되는 과정에서 작성되었다(자료제공: John Schofield 및 런던박물관 도시고고학과).

그림 63 윈체스터에 있는 로우어 브룩 거리(Lower Brook Street) 유적에서는 1만 개 이상의 층서단위로 구성된 층서가 확인되었다. 사진은 이것들을 해리스매트릭스 형식으로 정리한 모습이다.

검토는 유적 특정지역의 층서를 염두에 두고 이루어져야 하기 때문에, 크기를 확대한 형태의 해리스매트릭스가 도움을 줄 수도 있을 것이다(그림 64). 이것은 층서를 배치할 수 있는 도표를 제공해주며 또 다양한 층서단위에서 발견된 것들에 대해 간단한 기술도 적어 넣을 수 있다.

보다 큰 규모의 연구로서, 카르타고에서 실시한 발굴에서 출토한 동전들을 층서 및 문화단계의 순서와 연관시킨 분석이 이루어진 바 있다(Harris and Reece 1979). 발굴자들은 유적의 층서자료와 동전을 리처드 리스(Richard Reece)에게 보내왔다. 〈그림 52〉는 동전 자료로부터 구한 각 문화단계의 최

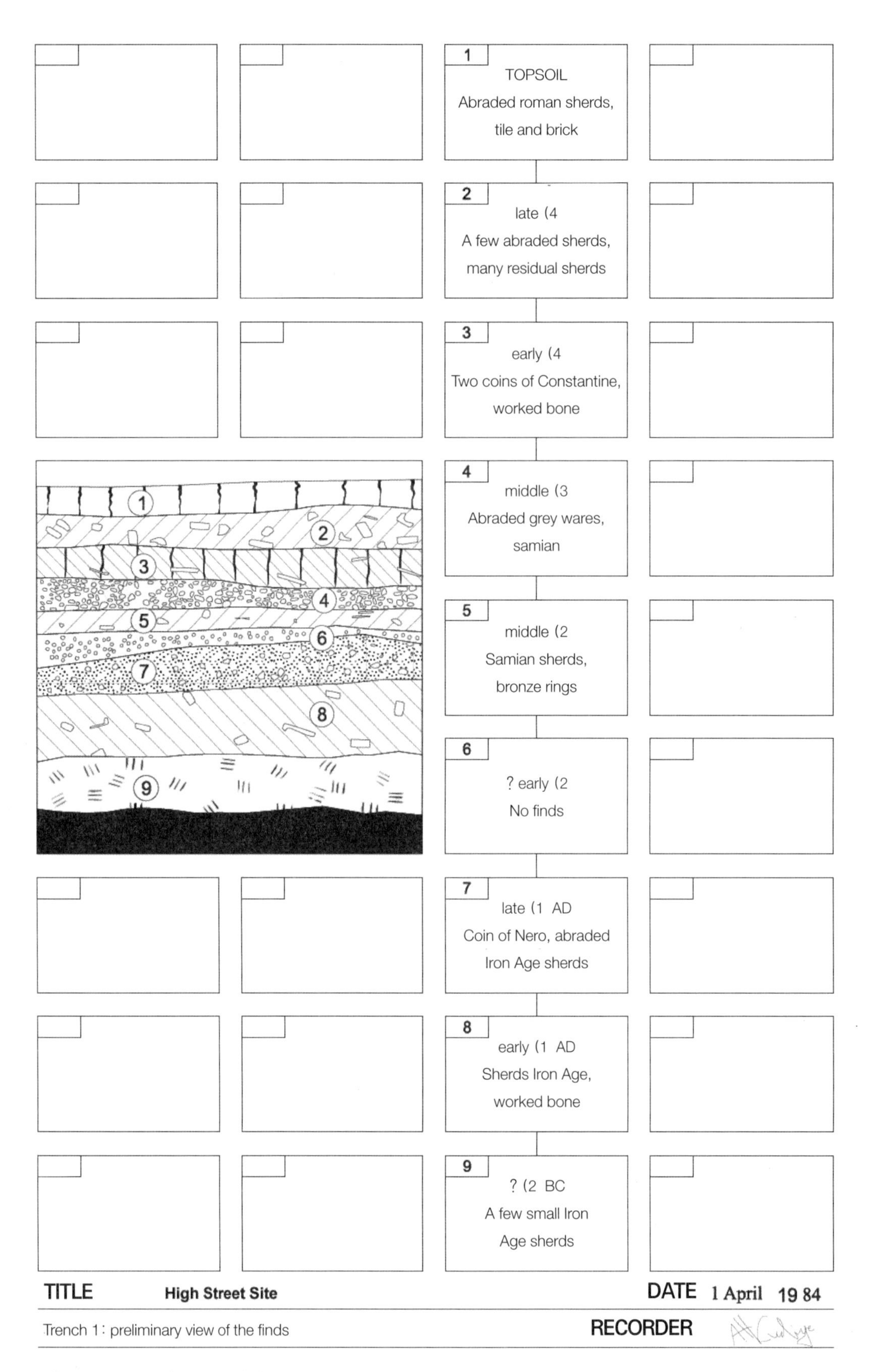
1
TOPSOIL
Abraded roman sherds,
tile and brick
2
late (4
A few abraded sherds,
many residual sherds
3
early (4
Two coins of Constantine,
worked bone
4
middle (3
Abraded grey wares,
samian
5
middle (2
Samian sherds,
bronze rings
6
? early (2
No finds
7
late (1 AD
Coin of Nero, abraded
Iron Age sherds
8
early (1 AD
Sherds Iron Age,
worked bone
9
? (2 BC
A few small Iron
Age sherds
1
2
3
4
5
6
7
8
9
TITLE
High Street Site
DATE
1 April 19 84
Trench 1 : preliminary view of the finds
RECORDER

그림 64 이 인쇄물은 층서와 대비하며 유물 분석을 할 수 있도록 고안된 해리스매트릭스 양식이다.

후연대를 덧입힌 문화단계 순서를 말해주는 도표이다. 일견하더라도 어떤 동전이 전래 유물일 가능성이 있으며 또 어느 것이 보다 면밀한 연구를 필요로 하는지를 볼 수 있을 것이다. 따라서 문화단계 7, 9, 15번의 동전들은 문화단계 6의 동전들의 연대가 옳다면 모두 전래 유물일 가능성이 있다. 따라서 문화단계 6의 동전들은 문화단계 7, 9, 15의 모든 전래 유물들보다 연대측정에서 더 중요하기 때문에 보다 면밀하게 검토해야 한다. 어떤 단계의 경우에는 50개 이상의 동전이 전래 유물이라 여겨졌는데, 이런 상황은 어떤 층도 그것이 속해 있는 층서에서 다른 층들과 분리해 독립적으로 연대측정을 실시해서는 안 된다는 중대한 경고를 하고 있다(Harris and Reece 1979: 32).

발견 자료 분석이 이루어지며 발굴자는 유적보고를 작성할 수 있을 것이다. 위에 요약한 절차에 따라 고고학자는 기본적인 층서 기록을 종합적으로 묶은 다음, 추상적인 층서관계에서 퇴적층 형성의 역사를 재구성할 수 있다. 유적형성과정은 여러 매의 복합평면도 형태로서 볼 수 있다. 층서에서 구분한 각 문화단계와 시대에 대해서는 새로운 평면도를 만들어야 하는데, 그런 평면도 작성은 위에 제시한 지침에 따라 정리한 기본층서 자료묶음을 가지고 손쉽게 만들 수 있다.

사람의 일인 만큼 발굴자가 보고를 쓸 수 없는 사정이 생기는 경우도 있을 것이다. 그러한 불행한 상황이 닥치더라도 앞에서 논의한 몇 가지 쉬운 법칙이 지켜지고 작업이 이루어졌다면 최소한 기본층서 자료묶음은 남아있을 것이나. 이 자료묶음을 통일된 방식으로 정리함으로써, 과거의 모습을 파악하고 유물을 잘 보존하고 빨리 그 내용을 보고해 사실을 알린다는 발굴의 목적을 언젠가 뒤에라도 다른 사람들이 이룰 수 있도록 해야 한다.

해리스매트릭스가 발명된 다음 전면에 등장한 고고층서학에 대한 새로운 생각들이 퍼진 지는 이제 10년이 조금 넘었다. 이 방법은 여러 나라에서 많은 종류의 유적을 대상으로 시도되었으며 잘 받아들여지고 있는 듯하다.

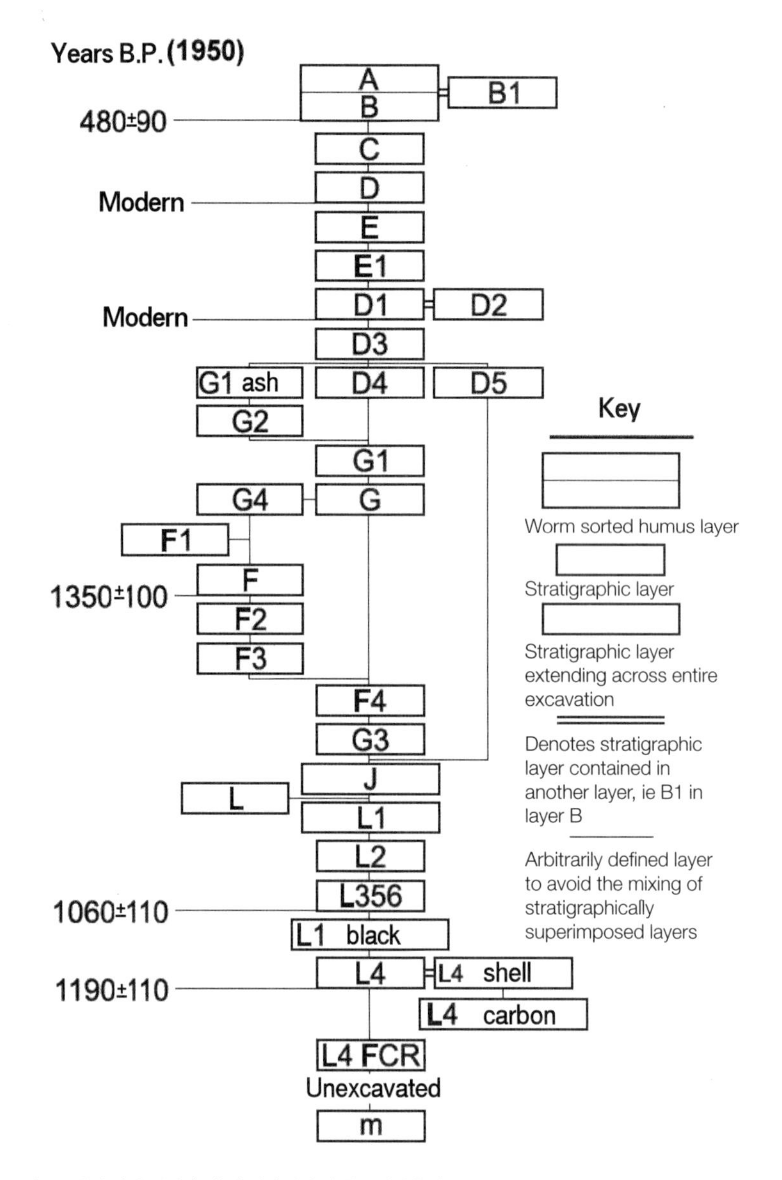

그림 65 초승달 유적의 층서. 층서단위의 형태는 퇴적층의 종류를 보여주기 위해 이후 부호로 변환되었다(출전 Ham 1982; 자료제공 저자).

예를 들어 이것은 브리티시 콜롬비아의 패총 유적 발굴에서 성공적으로 사용되었다(Ham 1982). 〈그림 65〉와 〈그림 66〉은 이 발굴에서 만들어진 도표로서, 저자는 복잡한 패총 유적의 형성과정에 대한 관심을 보이며 다음과 같이 쓰고 있다.

> 해리스매트릭스 기본도표는 발굴과정에 파괴된 부분의 내부구조를 기록해 준다(그림 65). 분석이 완료된 다음에는 다양한 행위 내지 과정을 이 도표의 구조 속에 다시 표기함으로써 유적 원형을 복원한 모델을 제시하는 수정된 해리스매트릭스를 얻게 된다.
>
> 초승달 해안(Crescent Beach) 유적은 계절적으로 조개 채취를 하던 유적으로서 자그마한 마른땅 위에 있으며, 발굴 구역의 연대는 480에서 1350 BP로 측정되었다. 〈그림 66〉에는 노지, 조개를 찌던 돌무지, 출입로 및 조개껍질 무지로 구성된 문화층이 보이며, 문화층은 식생이 가장 중요한 유적형성 영력이던 때 만들어진 부식토층으로 구분되어 있다. 이 유적은 단지 21개의 층으로 구성되어 있지만, 세인트 멍고 통조림공장(St. Mungo Cannery) 유적에서 찾은 600개 이상의 층도 해리스매트릭스를 이용해 층의 위치를 제대로 추적할 수 있었다.

〈그림 66〉에서는 네모는 부식토층, 타원형은 출입로 하는 식으로 층의 종류를 부호로 나타냈다. 이렇게 층서도를 약간 변형시킴으로써 유적에서 있었던 행위를 정의하고 유적의 문화적 역사를 도표에서 순서대로 읽어나갈 수 있다.

이와 유사하게 도표를 변형시켜 매우 유용하게 사용할 수 있는 방법을 토론토대학교 근동학과에서 실시한 와디 투밀라트 조사사업(Wadi Tumilat Project)에 참가한 패트리샤 페이스가 나일 강 삼각주에 있는 유적을 조사하며 제시한 바 있는데, 그는 필자에게 친절하게도 이에 대한 미발표원고를 전달해주었다(Paice 미발표원고). 이러한 변형은 앞에서 제시한 통상적으로 작성한 원 층서 도표에 가해진 것으로서, 층서를 어떤 식이건 다른 모습으로 만드는 것이 아니라 그것을 더 유용하게 만들어준다. 이렇게 유용성을 넓혀주는 변형은 고고학자로 하여금 유적의 역사에 대해 보다 새로운 관점을 갖도록

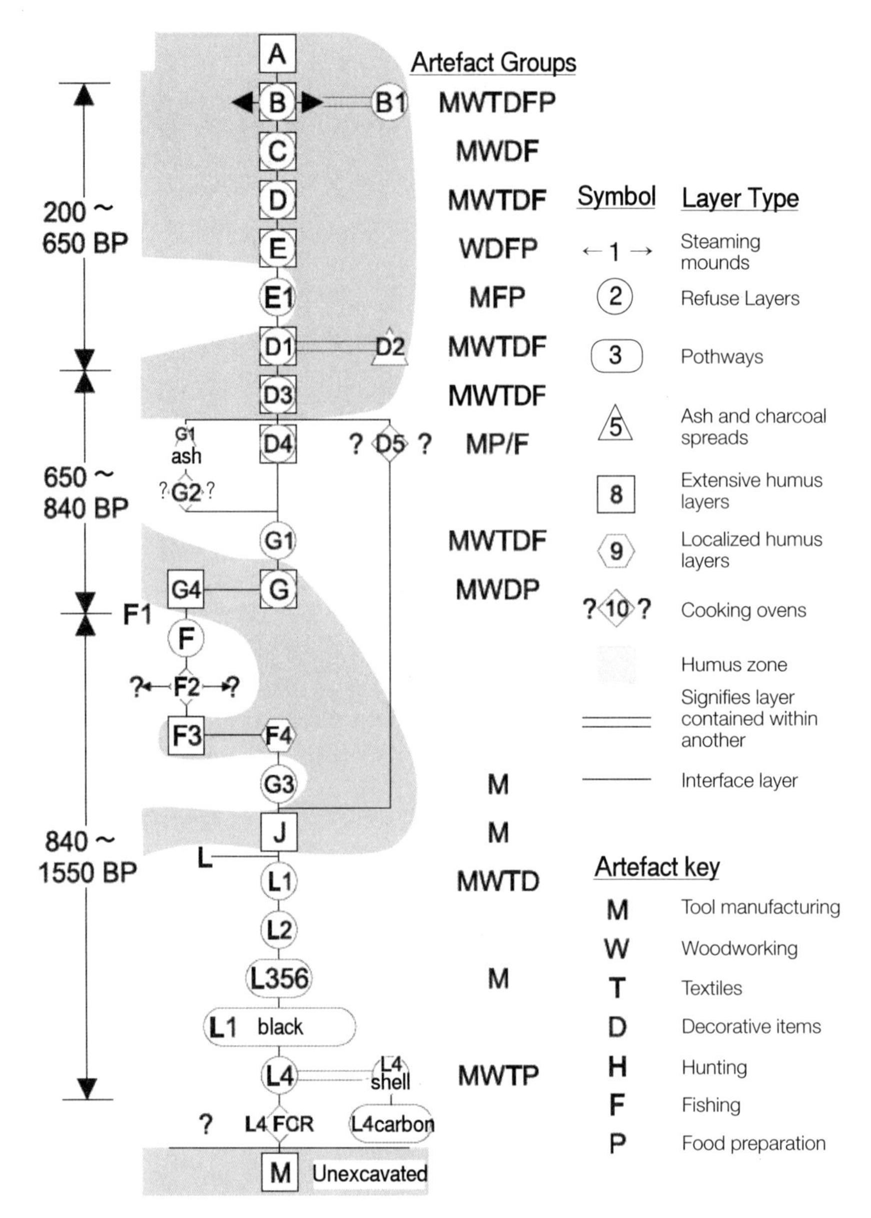

그림 66 〈그림 65〉를 변형시킨 이 도표에서 층서단위는 유구나 행위의 종류를 말해주기 위해 부호로써 도시되었고, 그 결과 추가적인 설명 없이도 층서를 읽을 수 있게 되었다(출전 Ham 1982; 자료제공 저자).

해주며 유적의 층서에 대해 더 많은 생각을 할 수 있도록 해줄 것이다. 새로운 생각을 갖도록 자극을 주는 매개 역할을 하는 이러한 식의 변형된 모델 개발은 더욱 장려되어야 할 것이다.

이외에도 해리스매트릭스 방법은 영국, 캐나다, 유럽, 오스트레일리아, 중앙아메리카에서 널리 쓰이고 있는데, 유럽에서는 이 책 초판이 이탈리아어와 폴란드어로 출판되었으며 스페인어 판이 인쇄중이다. 미국에서는 최소한 태평양 연안에서 소개된 바 있는데(Praetzellis et al., 1980), 인공층위 발굴을 고집하는 많은 고고학자들이 아직 많아 층서에 대한 이 책의 생각에 대해 상당히 큰 저항이 계속되고 있는 듯하다.

그 반면, 미국에서 해리스매트릭스 방법을 사용한 훌륭한 사례는 워싱턴 주의 어느 선사시대 유적을 조사하며 바바라 스터키가 제시한 바 있는데(Wigen and Stucki 1988), 그는 다음과 같이 쓰고 있다.

> 호코 강(Hoko River) 바위그늘 유적은 강 입구에 있으며, 워싱턴 주의 올림픽반도 서북쪽 끝에서 약 30km 떨어진 곳이다. 최대 3.5m에 달하는 퇴적층은 최소한 800년에 걸쳐 이 바위그늘에서 있었던 인간 활동을 자세히 기록하고 있다. 층서는 촘촘하게 발달해, 48m에 달하는 발굴구덩이 단면에서 1,342개의 층을 기록할 수 있었다. 퇴적층에서는 조개껍질이 높은 비율로 발견되었으며, 그 외에도 숯, 재, 뼈, 부식토, 모래와 자갈이 포함되어 있다. 〈그림 67〉은 N102/W98 및 -99 발굴갱의 남벽 단면으로서, 이 두 발굴갱은 유적 중심부에 설치한 22개의 1×1m 발굴갱 중 둘이다. 이곳에서는 근 200개에 달하는 층이 발견되었는데, 뚜렷한 모습의 노지와 구덩이 및 말뚝과 기둥의 윤곽을 다수 찾았다.
>
> 해리스매트릭스 방법이 과거의 인간행위에 대한 이 복잡한 기록을 통일된 층서로서 정리하기 위해 사용되었다(그림 68, Stucki 미발표원고). 이러한 편년 틀을 이용함으로써 나는 상이한 종류의 유물과 행위지역의 위치 변화를 비롯한 유적 사용에서의 변화를 검토하였다. 토양학적 분석결과와 더불어, 전체 층은 8개의 퇴적 시기로 구분할 수 있었다. 이러한 시기들은 유

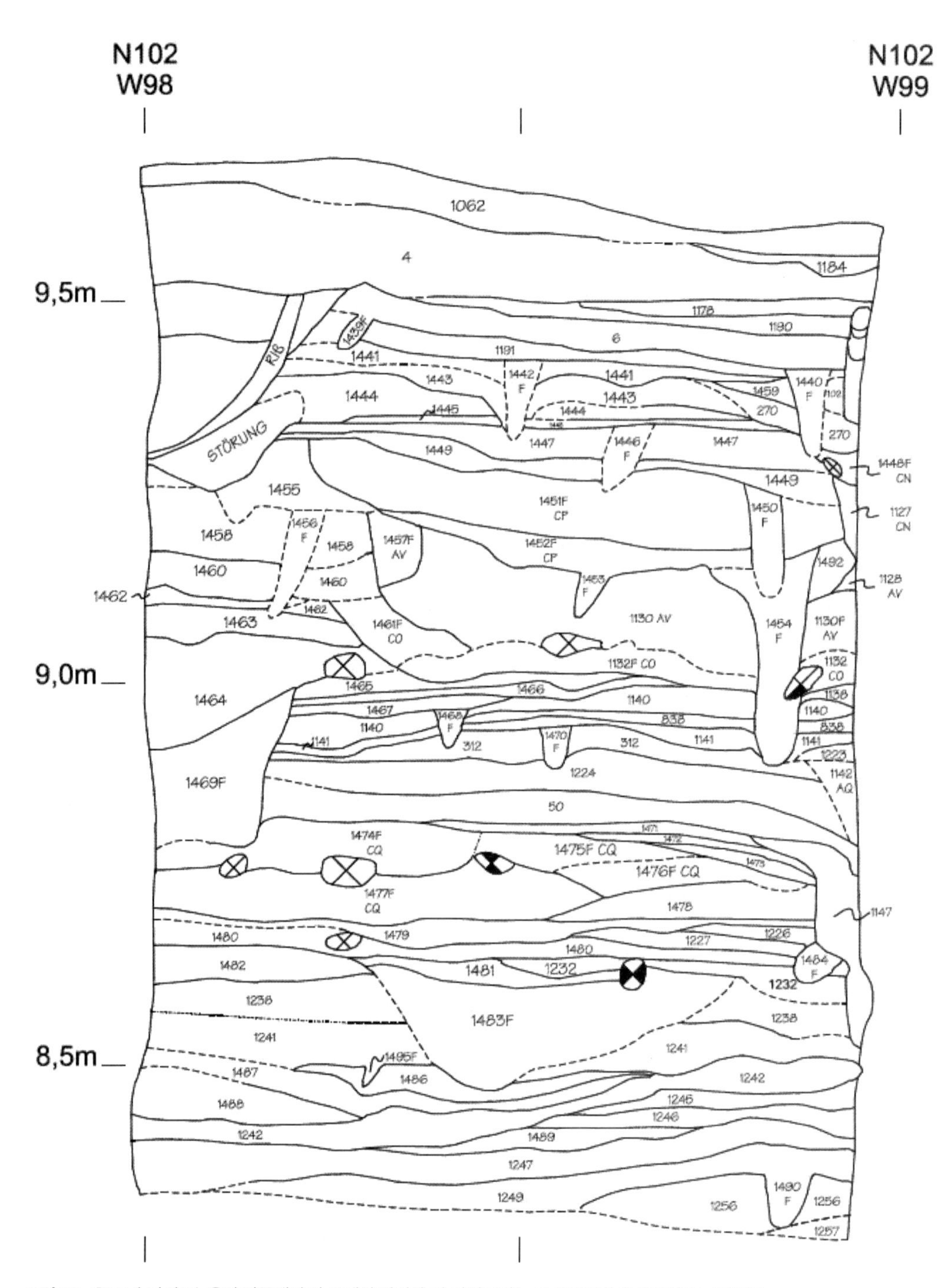

그림 67 호코 강 바위그늘유적 발굴갱의 한 곳에서 작성한 이 단면도에는 근 200개의 층서단위가 포함되어 있다(자료제공 Barbara Stucki).

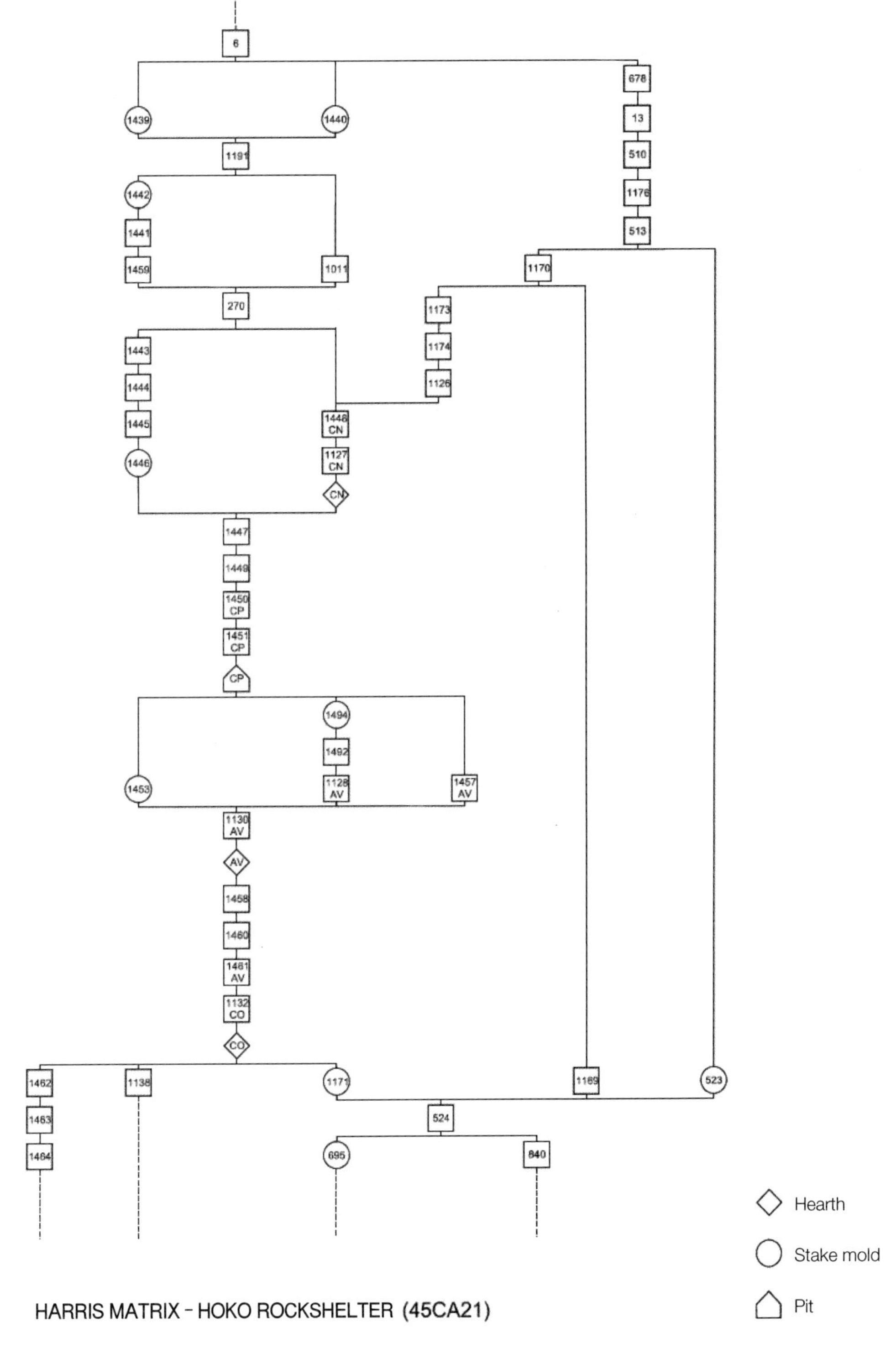

그림 68 이 도표는 〈그림 67〉에 보이는 단면의 층서 중 일부이다(자료제공 Barbara Stucki).

적 점유기간의 변화와 거기에서 어떤 경제활동이 있었는지를 보여준다.

〈그림 67〉이 보여주는 층서의 복잡함에도 불구하고 스터키는 자료를 잘 다루었으며, 그 결과 완성된 층서는 이 책 초판에서 제시한 생각을 확실하게 파악하고 있음을 보여준다.

마지막으로, 이러한 사례들을 제시한 것은 독자들에게 이 책 초판에서 이론으로 제시한 바를 다양한 유적을 다루는 많은 고고학자가 실제로 사용하고 있다는 생각을 넣어주기 위함이다. 동시에 많은 연구자가 이 책 초판에서 제시한 단순한 개념과 원칙들을 발전시키고 있는바, 그분들의 공이 크다고 하겠다.

이 책의 초판을 쓴 주요한 목적, 그리고 다른 여러 일이 있음에도 불구하고 이 제2판에 노력을 기울인 이유는 특히 새로 고고학을 공부하는 학생들에게 고고층서학 연구의 어려움에 접근하고 성과를 거둠에 있어 보다 쉽고 보다 보람찬 결과를 얻을 수 있는 방법이 있음을 말하기 위함이다. 그렇지만 이론의 실천과 관련해, 등장 이래 해리스매트릭스 방법을 지지해온 마이클 쉬퍼가 채택한 단순한 방식보다 내가 더 좋은 성과를 얻을 수 있다고는 생각지 않는다. 그는 학생들에게 '캠퍼스 보도의 각 부분과 그 특징을 체계적으로 파악하고, 관찰하고, 기록할 것'이라는 지시를 내려 캠퍼스 보도를 층서학적 관점에서 연구하도록 시켰다. 이 지시에 따라 보도의 층서를 파악하고 돌아온 학생은 발굴에서 층서를 책임질 고고학자가 되는 길에 이미 들어선 셈이다.

참고문헌

Adams, W. H. and Gaw, L. P. (1977). A model for determining time lag of ceramic artifacts. *Northwest Anthropological Research Notes* 11: 218-31.

Alexander, J. (1970). *The Directiug of Archaeological Excavations*. John Baker, London.

Alvey, B. and Moffett, J. (1986). Single context planning and the computer: The plan database. *Computer Applications in Archaeology* 14: 59-72.

Aston, M. (1985). *Interpreting the Landscape, Landscape Archaeology in Local Studies*. Batsford, London.

Atkinson, R. J. C. (1946). *Field Archaeology*. Methuen, London.

Atkinson, R. J. C. (1957). Worms and weathering. *Antiquity* 31: 219-33.

Badè, W. F. (1934). *A Manual of Excavation in the Near East*. University of California Press, Berkeley.

Barker, P. (1969). Some aspects of the excavation of timber buildings. *World Archaeology* 1: 220-35.

Barker, P. (1975). Excavations at the Baths Basilica at Wroxeter 1966-74: Interim report. *Britannia* 6: 106-17.

Barker, P. (1977). *Techniques of Archaeological Excavation*. Batsford, London.

Barker, P. (1986). *Understanding Archaeological Excavation*. Batsford, London.

Barrett, J. and Bradley, R. (1978). South Lodge Camp. *Current Archaeology* 61: 65-6.

Bibby, D. (1987). Die stratigraphische Methode bei der Grabung Fischmarkt (Konstanz) un deren Aufarbeitung. *Arbeitsblätter für Restauratoren* 2: 157-72.

Biddle, M. and Kjølbye-Biddle, B. (1969). Metres, areas, and robbing. *World Archaeology* 1: 208-18.

Bishop, S. (1976). Tbe methodology of post-excavation work. *Science and Archaeology* 18: 15-19.

Bishop, S. and Wilcock, J. D. (1976). Archaeological context sorting by computer: The strata program. *Science and Archaeology* 17: 3-12.

Black, D. W. (in press). Stratigraphic integrity in northeastern shell middens: an example from the insular Quoddy region. ln *Archaeology in the Maritimes*, edited by M. Deal. Council of Maritime Premiers, Halifax.

Boddington, A. (1978). *The Excavation Record Part 1: Stratification*. Northamptonshire County Council, Northamptonshire.

Bradley, R. J. (1976). Maumbury Rings, Dorchester: The excavations of 1908-1919. *Archaeologia* 105: 1-97.

Browne, D. M. (1975). *Principles and Practice in Modern Archaeology*. Hodder and Stoughton,

London.

Butzer, K. W. (1982). *Archaeology as Human Ecology: Method and Theory for a Contextual Approach*. Cambridge University Press, Cambridge.

Byers, D. S. and Johnson, F. (1939). Some methods used in excavating eastern shell heaps. *American Antiquity* 3: 189-212.

Clark, G. (1957). *Archaeology and Society*, 3rd Edition. Methuen, London.

Clarke, R. R. (1958). *Archaeological Field-Work*. The Museums Association, London.

Coles, J. (1972). *Field Archaeology in Britain*. Methuen, London.

Collcutt, S. N. (1987). Archaeostratigraphy: A geoarchaeologist's viewpoint. *Stratigraphica Archaeologica* 2: 11-18.

Cornwall, I. W. (1958). *Soils for the Archaeologist*. Phoenix House, London.

Costello, J. G. (1984). Review of J. D. Frierman. 1982. *The Ontiveros Adobe: Early Rancho Life in Alta California*. Greenwood and Associates, Pacific Palisades. *Historical Archaeology* 18: 132-3.

Cotton, M.A. (1947). Excavations at Silchester 1938-9. *Archaeologia* 92: 121-67.

Courbin, P. (1988). *What is Archaeology?: An Essay on the Nature of Archaeological Research*. Translated by Paul Bahn. Chicago University Press, Chicago. Originally published as *Qu'est-ce que l'archéologie? Essai sur la nature de la recherche archéologique* (1982) Payot, Paris.

Crummy, P. (1977). Colchester: The Roman fortress and the development of the colonia. *Britannia* 8: 65-105.

Cunliffe, B. (1964). *Winchester Excavations* 1949-60. Vol. 1. City of Winchester Museums and Library Committee, Winchester.

Cunliffe, B. (1976). Excavations at Portchester Castle. Volume II: Saxon. *Report Res. Comm. Soc. Antiq. London* 33. Oxford University Press, Oxford.

Dalland, M. (1984). A procedure for usc in stratigraphical analysis. *Scottish Archaeological Review* 3: 116-26.

Daniel, G. (1943). *The Three Ages*. Cambridge University Press, Cambridge.

Daniel, G. (1964). *The Idea of Prehistory*. Penguin, Harmondsworrh.

Daniel, G. (1975). *A Hundred and Fifty Years of Archaeology*. Duckworth, London.

Davies, M. (1987). The archaeology of standing structures. *Australian Journal of Historical Archaeology* 5: 54-64.

Deetz, J. (1967). *Invitation to Archaeology*. Natural History Press, New York.

Dimbleby, G. W. (1985). *The Palynology of Archaeological Sites*. Academic Press, London and San Diego.

Donovan, D. T. (1966). *Stratigraphy: An Introduction to Principles*. George Allen and Unwin, London.

Droop, J. P. (1915). *Archaeological Excavation*. Cambridge University Press, Cambridge.

Drucker, P. (1972). *Stratigraphy in Archaeology: An Introduction*. (Modules in Anthropology 30). Addison-Wesley, Reading, Mass.

Dunbar, C. O. and Rodgers, J. (1957). *Principles of Stratigraphy*. John Wiley, London.

Dunning, G. C. and Wheeler, R. E. M. (1931). A barrow at Dunstablc, Bedfordshirc. *Archaeological Journal* 88: 193-217.

Dymond, D. P. (1974). *Archaeology and History: A Plea for Reconciliation*. Thames and Hudson, London.

Eggers, H. J. (1959). *Einfuhrung in die Vorgeschichte*. R. Piper, Munchen.

Evans, J. G. (1978). *An Introduction to Environmental Archaeology*. Cornell University Press, Ithaca, N. Y.

Eyles, J. M. (1967). William Smith: The sale of his geological collection to the British Museum. *Annals of Science* 23: 177-212.

Farrand, W. R. (1984a). Stratigraphic classification: Living within the law. *Quarterly Review of Archaeology* 5(1): 1-5.

Farrand, W. R. (1984b). More on stratigraphic practices. *Quarterly Review of Archaeology* 5(4): 3.

Fowler, P. (1977). *Approaches to Archaeology*. A & C Black, London.

Frere, J. (1800). Account of flint weapons discovered at Hoxne m Suffolk. *Archaeologia* 13 : 204-205.

Frere, S. S. (1958). Excavations at Verulamium, 1957. Third interim report. *Antiquaries Journal* 38: 1-14.

Frierman, J. D. (1982). *The Ontiveros Adobe: Early Rancho Life in Alta California*. Greenwood and Associates, Pacific Palisades.

Garboe, A. (1954). *Nicolaus Steno (Nils Stensen) and Erasmus Bartholinus: Two 17th-Century Danish Scientists and the Foundation of Exact Geology and Crystallography*. Danmarks Geologiske Undersøgelse, Ser. 4, Vol. 3, no. 9. C. A. Reitzels, Kobenhavn.

Garboe, A. (1958). *The Earliest Geological Treatise (1667) by Nicolaus Steno*. Macmillan, London.

Gasche, H. and Tunca, Ö. (1983). Guide to archaeostratigraphic classification and terminology: Definitions and principles. *Journal of Field Archaeology* 10: 325-35.

Geer, G. de. (1940). *Geochronologia Sueccia Principles*. Kungl. Svenska Vetenskapsakademiens Handleingar, Ser. 3, Vol. 18, no. 6. Almqvist & Wiksells, Stokholm.

Gerraιd, R. (1988). *Beyond Crossmends: A Statistical Examination of Infiltrated and Residual Remains in Ceramic Assemblages at Historic Fort York*. Report for the Toronto Historical Board, Toronto.

Giffen, A. E. van (1930). *Die Bauart der Einzelgraber*. (Mannus-Bibliethek, Vols. 44 and 45). Rabitzsch, Leipzig.

Giffen, A. E. van. (1941). De Romeinsche Castella in den dorpsheuval te Valkenburg aan den Rijn (Z. H.). (Praetorium Agrippinae). *Vereeniging voor Terpenonderzoek over de vcreenigingsjaren 1940-44*.

Gilluly, j., Waters, A. C. and Woodford, A. C. (1960). *Principles of Geology*. 2nd Edition, W. H. Freeman, London.

Gladfelter, B. G. (1981). Developments and directions in geoarchaeology. *Advances in Archaeological Method and Theory* 4: 343-64.

Gorenstein, S. (1965). *Introduction to Archaeology*. Basic Books, London.

Gould, S. J. (1987). *Time's Arrow, Time's Cycle: Myth and Metaphor in the Discovery of Geological Time*. Harvard University Press, Cambridge, Mass.

Grabau, A. M. (1960). *Principles in Geology*. Dover Publications, New York.

Gray, H. St. G. (1960). Lieut.-General Pitt-Rivers, D.C.L.F.R.S., F.S.A. In *Memorials of Old Wiltshire*, edited A. Dryden, pp. 1-119. Bemrose, London.

Great Basin Foundation (Eds) (1987). *Wong Ho Leun: An American Chinatown*. Great Basin Foundation, San Diego.

Green, K. (1983). *Archaeology, An Introduction*. Batsford, London.

Grimes, W. F. (1960). *Excavations on Defence Sites 1939-1945, I: Mainly Neolithic-Bronze Age*. HMSO, London.

Grinsell, L., Rahtz, P. and Williams, J. P. (1974). *The Preparation of Archaeological Reports*, 2nd Edition. John Baker, London.

Haag, W. G. (1986). Field methods in archaeology. In *American Archaeology, Past and Future: A Celebration of the Society for American Archaeology*, edited by D. J. Meltzer, D. D. Fowler and J. A. Sabloff, pp. 63-76. Smithsonian Institution Press, Washington, DC.

Haigh, J. (1985). The Harris Matrix as a partially ordered set. *Computer Applications in Archaeology* 13: 81-90.

Hall, R. (1984). *The Viking Dig*. Bodley Head, London.

Ham, L. C. (1982). *Seasonality, Shell Midden Layers, and Coast Salish Subsistence Activities at the Crescent Beach Site*. Ph.D. Dissertation, The University of British Columbia.

Hammond, P. C. (1963). *Archaeological Techniques for Amateurs*. Van Nostrand, Princeton.

Harris, E. C. (1975). The stratigraphic sequence: A question of time. *World Archaeology* 7: 109-121.

Harris, E. C. (1977). Units of archaeological stratification. *Norwegian Archaeological Review* 10: 84-94.

Harris, E. C. (1979a). *Principles of Archaeological Stratigraphy*. Academic Press, London and San Diego.

Harris, E. C. (1979b). The laws of archaeological stratigraphy. *World Archaeology* 11: 111-17.

Harris, E. C. (1983). *Principi di Stratigrafia Archeologica*. Introduction by Daniele Manacorda. Translated by Ada Gabucci. La Nuova Italia Scientifica, Rome.

Harris, E. C. (1984). The analysis of multilinear stratigraphic sequences. *Scottish Archaeological Review* 3: 127- 33.

Harris, E. C. (in press). Stratigraphy is the matrix of archaeology. *PRAXIS. Monografies d'Arqueologia Aplicada* 1.

Harris, E. C. and Brown III, M. R. (forthcoming). *Practices of Archaeological Stratigraphy*, Academic Press, London and San Diego.

Harris, E. C. and Ottaway, P. J. (1976). A recording experiment on a rescue site. *Rescue Archaeology* 10: 6-7.

Harris, E. C. and Reece, R. (1979). An aid for the study of artefacts from stratified sites. *Archaeologie en Bretagne* 20-21: 27-34.

Haury, E. W. (1955). Archaeological stratigraphy. In *Geochronology: With Special Reference to Southwestern United States*, edited by T. L. Smiley, pp. 126-34. University of Arizona Press, Tucson.

Hawley, F. M. (1937). Reversed stratigraphy. *American Antiquity* 2: 297-9.

Heizer, R. (1959). *The Atchaeologist at Work*. Harper and Row, New York.

Heizer, R. (1969). *Man's Discovery of His Past*. Peek Publications, Palo Alto, Calif.

Heizer, R. and Graham, J. (1969). *A Guide to Field Methods in Archaeology*. National Press, Palo Alto, Calif.

Heizer, R. F., Hester, T. R. and Graves, C. (1980). *Archaeology, a Bibliographical Guide to the Basic Literature*. Garland Publishing, New York.

Hester, J. J. and Grady, J. (1982). *Introduction to Archaeology*. Holt, Rinehart and Winston, New York.

Hirst, S. (1976). *Recording on Excavations 1: The Written Record*. Rescue, Hertford.

Hole, F. and Heizer, R. F. (1969). *An Introduction to Prehistoric Archaeology*, 2nd Edition. Holt, Rinehart and Winston, London.

Hope-Taylor, B. (1977). *Yeavering: An Anglo-British Centre of Early Northumbria*. Department of the Environment Archaeological Reports No.7. HMSO, London.

Hudson, P. (1979). Contributo sulla documentaziones dello scavo: problemi di pubblicazione e della formazione dell'archivo archeologico nell'esperienza inglese. *Archeologia Medievale* 6: 329-43.

Hughes, P. J. and Lampert, R. J. (1977). Occupational disturbance and types of archaeological deposit. Journal of *Archaeological Science* 4: 135-40.

Hume, I. N. (1975). *Historical Archaeology*. Norton, New York.

Hurst, J. G. (1969). Medieval village excavation in England. In *Siedlung und Stadt*, edited by K.-H. Otto and J. Hermann, pp. 258-270. Akademie-Verlag, Berlin.

Hutton, J. (1795). *Theory of the Earth with Proofs and Illustrations*. William Creech, Edinburgh.

International Subcommission on Stratigraphic Classification (1976). *International Stratigraphic Guide*. John Wiley, London.

Jeffries, J. S. (1977). *Excavation Records: Techniques in Use by the Central Excavation Unit*. Directorate of Ancient Monuments and Historic Buildings, Occasional Papers, No. 1. DoE, London.

Jewell. P. A. and Dimbleby, G. W. (1966). The experimental earthwork on Overton Down, Wiltshire, England: The first four years. *Proceedings of the Prehistoric Society* 32: 313-42.

Joukowsky, M. (1980). *A Complete Manual of Field Archaeology*. Prentice Hall, Englewood Cliffs, NJ.

Kenyon, K. M. (1939). Excavation methods in Palestine. *Palestine Exploration Fund Quarterly* 1939, 29-37.

Kenyon, K. M. (1952). *Beginning in Archaeology*. Phoenix House, London.

Kenyon, K. M. (1957). *Digging up Jericho*. Ernest Benn, London.

Kenyon, K. M. (1961). *Beginning in Archaeology*, Revised Edition. Phoenix House, London.

Kenyon, K. M. (1971). An essay on archaeological techniques: the publication of results from the excavation of a tell. *Harvard Theological Review* 64: 271-9.

Kirkaldy, J. K. (1963). *General Principles in Geology*, 3rd Edition. Hutchinson, London.

Kitts, D. B. (1975). Geological time. In *Philosophy of Geohistory 1785-1970*, edited by C. C. Albritton, pp. 357-77. Dowden, Hutchinson and Ross, Stroudsburgh, Penn.

Klindt-Jensen, O. (1975). *A History of Scandinavian Archaeology*. Thames and Hudson, London.

Lambert, F. (1921). Some recent excavations in London. *Archaeologia* 71: 55-112.

Low, G. (1775). Account of a tumulus in Scotland. *Archaeologia* 3: 276-7.

Lukis, F. C. (1845). Observations on the primeval antiquities of the Channel Islands. *Archaeological Journal* 1: 142-51 .

Lyell, C. (1865). *Elements of Geology*. 6th Edition. Murray, London.

Lyell, C. (1874). *The Student's Elements of Geology*. 2nd Edition. Murray, London.

Lyell, C. (1875). *Principles of Geology*. 12th Edition. Murray, London.

Lyell, C. (1964). Subdivisions of the tertiary epoch. In *A Source Book in Geology*, edited by K. F. Mather and S. L. Mason, pp. 268-273. Hafner, London.

Marquardt, W. H. (1978). Advances in archaeological seriation. *Advances in Archaeological Method and Theory* 1: 266-314.

McBurney, C. B. M. (1967). *The Haua Fteah (Cyrenaica) and the Stone Age of the South-East Mediterranean*. Cambridge University Press, Cambridge.

Michels, J. W. (1973). *Dating Methods in Archaeology*. Seminar Press, London.

Montelius, O. (1888). *The Civilisation of Sweden in Heathen Times*. Macmillan, London.

Newlands, D. L. and Breed, C. (1976). *An Introduction to Canadian Archaeology*. McGraw-Hill, Ryerson, Toronto.

Paice, P. (n.d). Stratigraphic Analysis of an Egyptian Tell using a Matrix System. MS Department of Near Eastern Studies, University of Toronto.

Perring, D. (1982). *Manuale di Archeologia Urbana*. Supplement 3, Archeologia Uomo Territorio, Milan.

Petrie, W. M. F. (1904). *Methods and Aims in Archaeology*. Macmillan, London.

Piggot, S. (1959). *Approach to Archaeology*. Harvard University Press, Cambridge, Mass.

Piggot, S. (1965). Archaeological draughtsmanship: Principles and practices, part I: principles and retrospect. *Antiquity* 39: 165-76.

Pitt-Rivers, A. H. L. F. (1887-98). *Excavations in Cranborne Chase*. Printed privately.

Praetzellis, M, Praetzellis, A. and Brown III, M. R. (1980). *Historical Archaeology at the Golden Eagle Site*. Anthropological Studies Center, Sonoma State University.

Pyddoke, E. (1961). *Stratification for the Archaeologist*. Phoenix House, London.

Rathje, W. L. and Schiffer, M. B. (1982). *Archaeology*. Harcourt Brace Jovanovich, London and San Diego.

Robbins, M. (1973). *The Amateur Archaeologist's Handbook*. 2nd Edition, Thomas Y. Crowell, New York.

Rothschild, N. A. and Rockman, D. (1982). Method in urban archaeology: The Stadt Huys Block. In *Archaeology of Urban America: The Search for Pattern and Process*, edited by R. S. Dickens. Academic Press, London and San Diego.

Rowe, J. H. (1970). Stratigraphy and seriation. In *Introductory Readings in Archaeology*, edited by B. M. Fagan, pp. 58-69. Little, Brown & Co., Boston.

Schiffer, M. B. (1987). *Formation Processes of the Archaeological Record*. University of New Mexico Press, Albuquerque.

Schulz, J. K. (1981). *Salvaging the Salvage: Stratigraphic Reconstruction and Assemblage Assessment at the Hotel de France Site, Old Sacramento*. M.A. Thesis, University of California at Davis.

Schwarz, G. T. (1967). *Archäologische Feldmethode*. Otto Verlag Thom, Munchen.

Seton-Williams, V. and Taylor, J. du P. (1938). Some Methods of Modern Excavation. 26 pp. Filed at the Institute of Archaeology, London University.

Shackley, M. L. (1978). The behavior of artefacts as sedimentary particles in a fluviatile environment. *Archaeometry* 26: 55-61.

Sharer, R. J. and Ashmore, W. (1979). *Fundamentals of Archaeology*. Benjamin/Cummings Publishing, Menlo Park, Calif.

Sherlock, R. L. (1922). *Man as a Geological Agent*. H. F. & G. Witherby, London.

Shrock, R. R. (1948). *Sequence in Layered Rocks: A Study of Features and Structures Useful for Determining Top or Bottom or Order of Succession in Bedded and Tabular Rock Bodies*. McGraw-Hill, London.

Simpson, G. G. (1963) Historical science. In *The Fabric of Geology*, edited by C. C. Albritton, pp. 24-28. Addison-Wesley, London.

Smith, W. (1816) *Strata Identified by Organized Fossils*. Printed privately, London.

Stein, J. K. (1987). Deposits for archaeologists. *Advances in Archaeological Method and Theory* 11: 337-95.

Stucki, B. (n.d.). Geoarchaeology of the Hoko Rockshelter Site. MS on file with the author.

Thomas, H. L. and Ehrich, R. W. (1969). Some problems in chronology. *World Archaeology* 1: 143-56.

Thompson, M. W. (1977). *General Pitt-Rivers: Evolution and Archaeology in the Nineteenth Century*. Moonraker Press, Bradford-on-Avon.

Tomkeieff, S. I. (1962). Unconformity - an historical study. *Proceedings of the Geologists' Associa-*

tion 73: 383-417.

Toulmin and Goodfield, J. (1965). *The Discovery of Time*. Harper and Row, New York.

Trefethen, J. M. (1949). *Geology for Engineers*. Van Nostrand, London.

Triggs, J. R. (1987). Stratigraphic Analysis: An Approach to the Assessment of Manufacture-Deposition Lag at Fort Frontenac, Kingston, Ontario. Paper presented at the 1987 meeting of the Society for Historical Archaeology, Savannah, Georgia.

Webster, G. (1974). *Practical Archaeology*, 2nd edition. John Baker, London.

Wheeler, R. E. M. (1922). The Secontium excavations, 1922. *Archaeologia Cambrensis* 77: 258-326.

Wheeler, R. E. M. (1937). The excavation of Maiden Castle, Dorset. Third interim report. *Antiquaries Journal* 17: 261-82.

Wheeler, R. E. M. (1943). Maiden Castle, Dorset. *Report Res. Comm. Soc. Antiq. London* 12. Oxford University Press, Oxford.

Wheeler, R. E. M. (1954). *Archaeology from the Earth*. Oxford University Press, Oxford.

Wheeler, R. E. M. (1955). *Still Digging*. Michael Joseph, London.

White, G. W. (Ed.) (1968). *Nicolaus Steno (1631-1686) The Prodomus of Nicolaus Steno's Dissertation Concerning a Solid Body Enclosed by Process of Nature Within a Solid*. Contributions to the History of Geology, Vol. 4. Hafner, New York.

White, J. R. and Kardulias, P. N. (1985). The dynamics of razing: Lessons from the Barnhisel House. *Historical Archaeology* 19: 65-75.

Wigen, R. J. and Stucki, B. R. (1988). Taphonomy and stratigraphy in the interpretation of economic patterns at the Hoko River rockshelter. In *Research in Economic Anthropology, Supplement 3. Prehistoric Economies of the Pacific Northwest Coast*, edited by B. L. Isaac, pp. 87-146. JAI Press, Greenwich, Conn.

Willet, H. E. (1880). On flint workings at Cissbury, Sussex. *Archaeologia* 45: 336-48.

Willey, G. R. and Phillips, P. (1958). *Method and Theory in American Archaeology*. Chicago University Press, Chicago.

Willey, G. R. and Sabloff, J. A. (1975). *A History of American Archaeology*. W. H. Freeman, San Francisco.

Wood, W. E. and Johnson, D. L. (1978). A survey of disturbance processes in archaeological site formation. *Advances in Archaeological Method and Theory* 1: 315-81.

Woodford, A. O. (1965). *Historical Geology*. W. H. Freeman, London.

Woodruff, C. H. (1877). An account of discoveries made in Celtic Tumuli near Dover, Kent. *Archaeologia* 45: 53-6.

Woolley, L. (1961). *The Young Archaeologist*. Edinburgh University Press, Edinburgh.

Worsaae, J. J. A. (1849). *The Primeval Antiquities of Denmark*. Translated by W. J. Thomas. John Henry Parker, London.